文史哲學集成

王國良著

魏晉南北朝志怪小說研究

文史哲出版社印行

魏晉南北朝志怪小說研究 / 王國良著. -- 初版. -- 臺北市：文史哲, 民 97.07 印刷
頁： 公分.（文史哲學集成；99）
參考書目：頁
ISBN 978-957-547-304-4 (平裝)

1. 中國小說 – 魏晉南北朝（220-588）– 研究與考訂
857.13

文史哲學集成 99

魏晉南北朝志怪小說研究

著者：王國良
出版者：文史哲出版社
http://www.lapen.com.tw
e-mail:lapen@ms74.hinet.net
登記證字號：行政院新聞局版臺業字五三三七號
發行人：彭正雄
發行所：文史哲出版社
印刷者：文史哲出版社
臺北市羅斯福路一段七十二巷四號
郵政劃撥帳號：一六一八〇一七五
電話886-2-23511028・傳真886-2-23965656

實價新臺幣五〇〇元

中華民國七十三年（1984）七月初版
中華民國九十七年（2008）七月 BOD 再刷

ISBN 978-957-547-304-4

自序

魏、晉、南北朝志怪小說，上承先秦神話、傳說之餘波，下啓唐人傳奇之端緒，在中國小說開展史上，實居於發軔之地位。其記事新奇可觀，甚具原創性；其所費筆墨不多，而頗饒趣味。宜乎海內外探究譯述者日多，已蔚爲風氣矣。

「志怪」一詞，莊周用以指記錄怪異之事；晉人祖台之、孔氏等，取之以名其書；迨乎明代，胡應麟始標擧爲神靈怪異小說之通稱。民國以來，學者大抵採用胡氏說法，進而劃定筆記式志怪小說爲一特殊文類，從事整理研討之工作。

志怪小說，內容本極龐雜繁富；魏、晉、南北朝時代，復長達四百年左右。欲扼要敍述本期志怪作品發展之軌迹，實非易事。今但就題材之轉變、形式之演進兩項，略爲申論一二。

就題材而言，魏、晉多記陰陽五行、巫覡數術、服食求仙、靈怪變異之事，內容稍嫌蕪雜，列異傳、博物志、神異記、搜神記、神異經等書，可爲代表。降及南北朝，規過勸善、禮神消災、天堂地獄、因果報應之談大盛，內容比較單純，觀世音應驗記、宣驗記、冥祥記、寃魂志、旌異記等書，可爲代表。胡應麟嘗謂：「魏、晉好長生，故多靈變之說；齊、梁弘釋典，故多因果之談。」（少室山房筆叢卷廿九）所論大抵不差。

就形式而言，搜奇異者多敍述掌故瑣事，三言兩語，略陳梗概，仍屬殘叢小語之範圍，博物志、神異經、玄中記、十洲記、洞冥記等，爲此中代表之作。誌神怪者好記錄異聞傳說，篇幅稍長，描摹細緻，故事性增強，部分近似唐人傳奇，甄異傳、靈鬼志、漢武帝內傳、續齊諧記、寃魂志等，爲此中代表之作。至若王子年拾遺記，混合奇異性與神怪性於一爐而陶冶之，文辭縟麗豔發，可謂別具特色。

＊　＊　＊　＊

本論文共分上、中、下三篇。上篇爲概論，通觀諸種外圍問題而剖析之。舉凡古小說之定義，志怪小說之範圍，志怪小說之形成背景、資料來源與流傳、形式與技巧、價值及影響，均詳加探討。期能原委本末，面面俱到，增進吾人全盤之瞭解。

中篇爲內容分析。將志怪小說之資料，分類排比，歸納其重要主題，再專章論述。其細目如后：一曰神話與傳說，二曰五行與數術，三曰民間信仰，四曰鬼神世界，五曰變化現象，六曰殊方異物，七曰服食修鍊及仙境說，八曰宗教靈異與佛道相爭。經由此種舉要式之探索，魏、晉、南北朝志怪實際內涵，庶幾得之矣。

下篇爲群書敍錄。計收志怪小說專集五十五部。依其流傳狀況，區分成現存、輯存、亡佚三大類。

各書之排別，大致按其時代先後爲序。敍錄之體制，首列書名及卷數；其次考訂作者生平與著述；再次詳列歷代史志及私家書目著錄此書卷數之異同，並比較版本之優劣；最後則概述全書大要或主旨所在，若內容有眞僞雜糅者，亦詳加考辨。蓋欲與前兩篇互爲表裏，獲得相輔相成之效也。

＊　＊　＊　＊

茲編屬稿期間，承蒙臺師靜農提示綱領，指陳缺失，並予悉心校閱，恩深義重，誠感激不盡。定稿之後，復蒙王師夢鷗、潘師重規、王師靜芝、葉師慶炳、劉師兆祐、林師炯陽，提供修訂意見，隆情高誼，亦謹誌不忘。文史哲出版社彭正雄先生，慨允斥資印行，本書始能公開問世，以就正於當代之博雅君子，尤當銘佩。

民國七十三年季夏王國良敬識於中和寓所

魏晉南北朝志怪小說研究 目次

上篇　概論

第一章　緒　言

吾國「小說」一詞之意義，非但古今不同，亦且人人言殊。滿清末季，西洋文學思潮輸入中土，舊詞新用（註一），愈增紛擾。本文所論，以魏、晉、南北朝志怪作品爲範圍；所急欲探究者，小說之古義，與乎志怪之淵源耳。至若唐、宋以下各代觀念之演變，以及歐、美諸家之說法，則無暇論述矣。

第一節　古小說之定義

小說之名，首見於莊子。外物篇云：

……夫揭竿累，趣灌瀆，守鯢鮒，其於得大魚難矣。飾小說以干縣令，其於大達亦遠矣。（註二）

「小說」與「大達」對文。小說者，無關乎治道之瑣細言論也。荀子正名篇亦云：

道者，進則近盡，退則節求，天下莫之若也。凡人莫不從其所可，而去其所不可。知道之莫之若也，而不從道者，無之有也。……故知者，論道而已矣，小家珍說之所願皆衰矣。（註三）

荀子所謂小家珍說者，實指墨翟、宋鈃之徒所持奇異而不合中道之辭說（註四）。然則「小說」與「小家珍說」，實皆指不經之談，原無明確之範圍，蓋先秦時期猶非一固定名詞也。

迄乎漢成帝、哀帝之世，劉向、劉歆父子奉詔校理皇家圖書，遂集群籍以編成七略。班固復據之以爲漢書藝文志，小說一家列入諸子略，「小說」既成爲固定之詞語，其義乃稍顯著矣。藝文志云：

小說家者流，蓋出於稗官，街談巷語道聽塗說者之所造也。孔子曰：『雖小道，必有可觀者焉，致遠恐泥，是以君子弗爲也。』然亦弗滅也。閭里小知者之所及，亦使綴而不忘，如或一言可采，此亦芻蕘狂夫之議也。（註五）

魏如淳注云：「九章：『細米爲稗』；街談巷說，其細碎之言也。王者欲知閭巷風俗，故立稗官使稱說之。」（註六）然則小說者，蓋由稗官搜集街談巷語編綴而成也。唯據原書所著錄作品以觀之，實有不盡然者。藝文志云：

伊尹說二十七篇。原注：「其語淺薄，似依託也。」（註七）

鬻子說十九篇。原注：「後世所加。」

周考七十六篇。原注：「考周事也。」

青史子五十七篇。原注：「古史官記事也。」

師曠六篇。原注：「見春秋，其言淺薄，本與此同，似因託之。」
務成子十一篇。原注：「稱堯問，非古語。」
宋子十八篇。原注：「孫卿道宋子，其言黃、老意。」
天乙三篇。原注：「天乙，謂湯；其言非殷時，皆依託也。」
黃帝說四十篇。原注：「迂誕依託。」
封禪方說十八篇。原注：「武帝時。」
待詔臣饒心術二十五篇。原注：「武帝時。」（顏）師古曰：「劉向別錄云：『饒，齊人也，不知其姓。武帝時待詔作書，名曰心術。』」
待詔臣安成未央術一篇。應劭曰：「道家也，好養生事，為未央之術。」
臣壽周紀七篇。原注：「項國圉人；宣帝時。」
虞初周說九百四十三篇。原注：「河南人，武帝時以方士侍郎，號黃車使者。」
百家百三十九卷。

以上十五家。伊尹說、鬻子說、師曠、務成子、天乙、黃帝說等，皆依託古人；周考、青史子，記周代故事；宋子，言黃老之意。凡此九種蓋先秦舊籍，是否為稗官所記之街談巷說，已不無可疑（註八）。封禪方說以下六種，俱為漢代小說。心術、周紀，內容不詳；百家乃劉向雜取周、秦及漢初諸子傳記所編。至如封禪方說，殆為武帝時方士所奏封禪之事；未央術言道家養生之法；周說則多記醫巫厭祝之術（註九）。後三種皆與方士有密切之關係，今人王瑤遂據以推論，認爲漢人所謂小說家者，實指方士之言（註一〇）。其觀點雖不免有以偏概全之蔽，然亦有可取者。

東漢桓譚新論云：

> 小說家合叢殘小語，近取譬論，以作短書；治身理家，有可觀之辭。（註一一）

按：叢殘小語，即漢書藝文志所謂之「街談巷語」；近取譬論者，以譬喻爲表達之方式；短書者，形式短小之篇章（註一二）；治身理家者，小道理耳。小說之內容、形式、功用，與乎表達之方法，俱已涵蓋其中矣。

劉歆、桓譚、班固等人，率由政治性、實用性以評論小說，娛樂性之存在與否，則無關宏旨。迄乎漢季，觀念始稍稍改變。魏魚豢魏略云：

> （邯鄲）淳，一名竺，字子叔。博學有才章，又善蒼、雅、蟲、篆、許氏字指。初平時，從三輔客荊州。荊州內附，太祖素聞其名，召與相見，甚敬異之。……太祖遣淳詣植，植初得淳甚喜，延入座，不先與談，時天暑熱，植因呼常從取水自澡訖，傅粉。遂科頭拍袒，胡舞五椎鍛，跳丸擊劍，誦俳優小說數千言訖，謂淳曰：『邯鄲生何如邪？』於是乃更著衣幘，整儀容，與淳評說混元造化之端，品物區別之意，然後論羲皇以來賢聖名臣烈士優劣之差，次頌古今文章賦誄及當官政事宜所先後，又論用武行兵倚伏之勢。（註一三）

按：曹植所誦「俳優小說」，大抵爲詼諧文字與嘲弄言語之類（註一四），與胡舞、跳丸、擊劍，並爲雜技藝，其所注重者係娛樂趣味性質也。此後，小說乃實用性與娛樂性兼具矣。

第二節　志怪小說之範圍

莊子逍遙遊云：「齊諧者，志怪者也。」（註一五）志怪，意指記錄怪異之事，固非一特定名詞。其以「志怪」爲書名，當始於晉朝。祖台之、孔氏，並撰志怪；唐初纂修隋書經籍志，兩者並列入史部雜傳類。其他性質相近之著作，若：列異傳、感應傳、搜神記、搜神後記、甄異傳、異苑、幽明錄、宣驗記、應驗記、冥祥記……等二十餘種，亦並載於雜傳類。蓋兩晉、南北朝時期，史家傳記勃興，流風所及，志怪書率以史傳形式出之，故目錄學家依其體裁所近，歸入史部，遂與耆舊、高隱、孝子、良吏、仙佛等傳同列也。（註一六）

唐、五代之際，觀念無甚變異。舊唐書經籍志所著錄者，自列異傳以下二十餘部書，俱屬於史部雜傳類（註一七）。洎乎北宋，王堯臣奉詔編次崇文總目，見存之南北朝志怪書：梁吳均續齊諧記、北齊顏之推還冤記兩種，始攔入小說類。歐陽修據唐開元四部書目等資料，編成新唐書藝文志（註一八），原列於雜傳類之志怪書，若列異傳、甄異傳、搜神記、志怪、靈鬼志等，舉而改隸子部小說類，蓋與宋太宗太平興國年間纂修太平廣記一書不無關係也（註一九）。元脫脫等根據宋國史藝文志、中興館閣書目等，修成宋史藝文志，其小說類大抵因襲歐陽修之觀點，唯內容更形蕪雜耳。

明胡應麟慨嘆小說之繁夥，派別之滋多，於是綜其大凡而析分之，以爲六種。少室山房筆叢云：

小說家一類，又自分數種。一曰志怪，搜神、述異、宣室、酉陽之類是也。一曰傳奇，飛燕、太眞、崔鶯、霍玉之類是也。一曰雜錄，世說、語林、瑣言、因話之類是也。一曰叢談，容齋、夢溪、東谷、道山之類是也。一曰辨訂，鼠璞、雞肋、資暇、辨疑之類是也。一曰箴規，家訓、世範、勸善、省心之類是也。（註二〇）

胡氏既因新唐書藝文志小說類內容而整齊之，且首次標舉「志怪」一目，用以包含搜神記、述異記等書。後世每以志怪做爲魏、晉、南北朝神怪靈異小說之通稱，殆由胡氏創始之。

清乾隆中，敕撰四庫全書總目，命紀昀總其事。紀氏將小說別爲三派。四庫全書總目子部小說家類敍云：

……迹其流別，凡有三派。其一敍述雜事，其一記錄異聞，其一綴輯瑣語也。唐、宋而後，作者彌繁。中間誣謾失眞，妖妄熒聽者，固爲不少，然寓勸戒，廣見聞，資考證者，亦錯出其中。……今甄錄其近雅馴者，以廣見聞，惟猥鄙荒誕，徒亂耳目者，則黜不載焉。（註二一）

今按四庫全書所著錄，雜事之屬，有西京雜記、世說新語、因話錄、北夢瑣言……等書；異聞之屬，有山海經、穆天子傳、神異經、海內十洲記、漢武故事、漢武帝內傳、漢武洞冥記、拾遺記、搜神記、搜神後記、異苑、續齊諧記、還冤記……等書；瑣語之屬，有博物志、述異記、酉陽雜俎……等書（註二二）。校以胡應麟所分，前一種卽雜錄，後二種則爲志怪也。四庫館臣，原係依據各書內容重加分類，最爲精確可信，較諸舊志之僅按書名鈔撮派分者，實不可同日而語。毋怪乎後世輯魏、晉、南北朝志怪小說書目，每以四庫全書總目爲藍本而斟酌損益之也（註二三）。本論文所收錄者，除參考前人著述外，復鈎稽原始資料，重行排比，庶幾編成一完整之目錄。（註二四）

第三節　神話、傳說與志怪小說

論者每謂古代之神話與傳說乃魏、晉、南北朝志怪小說之根源（註二五）。蓋三者出於民間，所述皆以超自然現象爲主，且志怪小說乃繼承神話與傳說之遺緒而略加演變，其痕迹灼然可見也。

神話與傳說之界線，頗難釐清。周氏中國小說史略云：

> 昔者初民，見天地萬物，變異不常，又出于人力所能以上，則自造衆說以解釋之。凡所解釋，今謂之神話。神話大抵以一『神格』爲中樞，又推演爲敍說，而于所敍說之神、之事，又從而信仰敬畏之。……迨神話演進，則爲中樞者漸近于人性。凡所敍述，今謂之傳說。傳說之所道，或爲神性之人，或爲古英雄，其奇才異能神勇爲凡人所不及。……」（註二六）

然則神話與傳說，雖有演進先後之不同，其劃分之標準乃在乎所占神性、人性比例之多寡耳。

吾國之神話與傳說，多散見於山海經、穆天子傳、屈原賦（註二七）、淮南子、列子等書，目前尚無集錄成專册者。其中，山海經、穆天子傳兩種，所載內容最豐富，對於魏、晉、南北朝志怪書之影響尤其重大。

山海經舊題爲伯益所作（註二八），宋代以後，致疑者漸多（註二九）；近代考證方法之細密度越前人，研究山海經之專家大抵主張原書非一人一時所撰（註三〇）。五藏山經五卷，記中國山川、神祇、異物，提示趨吉避凶之道，祠神之物，多用玉、糈及雄雞，與巫術合，蓋古巫師祈禳書之遺，約完成於東周時代。海外四經、海內四經、大荒經及海內經十三卷，所記則爲諸種神怪變異之象，遠國異人之狀貌風俗，殆作於春秋戰國之際，甚或西漢初年也（註三一）。魏、晉、南北朝志怪小說中，以敍述地理，夸示博物爲主，如博物志、神異經、漢武洞冥記、海內十洲記等，卽由山海經一書發展演變而成。

晉武帝太康元年（西元二八〇年），河南汲縣民不準盜發魏襄王冢（註三二），得竹書紀年、瑣語、穆天子傳、周穆王美人盛姬死事等七十五篇。今傳穆天子傳凡六卷。前五卷記周穆王駕八駿巡行天下，北絕流沙，西登昆侖會見西王母之事；後一卷記穆王妃子盛姬卒於途次，以至返葬。蓋因兩者並與周穆王有關，故併爲一書也。穆王傳頗多附會誇張，內容描述可謂極盡離奇神怪之能事。兩晉、南北朝志怪小說，以記錄神鬼靈怪爲主，若搜神記、搜神後記、異苑、幽明錄等，大都曾受到穆天子傳之啟示。至若漢武帝內傳一書，載西王母降臨事，其由穆天子傳演化之痕迹尤其顯著也。

神話與傳說本難劃分，山海經與穆天子傳對志怪小說之影響，亦當作如是觀。蓋不論題材或寫作方式，二書與志怪間之關係均甚密切，無從軒輊。上文所述，但取其大略耳。

【附註】

註　一：西洋所謂小說（Novel），必須具備：情節、角色、背景、故事體之方式與觀點、廣度與深度、虛構象徵而意味深長等要素。說見一九七四年出版大英百科全書第十三冊，頁二七六至二八〇「小說」條。

註　二：莊子集釋卷九上。

註　三：荀子集解卷十六。

註　四：荀子楊倞注云：「知治亂者，論合道與不合道而已矣，不在於有欲、無欲也。能知此者，則宋、墨之家，自珍貴其說，願人之去欲寡欲者，皆衰矣。」

註　五：漢書卷三十。

註　六：見漢書卷三十藝文志顏師古注引。

註　七：漢書藝文志中，有班固刪節劉歆七略語以爲注者，今稱「原注」，以別於顏師古注也。

註　八：如青史子一書，班固自注謂爲古史官所記，史官非稗官，明矣。宋子者，戰國宋鈃之說也。宋子之學，刻苦救世，內則情欲寡淺，外則禁攻寢兵，在戰國諸子間，嶢然出類，必非街談巷語之比也。說詳余嘉錫論學雜著，小說家出於稗官說一文。

註　九：說詳余氏所撰小說家出於稗官說。

註一〇：見王氏魏晉小說與方士一文，原載於民國卅七年出版之學原二卷三期，其後收入中古文學史論，改題小說與方術。

註一一：本條見文選卷卅一江淹雜體詩李都尉陵從軍李善注引，淸孫馮翼輯新論、嚴可均輯全後漢文，均失收。

註一二：短書者，漢人習語也。太平御覽卷六〇二引桓譚新論云：「莊周寓言，乃云堯問孔子。淮南子云：『共工爭帝，地維絕』。亦皆爲妄作。故世人多云短書不可用。」王充論衡卷三骨相篇云：「若夫短書俗記，竹帛胤文，非儒者所見，衆多非一。」又卷十二謝短篇：「二尺四寸，聖人文語，朝夕講習，義類所及，故可務知。漢事未載於經，名為尺籍短書，比於小道，其能知，非儒者之貴也。」

註一三：見三國志卷廿一王衛二劉傅傳裴松之注引。

註一四：按：王瑤魏晉小說與方士一文，以為曹植所誦殆是洛神賦、七啟之類，不確。吳宏一撰六朝鬼神怪異小說與時代背景的關係，謂當解為詼諧文字，其說通達可取。吳文原載現代文學四四期，其後輯入巨流圖書公司印行之中國古典文學研究叢刊：小說之部㈠。

註一五：俞樾俞樓雜纂卷廿九莊子人名考云：「……按下文諧之言曰，則當作人名為允。若是書名，不得但稱諧。」今從其說。

註一六：參見逯耀東魏晉志異小說與史學的關係一文，民國七十一年，食貨月刊新十二卷四．五期。

註一七：舊唐書經籍志係根據唐開元中毋煚所撰古今書錄刪削而成，分類一依毋氏書，絲毫未改。故舊唐書經籍志所反映者，實為唐開元時代之小說觀念也。

註一八：宋仁宗詔儒臣重加刋修唐書，宋祁撰列傳，歐陽修撰紀、志、表等，前後歷時約二十餘載。藝文志四卷，後世率題歐陽修撰。

註一九：宋太宗太平興國二年（西元九七七年）三月，詔李昉等人取歷代野史稗官雜說，輯為太平廣記五百卷，三年八月書成。全書分九十二大類，類或更細分子目。所收古籍約有三百五十種。新唐書藝文志小說家所錄列異傳、博物志、甄異傳、述異記、搜神記、志怪、靈鬼志、幽明錄、齊諧記、續齊諧記、冥祥記、寃魂志、旌異記等十三種，並見於太平廣記。

註二〇：見少室山房筆叢卷廿九，九流緒論下。

註二一：四庫全書總目卷一百四十。

註二二：見四庫全書總目卷一百四十至一百四十二。

註二三：近代所編魏、晉、南北朝志怪書目，有：嚴懋垣魏晉南北朝志怪小說書錄附考證，民國廿九年，文學年報第六期；傅惜華六朝志怪小說之存佚，民國卅三年，漢學第一輯；周次吉六朝志怪小說研究，民國六十年，作者自印本。嚴氏收三十五種，傅氏收三十二種，周氏收五十二種。蓋因標準不一，功力有高下之故也。

註二四：全目見本論文下篇：群書敍錄。

註二五：民國十二年，周豫才氏撰中國小說史略，謂吾國小說淵源於神話與傳說，特設專篇討論之。此後，編撰中國小說史之學者，如譚正璧、胡懷琛、郭箴一、葛賢寧、孟瑤等人俱主此說。民國五十年，劉葉秋著魏晉南北朝小說，亦以爲志怪小說乃繼承神話傳說之傳統，演變而成。

註二六：中國小說史略第二篇：神話與傳說。

註二七：屈原賦之離騷、九歌、天問等編，神話資料較富。

註二八：按：劉秀（即劉歆）所上校山海經敍錄云：「山海經者，出於唐、虞之際。……禹別九州，任土作貢；而益等類物善惡，著山海經。」王充論衡卷十三別通篇云：「禹、益並治洪水。禹主治水，益主記異物。海外山表，無遠不至。以所聞見，作山海經。」趙曄吳越春秋卷六云：「（禹）巡行四瀆，與益、夔共謀。行至名山大澤，召其神而問之山川脈理、金玉所有、鳥獸昆蟲之類，及八方之民俗、殊國異域、土地里數。使益疏而記之。故名之曰山海經。」是後漢學者皆主伯益作。

註二九：宋尤袤山海經跋、晁公武郡齋讀書後志卷一及陳振孫直齋書錄解題卷八「山海經」條，王應麟山海經考證，皆不信此書爲伯益所作，蓋以摻入秦、漢郡縣名故也。明胡應麟四部正譌、清姚際恒古今僞書考、紀昀四庫全書總目，辨之尤急，並推定爲秦、漢間人所作。

註三〇：陸侃如山海經考證，民國十八年，中國文學季刊一卷一期；何觀洲山海經在科學上之批判及作者之時代考，民國十九年，燕京學報七期；萬汝明山海經之淵源，民國二十年，暨南大學文學院集刊二期；鄭德坤山海經及其神話，民國廿一年，史學年報一卷四期；衛聚賢山海經的研究，民國廿三年，古史研究第二集；程憬山海經考，民國卅二年，圖書季刊新四卷三・四期；史景成山海經新證，民國五十七年，書目季刊三卷一、二期；傅錫壬山海經研究，民國六十五年，淡江學報（文學部）十四期。以上諸家論文，對於山海經之作者及時代，意見不一，然謂其非一人一時所撰，則無不同。

註三一：此處乃參考陸侃如山海經考證、玄珠中國神話研究、鄭德坤山海經及其神話、傅錫壬山海經研究之說法而推定。

註三二：汲冢書得年，有晉武帝咸寧五年（西元二七九年）、太康元年（二八〇年）、太康二年等三種說法。雷學淇竹書紀年考證云：「竹書發於咸寧五年十月，明年三月吳平，遂上之。帝紀之說，錄其實也。餘就官收以後上於帝京時言，故曰太康元年。束皙傳云二年，或命官校理之歲也。」其說是也。又「魏襄王」，王隱晉書束皙傳作「魏安釐王」，唐修晉書束皙傳則兩存其說。按：有關汲冢書之問題，詳朱希祖汲冢書考，今收入朱希祖先生文集第三冊，民國六十八年。台北九思出版公司印行。

第二章　志怪小說產生之背景

文學作品之形式與內涵，每因時代變遷而呈現不同之面貌。魏、晉、南北朝志怪小說之產生，既受神話、傳說等歷史性淵源之影響，復與時代環境息息相關，密不可分。今試就當時政治、社會、學術、民間信仰、宗教、中外貿易、史傳風氣等方面略作探討，以便了解志怪形成之背景。

第一節　政治社會環境之改變

東漢章帝以後，外戚、宦官相衝突，彼此誅殺不已。政治黑暗，社會不安，叛亂時有所聞。桓、靈之世，政歸閹寺。譖皇后，殺大臣，考鈎黨，誅名士，蠹政敗國，無所不至，民生之凋敝，達於極點。野心家遂假借宗教迷信，煽動群衆，釀成「黃巾之亂」。靈帝募兵討伐，數月之間，大致略定；惟餘黨四處結聚，轉難清除。漢室爲加重地方官之權力以維持治安，乃設州牧，畀以軍政、財經大權。此舉，實造成群雄割據之遠因。（註一）

中平六年（西元一八九年），靈帝晏駕，皇位繼承問題未能解決，再度引起宦官與外戚相爭。大將軍何進謀誅宦官，召河東守將董卓入京。卓既至，獨攬大權，廢少帝，立獻帝，焚燒擄掠，無所不爲。然後，挾持皇帝及官民數百萬口，西徙長安。王允、呂布殺董卓，獻帝乃輾轉回抵洛陽。曹操卽迎帝至許縣（今河南許昌），挾天子以令諸侯，天下群雄紛起，據地自立，東漢已名存實亡矣。（註二）

曹操經略中原地區已定，又謀統一天下，遂轉而南征。建安十三年（西元二〇八年），曹氏揮兵南指，與孫權、劉備聯軍相遇於赤壁（今湖北嘉魚）。曹軍失利，大敗北返。此一役也，打破曹操統一之計畫，奠定魏、蜀、吳鼎足而立之勢，中國再度陷於長期分裂狀態。（註三）

魏元帝咸熙二年（西元二六五年），相國司馬炎篡位自立，是爲晉武帝。咸寧六年（西元二八〇年），滅吳，漢末以來百年割裂之局面，復歸統一。武帝鑒於魏無宗族夾輔，王室孤立，以致覆滅，遂大封同姓爲王，假以兵權，並置吏治民，終於演成日後骨肉相殘之慘劇，史稱「八王之亂」（註四）。諸王亂事，歷時十六載，內訌不止，政變四起，朝廷陷於無主狀態；四方失其控御，叛亂日增，崩潰之局成焉。（註五）

惠帝崩，懷帝卽位，改元永嘉。帝親攬大政，積極圖治；惟東海王越專橫跋扈，擁兵自固，而匈奴、鮮卑、氐、羌、羯諸胡勢力强盛，全國遂陷於靡爛之地。永嘉五年（西元三一一年），劉曜領兵攻陷洛陽，懷帝被虜，政權中斷，是爲「永嘉之亂」。其後愍帝卽位長安，又爲劉曜擒獲，西晉遂亡。中原既淪於胡人之手，瑯琊王司馬睿重建政權於江左。從此南北對峙，戰爭不息，歷時二百七十餘載，

乃中國歷史上三大分裂時期之一也。（註六）

自東漢末年至南北朝結束，前後約四百年。中國長期處於動亂之中。每當改朝換代或政變爭權之際，士大夫往往成爲拉攏之對象，一有偏失，則慘遭殺身之禍（註七）。加以戰事連年，無辜百姓遭受蹂躪殘害，飽嚐顛沛流離之苦。此時，人人生活於危機四伏之中，成日爲死亡陰影所籠罩。於是厭世遁隱之思想，談玄說鬼之風氣大爲流行。

第二節　經學與方術之混淆

一、儒生方士化

戰國、秦、漢之際，燕、齊間多方士。史記封禪書云：

自齊威、宣之時，騶子之徒論著終始五德之運；及秦帝而齊人奏之，故始皇采用之。而宋毋忌、正伯僑、充尙、羨門高最後，皆燕人，爲方僊道，形解銷化，依於鬼神之事。騶衍以陰陽主運顯於諸侯，而燕、齊海上之方士傳其術不能通，然則怪迂阿諛苟合之徒自此興，不可勝數也。自威、宣、燕昭，使人入海求蓬萊、方丈、瀛洲。此三神山者，其傳在勃海中，去人不遠；患且至，則船風引而去。蓋嘗有至者，諸僊人及不死之藥皆在焉。其物禽獸盡白，而黃金銀爲宮

闕。未至，望之如雲；及到，三神山反居水下。臨之，風輒引去，終莫能至云。世主莫不甘心焉。（註八）

燕昭、秦皇、漢武相繼禮遇方士，欲求長生不老之術，流風所及，神仙、術數及陰陽五行之思想廣爲傳播。漢初，儒者多混合陰陽術數，以災異說經，而齊人爲甚。皮錫瑞經學歷史云：

> 漢有一種天人之學，而齊學尤盛。伏傳五行，齊詩五際，公羊春秋多言災異，皆齊學也。易有象數占驗，禮有明堂陰陽，不盡齊學，而其旨略同。當時儒者以爲人主至尊，無所畏憚，借天象以示儆，庶使其君有失德者猶知恐懼修省。此春秋以元統天、以天統君之義，亦易神道設教之旨。漢儒藉此以匡正其主。（註九）

漢儒援引災異、禁忌之說以匡正人君，固使經學切合時用，亦使經學陰陽五行化，又可謂方士化也。西漢哀、平之際，讖緯盛行（註一〇）。或詭爲隱語，預言吉凶禍福；或比附經典，衍爲怪辭異說，其書與術士之徒蓋不無關係（註一一）。及王莽矯用符命而登基（註一二），光武以「赤伏符」即帝位（註一三），並深信讖緯。其後，五經之義，每以讖決。賈逵以此興左傳，曹褒以此定漢禮。於是學者稱易、書、詩、禮、春秋、孝經、論語七種緯書爲內學，孔門五經乃爲外學矣。（註一四）

二、方士儒生化

兩漢經學風氣，前期後期差異極大。皮錫瑞經學歷史云：

後漢經學盛於前漢者，有二事。一則前漢多專一經，罕能兼通。經學初興，藏書始出；且有或為雅，或為頌，不能盡一經者。若申公兼通詩、春秋，韓嬰兼通詩、易，孟卿兼通禮、春秋，已為難能可貴。夏侯始昌通五經，更絕無僅有矣。後漢則尹敏習歐陽尚書，兼善毛詩、穀梁、左氏春秋；景鸞能理齊詩、施氏易，兼受河、洛圖緯，又撰禮內外說。何休精研六經，許慎五經無雙，蔡玄學通五經。此其盛於前漢者一也。一則前漢篤守遺經，罕有撰述。章句略備，文采未彰。藝文志所載者，說各止一二篇，惟災異孟氏京房六十六篇為最夥。董子春秋繁露，志不載。韓嬰作內外傳數萬言，今存外傳。后倉說禮數萬言，號曰后氏曲臺記，今無傳者。後漢則周防撰尚書雜記三十二篇，四十萬言。景鸞作易說及詩解，又撰禮略，及作月令章句，著述五十餘萬言。……何休作公羊解詁，又訓注孝經、論語，以春秋駁漢事六百餘條，作公羊墨守、左氏膏肓、穀梁廢疾。許慎撰五經異義，又作說文解字十四篇。賈逵集古文尚書同異三卷，撰齊、魯、韓詩與毛氏異同，並作周官解故。馬融著三傳異同說，注孝經、論語、詩、易、三禮、尚書。此其盛於前漢者二也。（註一五）

東漢儒者多兼通數經，以博學洽聞相尚，及鄭玄出，徧注諸經，立言百萬（註一六），遂集經學之大成。諸家涉獵既廣，自不願墨守成說；傳業者衆，學術普及各階層。方術之士明習經書者頗不乏人，如：李郃「通五經」；廖扶「習韓詩、歐陽尚書，教授常數百人」；樊英「習京氏易，兼明五經」；唐檀「習京氏易、韓詩、顏氏春秋，尤好災異星占。教授常百餘人」；公沙穆「習韓詩、公羊春秋，尤銳思河、洛推步之術」；韓說「博通五經，尤善圖緯之學」；華佗「兼通數經」（註一七）。諸人並通內外之學，方士儒生化之情況，由此可見一斑。

魏晉以後，經學與方術混合之情況未改。術士通經者，如鮑靚、黃泓、索紞、臺產等人，並學兼內外（註一八）；郭璞、葛洪、顧歡、陶弘景等人，博覽經籍，多才多藝，著述繁富（註一九）。儒學之徒，深受術數影響者，則以張華、范隆、干寶、李業興等人較有名（註二〇）。惟其時玄學方盛，才智之士轉以老、莊義理說經，又不免於經學玄理化矣。此時，正統儒學已呈衰頹之勢，儒家禮教固缺乏約束力，孔子「不語怪力亂神」之戒，學者亦視若無睹，士大夫喜好異聞，流播怪談之風氣興焉。

第三節　傳統迷信之充斥

遠古民智未開，認爲天地萬物皆由神鬼主之，或畏懼，或陷媚，要在求福免禍。惟祈禳之事，非凡庶可勝任，必假諸巫覡。國語楚語云：

昭王問於觀射父曰：「周書所謂重、黎寔使天地不通者，何也？若無然，民將能登天乎？」對曰：「非此之謂也。古者民神不雜。民之精爽不攜貳者，而又能齊肅衷正，其智能上下比義，其聖能光遠宣朗，其明能光照之，其聰能聽徹之，如是則明神降之，在男曰覡，在女曰巫。是使制神之處位次主，而爲之牲器時服。」（註二一）

蓋上古政教未分，政治領袖兼爲祭師，故其素質甚高，權力亦甚大。後世政教相離異，專業之巫覡生焉。彼輩處乎人神之間，以招神、逐疫、禳災、除不祥爲謀生方式，社會地位日漸低落。

戰國時代，南方楚國巫風甚盛。其俗信鬼而好祠，祠必作歌樂鼓舞以樂諸神，今傳屈原九歌殆記其事也（註二二）。北方則有誕詐之巫，行騙民間，至於靡錢財，傷性命，若鄴縣爲河伯娶婦之類（註二三）。至於漢代，巫復立之于國典。史記封禪書云：

> （高祖六年）長安置祠祝官、女巫。其梁巫，祠天、地、天社、天水、房中、堂上之屬；晉巫，祠五帝、東君、雲中君、司命、巫社、巫祠、族人先炊之屬；秦巫，祠社主、巫保、族纍之屬；荊巫，祠堂下、巫先、司命、施糜之屬；九天巫，祠九天。皆以歲時祠宮中。其河巫祠河於臨晉，而南山巫祠南山、秦中。各有時日。（註二四）

蓋漢高起自微賤，又爲楚產，故甚重祠祀，遂令巫者主之。武帝卽位，尤信鬼神，嘗祠長陵、上郡、壽宮神君；滅兩越，又令越巫立越祝祠，祠天神上帝百鬼而以雞卜（註二五）。其後，宣帝、成帝、哀帝、平帝等，亦多篤於祭祀之事，而煩費頗甚（註二六）。若夫街巷閭里，巫祝則以詐怖之術愚弄百姓，迷信風氣亦盛，雖屢經地方官吏諭告禁止而不能盡絕（註二七）。上有好之者，下尤甚焉，豈不然哉？

魏、晉以降，玄學旣盛，迷信稍澹，惟民間風氣則未能驟變。魏文帝、明帝，皆禁淫祀；西晉武帝，亦下詔以舊禮約束之（註二八）。及晉室南遷，中原士族僑居吳、楚地區，每感於土著巫風之熾盛，頗思加以遏止。穆帝升平中，何琦論修五嶽祠，嘗云：

……計今非典之祠，可謂非一。考其正名，則淫昏之鬼；推其糜費，則四民之蠹。而山川大神，更爲簡闕，禮俗頽紊，人神雜擾，公私奔蹙，漸以滋繁。……今元憝已殲，宜修舊典。……其五嶽、四瀆宜遵修之處，但俎豆牲牢。祝嘏文辭，舊章靡記，可令禮官作式，歸諸誠簡，以達明德馨香，如斯而已。其諸妖孽，可粗依法令，先去其甚。俾邪正不瀆。（註二九）

何氏所論，雖以禮五嶽、四瀆爲主，然淫祠繁夥之事實，亦可由此略知一二，惜穆帝不能用其說也。

宋武帝永初二年（西元四二一年）夏四月，詔曰：

淫祠惑民費財，前典所絕，可並下在所除諸房廟。其先賢及以勳德立祠者，不在此例。（註三〇）

由是蔣子文祠等，並皆毀絕。唯迄孝武帝孝建初，更修起蔣山祠，所在山川，漸皆修復。明帝立九州廟於雞籠山，大聚群神，四方諸神，咸加爵秩（註三一），可謂變本加厲。蔣子文、蘇峻、項羽等神廟，四處林立（註三二）。蓋妖巫欺惑百姓，敗壞風俗之行爲，原非政令所能禁絕，今人君既推波助瀾，其氣燄之高張殆可想見。毋怪乎士大夫之津津樂道鬼神靈異事，且形諸筆端矣。

第四節　佛道思想之瀰漫

一、佛　教

佛敎原爲北天竺憍薩羅摩揭陀國迦毘羅維城城主淨飯王之子釋迦牟尼所創，故又稱釋敎。其人約與孔子同時（註三三）。西元前二百五十年左右，經阿育王大力擁護推廣，始盛行於印度各地。自漢武帝通西域之後，佛敎遂得經由西域孔道傳入中國。

根據可靠之文獻記載，最遲至漢明帝時代，佛敎即已流傳中土（註三四）。東漢末年，桓帝大加提倡，其敎漸盛。安息名僧安世高及大月氏名僧支婁迦讖，相繼來華傳播佛法，並翻譯佛典（註三五）。此後，西域、印度僧侶經由敦煌或交、廣來中國者，與日繼增。三國之際，吳大帝孫權篤信佛法，拜支謙爲博士，爲僧康會造建初寺，二人在東吳譯經佈道，江南佛敎盛行一時（註三六）。魏則有曇柯迦羅、康僧鎧、曇無諦、帛延等高僧譯經弘法（註三七）。高貴鄉公甘露三年（西元二五八年），潁川朱士行正式受戒出家，是爲漢地沙門之始。其後，士行發願赴于闐求佛經梵本，又爲漢僧西行取經第一人。（註三八）

晉武帝泰始二年（西元二六六年），竺法護大賫梵本來華，前後譯出光讚般若、正法華、維摩詰等經約百數十部，宣揚佛法垂二十年，僧徒宗奉者數千人（註三九）。惠帝時，帛遠造精舍於長安，以講習爲業，信奉者亦近千人（註四〇）。東晉初，住洛陽天竺沙門佛圖澄，爲石勒、石虎父子所崇敬，號爲「大和尚」，慕德參集者甚衆（註四一）。其弟子道安則專意註經，並訂定僧尼軌範、佛法憲章，佛敎組織與儀式從此確立。石氏亂後，道安率弟子四五百人，分布長江一帶傳敎。道安既南下，與各地賢士大夫接交，應機扶導，頓開宗風，遂使佛學流佈於文士之間，大啟居士禮佛參禪之風氣（註四二）。

後秦姚興迎天竺僧人鳩摩羅什入長安，傳譯摩訶般若波羅密經、妙法蓮華經、大智度論等三十餘部，受業義學沙門多達三千人（註四三）。同時，南方有道安高足弟子慧遠駐錫廬山東林寺，宣揚毗曇、三論及禪法，廣布教化。淸信之士，望風遙集，尤爲士大夫所崇敬（註四四）。從此，佛教盛行南北矣。

自佛教入華，歷代君王多信奉之。上有好者，下必甚焉。佛教興盛，此固原因之一耳。蓋東漢末季以後，國內動亂不絕，戰爭頻仍，百姓生活極爲痛苦。精神既乏託附，傳統儒家思想又不足以饜人心，已而既聞佛陀救苦難、消罪孽、出生死之說，果報輪迴之論，乃群起而赴之。至如士大夫則漸染談玄之習，佛家義理高深，足與玄學相輔並行，故爲淸談之輩所好。東晉之後，玄風日盛，僧徒既預淸談，士子亦多研究佛理，佛教勢力遂蓬勃發展。

二、道　教

吾國自古爲多神信仰。舉乎天地、山川、木石、龍蛇、鳥獸，莫不有神。苟欲消災祈福，則有巫祝及諸種祭禱儀式，然尚缺乏高深而體系完整之宗教理論。晚周之際，老子倡自然主義，推翻「天神」、「地祇」、「人鬼」等觀念（註四五）。孔子雖主張敬天祀祖，亦以天道玄遠，故教人敬鬼神而遠之（註四六）。獨有墨家尊天明鬼，以神意神權爲道德之歸宿（註四七），有組織，有熱誠，具備宗教精神，惟未能形成複雜之宗教。洎乎戰國時期，燕、齊二地流行長生之術與求仙之談。齊威王、宣王、燕昭王，均曾派人入海往三神山求不死藥。及至秦始皇幷天下，亦使人齎童男女入海求之（註四八）。其事雖皆未能成功，而神仙及服餌延年之說充滿寰宇矣。

漢武帝雄才大略，文治武功並盛極一時。然其人頗信方士，好求神仙，祠祭服食之術無所不用（註四九）。宣帝、成帝，並隆鬼神。王莽專心復古，亦好神仙之言（註五〇）。迄於東漢，此風彌彰，並轉下層社會發展。桓、靈二帝時，政治黑暗，綱紀敗壞，戰禍連年，民不聊生。于吉、張陵之徒乃混合神仙、陰陽五行與民間巫術，利用符籙、水禁爲人治病，又以自然災異附會朝廷之腐敗，招引民衆歸信，此時道教已具雛形（註五一）。其後，鉅鹿張角爲太平道，十餘年間，徒衆達數十萬。未幾，角見漢勢大弱，遂造讖言（註五二），於靈帝中平元年（西元一八四年）起兵，自稱天公將軍。張脩行五斗米道於漢中，亦乘機響應。史稱「黃巾之亂」。

太平道與五斗米道，專講跪拜、符咒，原屬迷信集團，組織龐大，教義淺陋。迨至魏、晉，道教中人始援引周易、老子、莊子以構成一富有哲理之宗教思想。魏伯陽藉易象以論鍊丹之道，撰周易參同契（註五三）。葛洪以儒生習道，著抱朴子內外二篇，內篇專究神仙長生之術；自神化之方，演成修養之術，道教乃有學理之基礎。境界既高，逐漸流入上層社會，遂爲士大夫所接納信仰（註五四）。降及南北朝時期，佛教盛行，寇謙之、陸修靜、陶弘景等人，既受衝擊，亦得啟示，乃擬佛經而大撰法典（註五五）。從此，道教之祭神供品禮儀、建醮之儀式、齋戒之種類、法籙誡命、寶蓋靈幡、服飾等，皆有詳備之記載，道教遂成爲內涵豐富之本土宗教，普受帝王尊尚，士大夫信奉者亦不乏其人也。（註五六）

第五節　中外交通貿易頻繁

漢代與西方之交通，既經張騫及班超之努力，已遍及西域諸國（註五七）。東方則夫餘、挹婁、高句麗、韓國、倭國，皆曾遣使朝貢（註五八）。南方黃支國、葉調、撣國，亦嘗遣使來貢獻（註五九）。駭雞犀、琉璃、琅玕、火浣布等奇珍異物畢至矣。

吳孫權時，交州刺史呂岱派遣宣化從事朱應，中郎康泰通海南諸國，其所經及傳聞者，有百數十餘國（註六〇）。歸國後，朱應著扶南異物志，康泰則撰有吳時外國傳（註六一）。吳國商船往返於天竺、師子國等地，天竺及大秦船舶亦輻輳吳國南方海港，印度、波斯系諸產物，如：瑇瑁、古貝、金剛、瑪瑙、水精、金縷繡等，源源輸入中國。（註六二）

司馬氏統一中國，除南海之交通外，西域之國際貿易再度開放。晉武帝時，康居、焉耆、龜茲、大宛、大秦均來貢（註六三）。及五胡亂華，晉室偏安江左，苻堅統治北方，經營西域，與中亞細亞諸國進行貿易；晉孝武帝太元中，天竺國嘗獻火浣布於苻堅（註六四）。北魏之興也，以涼州為中心，敦煌為大門，通商往來者約六十餘國，輸入織物、服飾、化粧品、樂器，輸出者為生絲及絲織品（註六五）。南朝則以交、廣為通商口，由崑崙船、波斯船輸入象牙、犀角、翡翠、眞珠、玫瑰、沈香等物，貿易盛況空前（註六六）。此固商人重利之所驅使，亦由王公貴臣富豪之輩酷愛珍奇異物風氣有以致之。已而，嗜奇文士既載諸圖籍，炫其博物，荒誕道士則大加渲染，藉以構築其仙異世界也。

第六節　私人撰述史傳之風氣

一、傳記傳統之發揚

東漢以下，教育稍稱普及，著作觀念轉變。才學之士各思有所述作，既可發潛德之幽光，亦足藉以留名後世，故文風特盛，各類傳記及史籍層出不窮。

漢光武詔修南陽風俗傳，圈稱又撰陳留風俗傳，並以人物耆舊爲主（註六七）。魏、晉承之，兗州、汝南、濟北、徐州、會稽、零陵、桂陽、廣州、交州，各有先賢傳；東萊、益部、襄陽、長沙、豫章，率立耆舊傳。漢末，盧植著冀州風土記，魏、晉繼起，於是朱育會稽土地記、譙周三巴記、周處陽羨風土記、盛弘之荊州記、庾仲雍湘州記等並出。凡此皆地域性之傳記也。（註六八）

再者，漢末文人既受地方、人物志書撰述之影響，名士、名臣多立別傳；魏晉沿襲，其風尤甚。今但就史志、類書、古注所引，篇目尙存二百左右（註六九）。推而衍之，高士、逸民、烈女、英雄、孝子、名僧，無不依類成書，指不勝屈。東晉之後，政治率由高第大姓把持，其聲勢如日正中天，於是家傳之體勃興矣。（註七〇）

至若殫精竭思，孜孜著述以成一代之史者，亦不在少數。據近代學者統計，此時期由私人所修之後漢、三國、兩晉、十六國、南北朝諸種史書，約達百餘種（註七一），堪稱洋洋大觀。

二、門第觀念之刺激

後漢士族隆起，門第逐漸形成。魏、晉既行九品中正制，士人乃有高門庶姓之分。彼此不通婚，不交往，界線分明。選舉制度幾為世族華胄而設，極不公平。晉武帝時，尚書左僕射劉毅嘗上書，痛陳「上品無寒門，下品無勢族」之積弊，請棄置魏氏之法。司空衞瓘、太尉司馬亮等亦上疏，請除九品之制，恢復古代鄉議里選之法。事皆不果行。（註七二）

洎乎晉室南遷，王氏、謝氏、袁氏等大姓亦隨而過江，與吳郡土著之朱、張、顧、陸，並為高門。彼輩一則藉文學及玄談以陶醉性情，顯示高雅；一則保持祿位，修飭儀容，表現身分。於時有司選舉，專取著姓士族為之。秘書郎與著作佐郎，多為貴遊子弟起家之選。若名家且身有國封者，則起家多拜員外散騎侍郎。（註七三）

南朝宋、齊、梁之君主，出身寒素，世族之仕官者，每不願盡心簿領，中央機務無可倚辦者，惟有起用寒門之士。若鮑照、戴法興、阮佃夫、王道隆、汝法亮等，皆委任隆密，而世族之分量始日益減輕矣。（註七四）

高門大姓掌握選政時期，寒素之士唯有刻苦讀書，勤於著述，供名流權貴品題，以為進身仕途之資（註七五）。世說新語文學篇云：

左太冲作三都賦初成，時人互有譏訾，思意不愜。後示張公，張曰：「此二京可三。然君文未重於世，宜以經高名之士。」思乃詢求於皇甫謐。謐見之嗟歎，遂爲作敍。於是先相非貳者，莫不斂衽讚述焉。（註七六）

左思起自寒素，雖博覽文史，遍閱百家，費十年之力以賦三都，而時人未之重。必得安定逸士皇甫謐稱許，方風行於世。文學之士，欲出人頭地，其難可知。又南史徐廣傳云：

……時有高平郗紹，亦作晉中興書，數以示何法盛。法盛有意圖之，謂紹曰：「卿名位貴達，不復俟此延譽。我寒士，無聞於時，如袁宏、干寶之徒，賴有著述，流聲於後。宜以爲惠。」紹不與。（註七七）

法盛之言，實一般寒士之共同心聲也。

以詞藝才學仕進之寒門人士，詩文固可博取聲譽，傳記撰作，尤爲職位陞遷所需。晉書職官志云：

著作郎，周左史之任也。……著作郎一人，謂之大著作郎，專掌史任，又置佐著作郎。著作郎始到職，必撰名臣傳一人。（註七八）

庶士起家每補著作佐郎，史才具備與否，實爲出仕之關鍵。揣摩史籍，寫作傳記，自爲常課。長此以往，史傳之風既盛，爭奇鬥異，勢將轉入志怪之途矣。

【附註】

註　一：呂思勉秦漢史第九章後漢衰亂。
註　二：呂思勉秦漢史第十章後漢亂亡；黎傑魏晉南北朝史第一篇第一章三國政治述略。
註　三：呂思勉秦漢史第十一章三國始末；黎傑魏晉南北朝史第一篇第一章三國政治述略；張傧生魏晉南北朝史第二章三國之鼎立與對抗。
註　四：八王者，汝南文成王亮、楚隱王瑋、趙王倫、齊武閔王冏、長沙厲王乂、成都王穎、河閒王顒、東海孝獻王越也。諸王列傳，並見於晉書卷五九。晉諸王與於亂事者，不僅此八人，而晉書以此八人之傳，合爲一卷，故史家皆稱爲八王之亂耳。
註　五：呂思勉兩晉南北朝史第三章西晉亂亡；黎傑魏晉南北朝史第一篇第二章西晉政治述略；張傧生魏晉南北朝史第六章西晉之短暫統一與覆亡。
註　六：同註五。
註　七：如孔融、禰衡、楊脩、嵇康、潘岳、陸機、陸雲、張華等人，並爲文士中之佼佼者，而皆不免於誅戮也。
註　八：見史記卷廿八。又漢書卷廿五郊祀志上，所載亦同。
註　九：周予同注經學歷史頁一〇六。
註一〇：後漢書卷五九張衡傳、文心雕龍卷一正緯篇、尚書注疏卷一尚書序正義、卷十二洪範正義，並謂緯讖起自哀、平。夷考其實，則秦、漢之際已有之，但盛於西漢末耳。說詳陳槃讖緯命名及其相關諸問題，民國四十七年，幼獅學報第一期。
註一一：漢武帝獨尊儒家，外則仁義道德，內則陰陽五行，所謂言儒術而行方術也。故使時之方士喜以儒學爲文飾，儒者則雜取陰陽五行以合需要。二者交互影響，緯書日出。惟溯其源，則又起於戰國鄒衍，撰造於燕、齊方士也。

註一二：漢書卷九九上王莽傳云：「平帝元始五年十二月，前煇光謝囂奏武功長孟通浚井得白石，上圓下方，有丹書著石，文曰『告安漢公莽爲皇帝』。符命之起，自此始矣。……居攝三年，廣饒侯劉京、車騎將軍千人扈雲、大保屬臧鴻奏符命。京言齊郡新井，雲言巴郡石牛，鴻言扶風雍石，莽皆迎受。十一月甲子，莽上奏太后曰：『……宗室廣饒侯上書言：「七月中，齊郡臨淄縣昌興亭長辛當暮數夢，曰：『吾，天公使也。天公使我告亭長曰：「攝皇帝當爲眞。」卽不信我，此亭中當有新井。』亭長晨起視亭中，誠有新井，入地且百尺。」十一月壬子，直建冬至，巴郡石牛，戊午，雍石文，皆到于未央宮之前殿。臣與太保安陽侯舜等視，天風起，塵冥，風止，得銅符帛圖於石前，文曰：「天告帝符，獻者封侯。承天命，用神令。」……其號令天下，天下奏言事，毋言「攝」。以居攝三年爲初始元年，漏刻以百二十爲度，用應天命。……』奏可。衆庶知其奉符命，指意群臣博議別奏，以視卽眞之漸矣。」

註一三：後漢書卷一上光武帝紀上云：「地皇三年，南陽荒饑，諸家賓客多爲小盜。光武避吏新野，因賣穀於宛。宛人李通等以圖讖說光武云：『劉氏復起，李氏爲輔。』……十月，與李通從弟軼等起於宛。……建武元年，夏四月，光武從薊還，……行至鄗。光武先在長安時同舍生彊華自關中奉赤伏符，曰：『劉秀發兵捕不道，四夷雲集龍鬥野，四七之際火爲主』。群臣因復奏曰：『受命之符，人應爲大，萬里合信，不議同情，周之白魚，曷足比焉？今上無天子，海內淆亂，符瑞之應，昭然著聞，宜答天神，以塞群望。』光武於是命有司設壇場於鄗南千秋亭五成陌。六月己未，卽皇帝位。」

註一四：參見後漢書卷廿八桓譚傳、卷三五曹褒傳、卷三六賈逵傳、卷八二上方術傳。

註一五：周予同注經學歷史頁一二六、頁一二七。

註一六：後漢書卷三五鄭玄傳。

註一七：李郃諸人，並見後漢書卷八二方術傳。

註一八：鮑靚等人，並載晉書卷九五藝術傳。

註一九：郭璞博學有高才，詞賦爲東晉中興之冠。好古文奇字，妙於陰陽曆算。所著有洞林、新林、卜韵、爾雅注、三蒼注、方言注、山海經注、穆天子傳注、楚辭注等。晉書卷七二有傳。葛洪究覽典籍，尤好神仙導養之法，兼綜練醫術。撰有抱朴子、神仙傳、良吏傳、隱逸傳、集異傳、金匱藥方、肘後要急方等。晉書七十有傳。顧歡篤志好學，貫通玄儒。晚節服食，不與人通，事黃、老道，解陰陽書，爲數術多效驗。著三名論、夷夏論，又注王弼易二繫，學者傳之。南齊書卷五四、南史卷七五並爲立傳。陶弘景幼有異操，年十歲，得葛洪神仙傳，晝夜研尋，便有養生之志。及長，讀書萬餘卷。善琴棋，工草隸。齊武帝永明中，止於句曲山，自號華陽隱居。從東陽孫遊岳受符圖經法。徧歷名山，尋訪仙藥。性好著述。尚奇異，尤明陰陽五行，風角星算，山川地理，方圖產物，醫術本草。梁武帝早年與之遊，及即位後，恩禮逾篤，書問不絕，冠蓋相望。所撰有孝經注、論語集注、天儀說要、本草經集注、補闕肘後百一方等。梁書卷五一、南史卷七六有傳。

註二〇：見晉書卷卅六張華傳、卷九一范隆傳、卷八二干寶傳，魏書卷八四、北史卷八一李業興傳。

註二一：國語卷十八。

註二二：楚辭卷二九歌章句王逸序云：「九歌者，屈原之所作也。昔楚國南郢之邑，沅、湘之間，其俗信鬼而好祠。其祠必作歌樂，鼓舞以樂諸神。屈原放逐竄伏其域，懷憂苦毒，愁思沸鬱。出見俗人祭祀之禮，歌舞之樂，其詞鄙陋，因爲作九歌之曲。」

註二三：見史記卷一二六滑稽列傳褚少孫補「西門豹治鄴」章。

註二四：史記卷廿八。按：原文亦載漢書卷廿五郊祀志上。

註二五：事見史記卷廿八封禪書及漢書卷廿五郊祀志。

註二六：事見漢書卷廿五郊祀志。

註二七：後漢書卷四一第五倫傳云：「會稽俗多淫祀，好卜筮。民常以牛祭神，百姓財產以之困匱。其自食牛肉而不以薦祠者，發病且死，先爲牛鳴。前後郡將莫敢禁。倫到官，移書屬縣，曉告百姓。其巫祝有依託鬼神，詐怖愚民，皆案論之。有妄屠牛者，吏輒行罰。民初頗恐懼，或祝詛妄言，倫案之愈急，後遂斷絕，百姓以安。」又同卷宋均傳云：「均至二十餘，調補辰陽長。其俗少學者而信巫鬼，均爲立學校，禁絕淫祀，人皆安之。……遷九江太守。……浚遒縣有唐、后二山，民共祠之，衆巫遂取百姓男女以爲公嫗，歲歲改易，既而不敢嫁娶。前後守令莫敢禁。均乃下書曰：『自今以後，爲山娶者，皆娶巫家，勿擾良民。』於是遂絕。」

註二八：見三國志卷二魏文帝紀、卷三魏明帝紀；晉書卷十九禮志上、宋書卷十七禮志四。

註二九：晉書卷十九禮志上、宋書卷十七禮志四。

註三〇：宋書卷三武帝本紀下。

註三一：宋書卷十七禮志四。

註三二：南北朝淫祠事，詳顧炎武日知錄卷三十「古今神祠」條及呂思勉魏晉南北朝史第廿四章晉南北朝宗教第一節。

註三三：據淨海南傳佛教史，釋尊之生卒年，約爲西元前五六三至四八三年；據衆聖點記，當於西元前五六六至四八五。此與孔子生卒年（西元前五五一年至四七九年），頗爲相近也。近代歐、美學者亦有推斷爲西元前五五七至四七七年者。有關辯論，詳見張曼濤編佛滅紀年論考，民國六十八年，台北大乘文化出版社印行。

註三四：按：漢明帝永平中，遣使往西域求法，乃向所公認佛教傳入中國之始。然三國志卷卅裴注引魏略西戎傳，謂漢哀帝元壽元年（西元前二年），博士弟子景盧受大月氏王使伊存口授浮屠經。是西漢末葉，佛法已傳至中土矣。說詳湯錫予漢魏兩晉南北朝佛教史第四章漢代佛法之流布。

註三五：見僧祐出三藏記集卷十三安淸傳、支讖傳，慧皎高僧傳卷一安淸傳、支婁迦讖傳。

註三六：出三藏記集卷十三支謙傳，高僧傳卷一康僧會傳。

註三七：迦羅等四人，並見高僧傳卷一曇柯迦羅傳。

註三八：士行事蹟，見出三藏記集卷十三、高僧傳卷四朱士行傳。

註三九：出三藏記集卷十三竺法護傳，高僧傳卷一竺曇摩羅刹傳。

註四〇：出三藏記集卷十五法祖法師傳、高僧傳卷一帛遠傳。

註四一：高僧傳卷九、晉書卷九五佛圖澄傳。

註四二：出三藏記集卷十五道安法師傳、高僧傳卷五釋道安傳。

註四三：出三藏記集卷十四、高僧傳卷二、晉書卷九五鳩摩羅什傳。

註四四：出三藏記集卷十五慧遠法師傳、高僧傳卷六釋慧遠傳。

註四五：老子第四章云：「道冲而用之，或不盈。淵兮似萬物之宗，湛兮似或存。吾不知誰之子，象帝之先。」以虛狀之「道」體爲萬物之根源，破除神造之說。第二十五章云：「人法地，地法天，天法道，道法自然。」此謂道性自然，天、地亦效法道也。第六十章云：「以道莅天下，其鬼不神；非其鬼不神，其神不傷人；非其神不傷人，聖人亦不傷人。」說明禍患全在人爲，排除鬼神作用之觀念也。

註四六：論語雍也篇：「樊遲問知。子曰：『務民之義，敬鬼神而遠之，可謂知矣。』」

註四七：墨子有天志篇、明鬼篇。

註四八：史記卷廿八封禪書、漢書卷廿五上郊祀志上。

註四九：史記卷十二孝武本紀、卷二八封禪書，漢書卷六武帝紀、卷廿五郊祀志、卷卅六楚元王傳。

註五〇：漢書卷廿五下郊祀志下、卷九九王莽傳。

註五一：于吉事見後漢書卷三十下襄楷傳、三國志卷四六孫破虜討逆傳裴注引江表傳及搜神記；張陵（道陵）見神仙傳卷四。

註五二：後漢書卷七一皇甫嵩傳：「鉅鹿張角，……訛言『蒼天已死，黃天當立，歲在甲子，天下大吉』。以白土書京城寺門及州郡官府，皆作『甲子』字。」

註五三：神仙傳卷一魏伯陽傳。

註五四：抱朴子內篇自序云：「……考覽奇書，既不少矣。率多隱語，難可卒解。自非至精，不能尋究；自非篤勤，不能悉見也。道士淵博洽聞者寡，而意斷妄說者眾。至於時有好事者，欲有所修為，倉卒不知所從，而意之所疑，又無可諮問。今為此書，粗舉長生之理，其至妙者，不得宣之於翰墨。……世儒徒知服膺周、孔，桎梏皆死，莫信神仙之事，謂為妖妄之說。見余此書，不特大笑之，又將謗毀真正，故不以合於余所著子書之數，而別為此一部，名曰內篇。」

註五五：寇謙之事蹟，見魏書卷一一四釋老志；陸修靜見馬樞道學傳卷七（陳國符輯本，道藏源流考附錄七）；陶弘景見梁書卷五一、南史卷七六本傳。

註五六：奉道文士，如王羲之、王凝之、郗愔、殷仲堪、羊欣、陶淵明、崔浩、孔稚珪等人，名聲較著。有關文士信奉之事，詳見李豐楙魏晉南北朝文士與道教之關係第四章。

註五七：後漢書卷八八西域傳。

註五八：後漢書卷八五東夷傳。

註五九：漢書卷廿八下地理志下，後漢書卷六順帝紀、卷八六南蠻傳。

註六〇：梁書卷五四諸夷列傳，海南傳。

註六一：扶南異物志，見隋書經籍志史部地理類；吳時外國傳，散見水經注、藝文類聚、太平御覽諸書，史志未著錄。有關考證，詳向達漢唐間西域南海諸國古地理書敘錄，民國十九年，北平圖書館館刊四卷六期。

註六二：見後漢書卷八八西域傳及三國志卷三十烏丸鮮卑東夷傳裴注引魏略西戎傳。

註六三：晉書卷三武帝紀、卷九七四夷傳。

註六四：晉書卷一一三苻堅載記上。

註六五：魏書卷一〇二西域傳。

註六六：見宋書卷九七夷蠻傳，南齊書卷五八東南夷傳，南史卷七八、七九夷貊傳。

註六七：隋書經籍志史部雜傳類。

註六八：以上諸書並見隋書經籍志史部雜傳類及地理類。

註六九：章宗源隋書經籍志考證，自三國志注、續漢志補注、世說注、文選注、藝文類聚、初學記、北堂書鈔、太平御覽諸書，輯得別傳一百八十四家，另史志著錄八家，合計一百九十二家。

註七〇：高士、逸民、烈女、英雄、孝子、名僧諸種傳記，以及家傳，並見隋書經籍志史部雜傳類著錄。

註七一：據金毓黻氏統計，魏晉南北朝學者所撰，後漢史十二種、三國史十五種、晉史廿三種、十六國史廿八種、南北朝史三十二種，共計一百種。詳氏著中國史學史第四章魏晉南北朝以迄唐初私家修史之始末。

註七二：晉書卷卅六衛瓘傳、卷四五劉毅傳。

註七三：隋書卷廿七百官志上。

註七四：事詳趙翼廿二史箚記卷八「南朝多用寒人掌機要」條。

註七五：梁書卷十四江淹任昉傳論云：「觀夫二漢求賢，率先經術；近世取人，多由文史。」南史卷四一齊宗室始安王遙光傳云：「……太子不悅學，唯曼遊是好。朝議令蔡仲熊爲太子講禮，未半，遙光從容曰：『文義之事，此是士大夫以爲伎藝，欲求官耳。皇太子何用講爲？』上以爲然，仍停講。」遙光雖爲人跛扈，然所論固實情也。

註七六：世說新語卷上。

註七七：南史卷卅三。

註七八：晉書卷廿四。按：宋書卷四十百官志下云：「著作郎謂之大著作，專掌史任。晉制：著作佐郎始到職，必撰名臣傳一人。宋氏初，國朝始建，未有合撰者，此制遂替矣。」通典卷廿六「著作郎」條，因之。然劉知幾史通卷九覈才篇引晉令云：「國史之任，委之著作。每著作郎初至，必撰名臣傳一人。」又卷十一史官建置云：「著作郎一人，謂之大著作，專掌史任，又置佐著作郎八人。宋、齊以來，以『佐』名施於『作』下。舊事：佐郎職知博採，正郎資以草傳，如正、佐有失，則秘監職思其憂。」是撰名臣傳者，仍屬之大著作爲宜。朱希祖史館論議有駁宋書晉制著作佐郎始到職必撰名臣傳一人說專文，見朱希祖先生文集(一)，民國六十八年，台北九思出版公司印行。

第三章　志怪小說之作者

志怪小說之所記，大抵張皇鬼神，稱道靈異，或侈陳遠方異物之類。然作者之寫作動機似不一致，出身背景亦未必相同。時至今日，志怪書中作者序言甚少保存，有關載籍尤其罕見。欲探求其寫作緣由，唯有依作者之身分，以爲推測之憑據耳。

大略而論，一般文士殆受巫覡數術、陰陽災異等傳統迷信之影響；或因搜集材料編撰史書，聊且彙聚奇聞異事以爲談助；更有因個人之不尋常遭遇而發憤著述者。方士之流，每喜愛糅合固有傳說，藉時空之隔閡，援引荒渺之世，稱道絕域之外，以長生久視之道鬻賣帝王，用吉凶禍福感召民衆。若夫佛教信徒，則掇拾雜記，傅會史實，闡明因果報應之理，達成宣揚佛法之意願，其動機明顯而單純也。

第一節　一般文士之屬

文學之士，大抵服膺儒家道德倫理，不甚熱衷宗教活動，亦不排斥。張華、干寶、祖臺之、曹毗、戴祚、劉敬叔、袁王壽、東陽无疑、郭季產、劉質、祖冲之、劉之遴、吳均、顧野王、許善心等人，所撰志怪書，往往古來迷信傳說迭見，儒、釋、道三家思想並陳，固爲文士本色。至於撰異林、志怪、靈鬼志、志怪記、鬼神列傳之陸氏、孔氏、荀氏、殖氏、謝氏，自各書遺文觀之，亦可歸入文士之屬。若夫奉人主詔命而撰述者，則有侯白、王劭等人。

文士每每出身寒素之家，博學多聞，如張華、干寶、曹毗、吳均、顧野王，均曾擔任著作郎或著作佐郎，掌理國史修纂，平生著述亦多。

一、張華（西元二三二年至三〇〇年）

張華字茂先，范陽方城人。少孤貧，自牧羊，同郡盧欽見而器之。鄉人劉放亦奇其才，以女妻焉。華學業優博，辭藻溫麗，朗贍多通，圖緯方伎之書，莫不詳覽。初未知名，著鷦鷯賦以自寄。陳留阮籍見之，歎曰：「王佐之才也。」由是聲名始著。郡守鮮于嗣薦華爲太常博士。盧欽言之於司馬昭，轉河南尹，未拜，除佐著作郎。頃之，遷長史，兼中書郎。晉受禪，拜黃門侍郎，封關內侯。惠帝卽位，數年，爲司空，領著作。

華名重一世，衆所推服。晉史及儀禮憲章，並屬於華，多所損益。性好人物，誘進不倦，至於窮賤候門之士，有一介之善者，便咨嗟稱詠，爲之延譽。雅愛書籍，身死之日，家無餘財，惟有文史，溢於几篋。天下奇秘，世所稀有者，悉在華所。博物洽聞，世無與比。所著博物志十篇及文章，並行

於世。（註一）

王嘉拾遺記嘗謂華好觀秘異圖緯之部，捃采天下遺逸。自書契之始，考驗神怪及世間閭里所說，造博物志四百卷，奏於武帝。帝以其記事采言多浮妄，令芟截浮疑，分爲十卷。帝常以博物志置於函中，暇日覽焉（註二）。王子年之說，牴牾誇大，固所難免（註三），然張茂先挾其博識以成書之情，躍然可見也。

二、干寶

干寶字令升，新蔡人。少勤學，博覽書記，以才器召爲佐著作郎。中興草創，未置史官，中書監王導上疏請建立國史，撰集帝紀。晉元帝納焉。寶於是始領國史。以家貧，求補山陰令，遷始安太守。王導請爲司徒右長史，遷散騎常侍。著晉紀，自宣帝迄於愍帝，五十三年，凡二十卷奏之。其書簡略，直而能婉，咸稱良史。

性好陰陽術數，留心京房、夏侯勝等之易傳。其父先有所寵侍婢，母甚妬忌，及父亡，母乃生推婢於墓中。寶兄弟年小，不之審也。後十餘年，母喪，開墓，而婢伏棺如生，載還，經日乃蘇。言其父常取飲食與之，恩情如生，家中吉凶輒語之，考校悉驗。又寶兄嘗病，氣絕，積日不冷，後遂悟，云見天地間鬼神事，如夢覺，不自知死。寶以此遂撰集古今神祇靈異、人物變化，名爲搜神記，凡三十卷。以示劉惔，惔曰：「卿可謂鬼之董狐。」（註四）

唐初修晉書，史臣採孔氏志怪、搜神後記及世說新語等，用以解釋干寶撰搜神記之緣由，並附時

人評語，其用意至善（註五）。劉知幾「取悅小人，見嗤君子」之譏彈，固當別有所指也。（註六）

三、曹毗

曹毗字輔佐，譙國人。少好文籍，善屬詞賦。郡察孝廉，除郎中，蔡謨舉爲佐著作郎。父憂去職，服闋，遷句章令，徵拜太學博士。時桂陽張碩爲神女杜蘭香所降，毗因以二篇詩嘲之，幷續蘭香歌詩十篇，甚有文彩。又著揚都賦，亞於庾闡。以名位不至，著對儒以自釋。後累遷至光祿勳，卒。所著文筆十五卷，傳於世。（註七）

曹氏所撰杜蘭香別傳，今見藝文類聚、太平御覽、太平廣記等書轉引，今本搜神記卷一亦收錄（註八）。至若漢武帝鑿昆明池見灰墨，持問東方朔之事，初學記、文房四譜等並云出曹毗志怪（註九）。劉宋宗炳明佛論所云，當卽據此。（註一〇）

四、祖冲之（西元四二九年至五〇〇年）

祖冲之字文遠，范陽薊人。少稽古，有機思，宋孝武使直華林學省，賜宅宇車服。解鐘律，博塞於當時獨絕，莫能對者，又特善算。著易老莊義，釋論語、孝經，注九章，造綴述數十篇。（註一一）

正史祖冲之傳，不載其撰述異記之事，隋書經籍志始著錄。惟其曾祖，晉侍中祖臺之嘗纂志怪，風行於世，冲之蓋受此影響而繼起也。（註一二）

五、吳均（西元四六九年至五二〇年）

吳均字叔庠，吳興故鄣人。家世寒賤，好學有俊才。沈約嘗見均文，頗相稱賞。梁天監初，柳惲爲吳興令，召補主簿，日引與賦詩。均文體清拔有古氣，好事者或效之，謂爲「吳均體」。嘗表求撰齊春秋，書成奏之。高祖以其書不實，使中書舍人劉之遴詰問數條，竟支離無對，敕付省焚之，坐免職。尋有敕召見，使撰通史，起三皇，訖齊代。均草本紀、世家功已畢，唯列傳未就。普通元年，卒。注范曄後漢書九十卷，著廟記十卷、十二州記十六卷、錢唐先賢傳五卷、續文釋五卷、文集二十卷。（註一三）

吳均續齊諧記，本係賡續東陽无疑齊諧記而作。梁書及南史本傳並未載其事，隋書經籍志始著錄。清王謨以爲係因寓言故置之（註一四）。蓋恐後人生疑，遂有此說。殊不知史書遺漏傳主之著述，類此者尚多，不獨叔庠續齊諧一書耳。（註一五）

六、劉之遴（西元四七七年至五四八年）

劉之遴字思貞，南陽涅陽人。父虬，齊國子博士，謚文範先生。之遴八歲能屬文，十五舉茂才對策，沈約、任昉見而異之。起家寧朔主簿。吏部尚書王瞻辟爲太學博士。歷任尚書右丞、荊州大中正、中書侍郎、南郡太守、秘書監、大常卿等職。

之遴篤學明審，博覽群籍。好古愛奇，在荊州聚古器數十百種。好屬文，多學古體，與河東裴子野、沛國劉顯常共討論書籍，因爲交好。是時周易、尚書、禮記、毛詩並有梁武帝義疏，惟左氏傳尚闕，之遴乃著春秋大意十科、左氏十科、三傳同異十科，合三十事以上之。武帝大悅。太清中，侯景亂，之遴避難還鄉，未至，卒於夏口。前後文集五十卷，行於世。（註一六）

之遴所撰神錄五卷，正史本傳未載，僅見隋書經籍志著錄。今自其遺文而觀之，皆記神廟淫祠事蹟。其父劉虬精信釋氏，禮佛長齋，注法華經，自講佛義（註一七）。之遴耳濡目染，又與僧徒交往（註一八），乃屬意乎民間神祇而纂錄之，事誠有不解者，惜文獻闕略，無由知其詳矣。

七、顧野王（西元五一九年至五八一年）

顧野王字希馮，吳郡吳人。幼好學。七歲，讀五經，略知大旨。九歲能屬文。長而遍觀經史，精記默識，天文地理、著龜占侯、蟲篆奇字，無所不通。梁武帝大同四年（西元五三八年），除太學博士。及侯景之亂，野王丁父憂，歸本郡，乃召募鄉黨數百人，隨義軍援京邑。京城陷，野王逃會稽，尋往東陽，與劉歸義合軍據城拒賊。

陳文帝天嘉元年（西元五六〇年），敕補撰史學士。宣帝太建二年（西元五七〇年），遷國子博士。六年，除太子率更令，尋領大著作，掌國史，知梁史事。十三年卒，詔贈秘書監。其所著玉篇三十卷、輿地志三十卷、符瑞圖十卷、顧氏譜傳十卷、分野樞要一卷、續洞冥記一卷、玄象表一卷，並行於世。又撰通史要略一百卷、國史紀傳二百卷，未就而卒。有文集二十卷。（註一九）

八、許善心（西元五五八年至六一八年）

許善心字務本，高陽北新城人。幼聰明，有思理，所聞輒能誦記，多聞默識，爲當世所稱。家有舊書萬餘卷，皆偏通涉。十五解屬文。起家除新安王法曹。太子詹事江總舉秀才，對策高第，授度支郎中，轉侍郎，補撰史學士。陳後主禎明二年（西元五八八年），加通直散騎常侍，聘於隋。遇高祖伐陳，禮成而不獲反命，留縶賓館。陳亡，就館拜通直散騎常侍。從幸太山，還授虞部侍郎。開皇十七年（西元五九七年），除秘書丞。煬帝大業元年（西元六〇五年），轉禮部侍郎，因宇文述譖，左遷給事郎。四年，撰方物志，奏之。七年，從至涿郡，帝方自御戎以東討，善心上封事，忤旨免官。其年復徵守給事郎。九年，從渡遼，授建節尉。帝嘗言及高祖受命之符，因問鬼神之事，敕善心與崔祖濬撰靈異記十卷。（註二〇）善心與崔祖濬既奉敕撰靈異之記，自是迎合煬帝問鬼神事而搜集材料，本非出於個人興趣或意願，其不可以常理考量也必矣。

第二節　佛教徒之屬

釋教東傳，佛典翻譯漸多。信、雅、達三事兼備者，篤學之士固喜其文義雙美，鑽研不輟，大衆則苦其深奧難解，不得其門而入。為普及計，注疏之外，文人教士乃藉小說之體，以寓宗教宣傳之旨。或記經像之顯靈，或明應驗之實有，閱者震聳，聞者鑑戒，佛教故事集之效用不為不大。

今總計魏、晉、南北朝撰佛教應驗錄者，約有十餘人。朱君台、王延秀、王琰、王曼穎、劉泳等，事蹟稍晦；謝敷、傅亮、張演、范晏、陸杲、顏之推，並為世族出身；若劉義慶、蕭子良，則貴為帝子王孫也。

一、謝敷

謝敷字慶緒，會稽人。崇信釋氏。初入太平山中十餘年，以長齋供養爲業，招引同志，化納不倦。以母老，還南山若邪中。會稽內守郗愔表薦之，徵博士，不就。（註二一）

二、傅亮（西元三七四年至四二六年）

傅亮字季友，北地靈州人，晉司隸校尉咸之玄孫也。父瑗，以學業知名，位至安成太守。亮博涉經史，尤善文辭。晉安帝義熙中，累遷中書黃門侍郎，直西省。宋武帝永初元年（西元四二〇年），加太子詹事，封建城縣公，入直中書省，專典詔命。次年，轉尚書僕射。少帝即位，進爲中書監、尚書令，轉護軍將軍。尋行廢立。文帝即位，加左光祿大夫，開府儀同三司。元嘉三年（西元四二六年）伏誅，妻子流建安。（註二二）

按傅亮觀世音應驗記序，蓋謝敷嘗撰觀世音應驗一卷十餘事，送與亮父瑗。後亮居會稽，遇兵亂失之。及亂事既平，還家，尋求不獲。亮遂憑記憶，追錄爲應驗記，共七事，以悅同信之士云。其所述著書緣由，灼然可見也。

三、劉義慶（西元四〇三年至四四四年）

劉義慶，彭城綏里人，宋長沙王道憐次子，出嗣臨川王道規。永初元年襲封。爲性簡素，寡嗜欲，愛好文義。才辭雖不多，然足爲宗室之表。受任歷藩，無浮淫之過。惟晚節奉養沙門，頗致費損。少善騎乘，及長，以世路艱難，不復跨馬。招聚才學之士，遠近必至。太尉袁淑，文冠當時，義慶在江州，請爲衞軍諮議。其餘吳郡陸展、東海何長瑜、鮑照等，並有辭章之美，引爲佐吏國臣。所著徐州先賢傳十卷、世說十卷，撰集林二百卷，並行於世。（註二三）

四、張演

張演字景玄，吳郡吳人，宋會稽太守張裕之子。與弟鏡、永、辯、岱，時稱張氏五龍。官至太子中舍人。（註二四）

按：吳郡張氏，自晉末以來累世貴顯，人才輩出，爲文學玄談之淵藪。演早卒，聲名稍晦。所撰續觀世音應驗記序，謂少因門訓，權奉大法。每欽服靈異，用兼緬慨。竊懷記拾，久而未就。曾見傅亮所錄應驗記，有契乃心。即撰所聞，繼其篇末，傳諸同好云。

五、陸杲（西元四五九年至五三二年）

陸杲字明霞，吳郡吳人。祖徽，宋輔國將軍、益州刺史。父叡，揚州治中。杲少好學，工書畫，舅張融有高名，杲風韻舉止頗類之。起家齊中軍法曹行參軍，太子舍人，和帝中興時，爲司徒從事中郎。入梁，歷黃門侍郎，御史中丞、秘書監、義興太守、散騎常侍、太常卿、金紫光祿大夫等職，梁武帝中大通四年（西元五三二年）卒。（註二五）

杲素信佛法，持戒甚精。釋法通隱息鍾山，杲與謝舉、張孝秀並策步山門，稟其戒法（註二六）。著沙門傳三十卷（註二七）。繫觀世音應驗記一書，據陸氏自序，乃齊和帝中興元年（西元五〇一年）因覩當代書牒及智識所傳觀世音威神諸事甚多，遂撰集之以繫傅亮、張演二氏作品後，使覽者並見，庶廣飡信也。

六、顏之推

顏之推字介，琅琊臨沂人。世善周官、左氏傳，之推早傳家業。博覽群書，詞情典麗，甚爲梁元帝所稱許。歷仕梁、北齊、北周。隋文帝開皇中，太子楊勇召爲學士，甚見禮重。尋以疾終。有文集三十卷，撰家訓二十篇，並行於世。（註二八）

梁武帝以後，佛教彌昌，士大夫率附和人主，皈禮能仁，盛談因果。之推出自梁元帝門下，亦染其習。家訓有歸心篇，於罪福頗爲篤信。若冤魂記則引經史以證報應，已開混合儒、釋之端矣。（註二九）

第三節　道教徒之屬

道教既出自民間，其信徒多半爲平民大衆，知識水準較低。偶有名門世族子弟，厠身其中，則又以服食修鍊爲鵠的，以遁隱避世相高，欲求其宣揚教義，影響群衆，或成爲王公貴臣師事之對象者，殆不可多見。王浮身世不詳；葛洪、王嘉等人，則家世寒素而篤信道教。鍊丹固乏財力，仕宦亦非易事，遂侈陳靈異，自神其術，冀獲帝王公卿之信奉及資助，以達成長生不死或飛黃騰達之願望也。

一、王浮

王浮，未知何許人，爲道士。晉惠帝時與帛遠法師抗論邪正，屢屈，遂改換西域傳，造老子明威

化胡經以誣謗佛法。時人以淺妄目之。（註三〇）

浮既撰老子化胡經（註三一），與釋子對抗；又嘗撰神異記，載神巫靈異事以感召人（註三二），實可稱道教護法第一人。

二、葛洪

葛洪字稚川，丹陽句容人。少好學，家貧，躬自伐薪以貿紙筆，夜輒寫書誦習，遂以儒學知名。究覽典籍，尤好神仙導養之法。從祖玄，吳時學道得仙，號曰葛仙公，以其鍊丹秘術授弟子鄭隱。洪就隱學，悉得其法焉。後師事南海太守上黨鮑靚。靚亦內學，逆占將來，見洪深重之，以女妻洪。洪傳靚業，兼綜練醫術，凡所著撰，皆精覈是非，才章富贍。

晉元帝爲丞相，辟爲掾。以平杜弢功，賜爵關內侯。成帝咸和初，司徒王導召補州主簿，轉司徒掾，遷諮議參軍。干寶深相親友，薦洪才堪國史，選爲散騎常侍，領大著作。洪固辭不就。以年老，欲鍊丹以祈遐壽，聞交阯出丹，求爲句屚令。帝以洪資高，不許。洪曰：「非欲爲榮，以有丹耳。」帝從之。洪遂將子姪俱行。至廣州，刺史鄧嶽留不聽去，洪遂止羅浮山煉丹。在山積年，優遊閑養，著述不輟。後兀然若睡而卒。撰有抱朴子、神仙傳、隱逸傳、金匱藥方等書。（註三三）

葛洪畢生致力於養生修鍊學說與乎仙學體系之建立，奠定道教修養論之學理基礎，其功甚鉅。所輯集異傳十卷，遺文不存，疑有散入抱朴子內篇者，惜文獻殘落，不足徵也。

三、王嘉

王嘉字子年，隴西安陽人。輕舉止，醜形貌，外若不足，而聰睿內明。滑稽好語笑。不食五穀，不衣美麗，清虛服氣，不與世人交遊，隱於東陽谷，鑿崖穴居，弟子受業者數百人，亦皆穴處。石季龍之末，棄其徒衆，至長安，潛隱於終南山，結庵廬而止，門人聞而復隨之，乃遷於倒獸山。苻堅累徵不起，公侯以下，咸躬往參詣，好尚之士，無不師宗之。問其當世事者，皆隨問而對。好爲譬喻，狀如戲調；言未然之事，辭如讖記，當時鮮能曉之，事過皆驗。

姚萇入長安，逼以自隨，每事諮之。萇既與苻登相持，問嘉曰：「吾得殺苻登定天下否？」嘉曰：「略得之。」萇怒曰：「得當云得，何略之有？」遂斬之。及姚萇死，其子興字子略，方殺堅以定天下，「略得」之謂也。嘉死之日，人有隴上見之。其所造牽三歌讖，事過皆驗，累世猶傳之。（註三四）

嘉所撰拾遺記，原有十九卷，二百二十篇，博採神仙之事，多涉禎祥之書，既遭戰亂，多所殘缺。其後蕭綺乃掇拾遺文，刪其繁紊，合爲一部，凡十卷，序而錄焉。（註三五）

【附註】

註一：晉書卷卅六張華傳。

註二：見拾遺記卷九。

註三：四庫全書總目卷一四二拾遺記提要云：「其言荒誕，證以史傳皆不合。如皇娥讌歌之事，趙高登仙之說，或上誣古聖，或下獎賊臣，尤爲乖忤。」

註四：晉書卷八二干寶傳。

註　五：見古小說鉤沈頁二一四孔氏志怪，搜神後記卷四及世說新語卷下排調篇。

註　六：史通卷五採撰云：「晉世雜書，諒非一族。若語林、世說、幽明錄、搜神記之徒，其所載或恢諧小辯，或神鬼怪物。其事非聖，揚雄所不觀；其言亂神，宣尼所不語。皇朝新撰晉史，多採以爲書。夫以干、鄧之所糞除，王、虞之所糠粃，持爲逸史，用補前傳，此何異魏朝之撰皇覽，梁世之修徧略，務多爲美，聚博爲功，雖取說於小人，終見嗤於君子矣。」

註　七：晉書卷九二文苑傳。

註　八：按：藝文類聚卷七九、卷八二，太平御覽卷五百、太平廣記卷二七二引，並云出杜蘭香別傳，無引搜神記者，通行本搜神記載之，恐係出自後人誤輯。

註　九：見初學記卷七，文房四譜卷四，草堂詩箋卷廿六、卷卅八，集註分類東坡詩卷九引。

註一〇：弘明集卷二宗炳明佛論云：「或問曰：『自三、五以來，曁於孔、老，洗心佛法，要將有人，而獻酬之迹，曾不乍聞，何哉？』答曰：『……東方朔對漢武劫燒之說，劉向列仙敘，七十二人在佛經。學者之管窺於斯，又非漢明而始也。……』」按：東方朔對問事，北宋蘇易簡文房四譜卷五引曹毗志怪，又云出幽明錄。是劉宋臨川王義慶撰書時，已見曹氏此文，故採入之。或謂續高僧傳卷一，亦有佛教徒曹毗，生當陳世。據此則有兩曹毗。志怪一書，究屬誰作，殊難斷定。今得宗炳、劉義慶兩家之說，以爲佐證，輔佐撰造志怪，可以無疑矣。

註一一：南齊書卷五二、南史卷七二文學傳。

註一二：祖臺之生平，附見晉書卷七五王湛傳。

註一三：梁書卷四九、南史卷七二文學傳。

註一四：王謨增訂漢魏叢書本續齊諧記跋語。

註一五：按：正史遺漏傳主著述之例，本甚尋常。本期志怪書，如曹毗志怪、謝敷觀世音應驗、陶淵明搜神後記、傅亮觀世晉應驗記、劉義慶幽明錄、宣驗記、祖冲之述異記、陸杲繫應驗記、劉之遴神錄、顏之推寃魂志等，正史本傳俱不著錄，非獨吳均續齊諧記失收也。

註一六：梁書卷四十本傳，南史卷五十附見劉虯傳。

註一七：南齊書卷五四、南史卷五十劉虯傳。

註一八：全梁文卷五六，載之遴所撰弔震法師亡書、弔僧正京法師亡書、與印闍黎書等三篇。

註一九：陳書卷三十、南史卷六九顧野王傳。

註二〇：隋書卷五八許善心傳、北史卷八三文苑傳。

註二一：晉書卷九四隱逸傳，世說新語卷下棲逸篇注引續晉陽秋。

註二二：宋書卷四三、南史卷十五傳亮傳。

註二三：宋書卷五一宗室傳、南史卷十三宋宗室及諸王傳。按：劉義慶所撰幽明錄，內容係古來迷信傳說、佛、道雜糅者。至於宣驗記一書，乃純粹之佛教應驗錄也。

註二四：附見宋書卷五三張茂度傳、南史卷卅一張裕傳。

註二五：梁書卷廿六、南史卷四八陸杲傳。

註二六：見高僧傳卷八釋法通傳。

註二七：同註二五。

註二八：北齊書卷四五、北史卷八三文苑傳。

註二九：說詳周法高撰顏之推還寃記考證，民國五十年，大陸雜誌廿二卷九期、十期、十一期。

註三〇：事見出三藏記集卷十五法祖法師傳、高僧傳卷一帛遠傳，亦見釋法琳辯正論卷五。

註三一：老子化胡經原爲一卷，歷代迭經增補，至唐朝已衍爲十卷，見日本國見在書目錄道家部。近代敦煌石室所出，殘存卷一、卷二、卷八、卷十，分別藏於法國巴黎國家圖書館，英國倫敦大英圖書館。羅振玉氏曾將卷一、卷十輯入敦煌石室遺書；神田喜一郎，又取卷八印入敦煌秘笈留眞新編。

註三二：神異記原書不傳。周豫才氏自元和姓纂、茶經、太平御覽、事類賦、太平寰宇記等書，輯得遺文數則，收入古小說鈎沈。輯本稍有訛濫，說詳本論文下篇，「神異記」敍錄。

註三三：晉書卷七二葛洪傳。

註三四：晉書卷九五藝術傳。

註三五：見拾遺記蕭綺序。

第四章　志怪小說之資料來源

干寶搜神記序云：「……雖考先志於載籍，收遺逸於當時，蓋非一耳一目之所親聞睹也，亦安敢謂無失實者哉！……今之所集，設有承於前載者，則非余之罪也；若使采訪近世之事，苟有虛錯，願與先賢前儒分其譏謗。」（註一）搜神記乃魏、晉、南北朝志怪書最具代表性者，干氏之序言則揭櫫其取材兼具「創作」與「因襲」之特性。因襲者，大抵援引舊藉，照抄原文；創作者，則爲著者根據見聞，親自撰述。此外，依照佛經故事而改編重寫者，亦不在少數也。

第一節　轉錄古籍舊事

一、雜採前人載籍

博物志引用舊籍，今可考者有：歸藏、春秋、左氏傳、公羊傳、周官、大戴禮記、小戴禮記、韓詩外傳、尚書考靈曜、尚書中候、詩含神霧、河圖玉板、河圖括地象、洪範五行傳、周書、戰國策、國語、史記、越絕書、墨子、莊子、晏子春秋、孔子家語、列子、賈子新書、淮南子、新論、論衡、中鑒、典論、神農本草、山海經、仙傳、爾雅等三十餘種（註二）。如士禮居本卷十「犬戎文馬」、「（泰）華山肥遺蛇」、「崇丘山之虻鳥」、「軒轅國不壽者八百歲」、「渚沃之野」、「白民國乘黃」、「夸父逐日」「嘔絲之野」、「三珠樹」等，並出山海經。（註三）

搜神記引書，可考者有：孝經右契、孝經援神契、竹書紀年、史記、漢書、續漢書、謝承後漢書、三國志、華陽國志、三輔決錄、東觀漢記、孝子傳、列仙傳、吳錄、陳留耆舊傳、益部耆舊傳、魏氏春秋、呂氏春秋、淮南子、說苑、論衡、風俗通、傅子、古文瑣語、列異傳、博物志等二十餘種（註四）。如通行本卷一「赤松子」、「赤將子轝」、「甯封子」、「偓佺」、「彭祖」、「師門」、「葛由」、「冠先」、「琴高」、「陶安公」、「陰生」、「平常生」、「鉤弋夫人」十三則，並見列仙傳。（註五）

冤魂志（還冤志）引書，可考者有：春秋、左氏傳、史記、後漢書、三國志、越絕書、吳越春秋、十六國春秋、三輔決錄、洛陽伽藍記、高僧傳、墨子、說苑、論衡、列異傳、搜神記、異苑、述異記、鬼神列傳等十數種。（註六）

以上三書取材之對象，自五經、四史、先秦、兩漢諸子，以至於雜史、地志、小說，可謂無所不包也。

二、引用早期志怪書

幽明錄所採用，今可考者有：異聞記、列異傳、博物志、異林、搜神記、祖氏志怪、曹氏志怪、搜神後記、甄異傳、靈鬼志、孔氏志怪等十餘種（註七）。如古小說鈎沈本第十三「望夫石」、第四四「馮貴人」、第五二「王周南」、第一九二「陽起」，並出列異傳。（註八）

冥祥記所採用，今可考者有：異苑、幽明錄、宣驗記、觀世音應驗記、續觀世音應驗記五種（註九）。如古小說鈎沈本第廿五「孫稚」、第七七「鄭鮮之」、第七九「郭詮」、第九三「程德度」、第一三〇「史雋」、第一三一「陳玄範」六則，並出宣驗記。（註一〇）

以上兩書，亦多引錄舊籍，惟所採者全爲當代流傳之志怪小說，是其特殊處。（註一一）

第二節　記載見聞傳說

一、作者耳聞目見

㈠余友人下邳陳德龍謂余言曰：「靈光殿賦，南郡宜城王子山所作。子山嘗之泰山，從鮑子眞學算。過魯國而覩殿，賦之。還歸本州，溺死湘水，時年二十餘也。」（士禮居本博物志卷四）

(二)余外婦姊夫蔣士，有傭客得疾，下血。醫以中蠱。乃密以蘘荷根布席下，不使知。乃狂言曰：「食我蠱者乃張小小也。」乃呼小小，亡去。今世攻蠱多用蘘荷根，往往驗。（通行本搜神記卷十二）

(三)唐永祖，建康人也。宋孝武時，作大市令，爲藏盜被收監。牧曰：「遇見相識道人，教其念敬觀世音。」永祖雖不信向，而事急爲之。在建康獄，經六日，晝夜存念，兩腳著鎖忽然自脫。永祖益更最著，不復得入。其告獄司。建康令爲啟孝武。孝武謂其昔肥今瘦，勅更爲作急鎖。永祖既見靈驗，益增至到。復三日言，夜中遂陋屋有光，腳鎖一時寸折。獄中大驚。建康吏以事啟孝武。孝武歎曰：「我欲殺偷不知佛，又何意念念，今亦害違佛。」即勅放出。永祖出，即推宅爲寺，請道人齋。今郢州僧統釋僧顯，爾時親受其請，具知此事，爲杲說之。（牧田諦亮校本繫觀世音應驗記）

自以上三段引文，可知張華、干寶、陸杲並曾根據個人聞見所得，載入書中。其他志怪小說，情形亦大率相似。惟其數量之多寡，則視作者見聞廣狹而定也。

二、採集地方傳說

(一)武昌陽新縣北山上有望夫石，狀若人立。相傳：昔有貞婦，其夫從役，遠赴國難。婦攜弱子，餞送此山，立望而死，形化爲石，因以爲名。（古小說鉤沈本列異傳、幽明錄）

(二)廬江箏笛浦，浦有大船覆在水中，云是曹公船船。嘗有漁人夜宿其旁，以船繫之。但聞箏笛絃節之聲，及香氣氤氳。漁人又夢人驅遣云：「勿近官船！」此人驚覺，即移船去。相傳云：曹公載數妓，船覆於此。今猶存焉。（通行本搜神後記卷六）（註一二）

㈢南康雩都縣沿江西出，去縣三里，名夢口。有穴，狀如石室，名夢口穴。舊傳：嘗有神雞，色如好金，出此穴中。奮翼廻翔，長鳴響徹。見之，輒飛入穴中。因號此石爲金雞石。（古小說鉤沈本述異記）

以上三則，採自地方父老傳言之痕迹甚爲明顯。至如其他直接或間接紀錄地方傳聞、民間故事之情形，亦不爲不多。但以時代久遠，文獻殘闕，後人遂難以察知矣。

第三節　改寫佛經故事

佛教傳入中國，大、小乘佛經源源翻出而不斷，佛家之苦、無常、因果、輪迴等觀念固逐漸深入民心，印度之神話傳說亦挾其生動且充滿幻想之魔力風靡文壇。魏、晉、南北朝志怪作家，或傳述天竺術士之神奇不凡（註一三），或改寫佛經之故事寓言，可謂屢見不鮮。今略舉確知其爲改寫者數篇，以明演變之跡焉。

一、鸚鵡救火

△有鸚鵡飛集他山，山中禽獸輒相貴重。鸚鵡自念：雖樂，不可久也。便去。後數月，山中大火。鸚鵡遙見，便入水濡羽，飛而灑之。天神言：「汝雖有志，意何足也？」對曰：「雖知不能救，然嘗僑居是山，禽獸行善，皆爲兄弟，不忍見耳！」天神嘉感，卽爲滅火。（通行本異苑卷四）

按：此則故事，首見於劉敬叔異苑，其後又收於幽明錄中，實自佛經改編而成。其本事並見僧伽羅刹經、大智度論、雜寶藏經、大寶積經等書（註一四）。元魏吉迦夜譯雜寶藏經所載最詳，今錄之如下：

佛言：過去之世，雪山一面有大竹林，多諸鳥獸依彼林住。有一鸚鵡，名歡喜首。彼時林中風吹，兩竹共相揩磨，其間火出，燒彼竹林。鳥獸恐佈，無歸依處。爾時，鸚鵡深生悲心，憐彼鳥獸，捉翅到水，以灑火上。悲心精懃故，感帝釋宮，令大震動。釋提桓因以天眼觀，有何因緣，我宮殿震動？乃見世間有一鸚鵡，心懷大悲，欲救濟火，盡其身力，不能滅火。釋提桓因卽向鸚鵡所而語之言：「此林廣大數千萬里，汝之翅羽所取之水，不過數滴，何以能滅如此大火？」鸚鵡答言：「我心弘廣，精懃不懈，必當滅火。若盡此身，不能滅者，更受來身，誓必滅之。」釋提桓因感其志意，爲降大雨，火卽得滅。（雜寶藏經卷二，佛以智水滅三火緣）

以上兩則，言鸚鵡濡羽滅火，感動天神之事不殊。惟前者因友愛而救之，後者純爲慈悲心使然，其動機稍異耳。

二、夢幻人生

△焦湖廟有一柏枕，枕後有小坼。時單父縣人楊林爲賈客，至廟祈求。廟巫謂曰：「君欲好婚否？」林曰：「幸甚！」巫卽遣林近枕邊，因入坼中，遂見朱樓瓊室。有趙太尉在其中，卽嫁女與林。生六子，皆爲秘書郎。歷數十年，並無思歸之志。忽如夢覺，猶在枕旁。林愴然久之。（太平寰宇記卷一二六引幽明錄）（註一五）

按：楊林入夢故事，流傳頗廣。唐沈既濟枕中記、李公佐南柯太守傳、無名氏櫻桃青衣諸篇傳奇作品，並本此而敷演之（註一六）。若溯其原始，則又改編鳩摩羅什所譯大莊嚴論經之迦旃延爲娑羅那現夢點化之情節而來者（註一七）。大莊嚴論經卷十二載素毘羅王子娑羅那隨尊者迦旃延出家，在巴樹提王國林中住息，受巴樹提王杖打幾死，遂執意違棄佛法，欲還家取王位，與巴樹提相抗衡。其末段云：

時迦旃延以神足力，令其重眠，夢向本國，捨戒還家，居於王位，集於四兵，往向巴樹提。時巴樹提亦集四兵，共其戰鬥。娑羅那軍悉皆破壞，擒娑羅那，拘執將去。巴樹提言：「此是惡人，可將殺去。」於其頸上繫枷，羅毘羅鬘魁膾搖作惡聲，令衆人侍衞器杖圍遶，持至塚間。於其中路，見迦旃延執持衣鉢入城乞食。涕泣墮淚，向於和尙而說偈言：「不用師長敎，嗔恚惱濁體。今當至樹下，毀敗於佛法。我今趣死去，衆刀圍遶我。如鹿在圍中，我今亦如是。不見閻浮提，最後見和尙。雖復有惡心，故如牛念犢。」時彼魁膾所執持刀猶如靑蓮，而語之言：

「此刀斬汝，雖有和尚，何所能爲？」求哀和尚，舉聲大哭：「我今歸依和尚！」即從睡覺驚怖，禮和尚足，願和尚解我違。（註一八）

以上兩篇，其情節俱分爲：遇啟蒙師（廟巫、尊者）→入夢→覺醒三階段而推展。幽明錄雖將婆羅那之惡夢改換翻案，其承襲之痕迹猶依稀可見也。

三、吐人幻術

㈠太元十二年，有道人外國來，能吞刀吐火，吐珠玉金銀。自說其所受師，即白衣，非沙門也。嘗行，見一人擔擔，上有小籠子，可受升餘。語擔人云：「吾步行疲極，欲寄君擔。」擔人甚怪之，慮是狂人，便語之云：「自可爾耳，君欲何許自厝耶？」其人答云：「君若見許，正欲入君此籠子中。」擔人愈怪其奇，乃下擔。即入籠中。籠不更大，其人亦不更小，擔之，亦不覺重於先。既行數十里，樹下住食，擔人呼共食，云：「我自有食。」不肯出。止住籠中，飲食器物羅列，肴膳豐腆亦辦，反呼擔人食。未半，語擔人：「我欲與婦共食。」即復口吐出一女子，年二十許，衣裳容貌甚美，二人便共食。食欲竟，其夫便臥。婦語擔人：「我有外夫，欲來共食。夫覺，君勿道之。」婦便口中出一年少丈夫，共食。籠中便有三人，寬急之事，亦復不異。有頃，其夫動，如欲覺，婦便以外夫內口中。夫起，語擔人曰：「可去。」即以婦內口中，次及食器物。（古小說鉤沈本靈鬼志）

(二)陽羨許彥，於綏安山行，遇一書生，年十七八，臥路側，云腳痛，求寄鵝籠中。彥以爲戲言。書生便入籠，籠亦不更廣，書生亦不更小，宛然與雙鵝並坐，鵝亦不驚。彥負籠而去，都不覺重。前行息樹下，書生乃出籠，謂彥曰：「欲爲君薄設。」彥曰：「善。」乃口中吐出一銅奩子，奩子中具諸飾饌，珍羞方丈。其器皿皆銅物。氣味香旨，世所罕見。酒數行，謂彥曰：「向將一婦人自隨，今欲暫邀之。」彥曰：「善。」又於口中吐一女子，年可十五六，衣服綺麗，容貌殊絕。共坐宴。俄而書生醉臥，此女謂彥曰：「雖與書生結妻，而實懷怨。向亦竊得一男子同行，書生既眠，暫喚之，君幸勿言。」彥曰：「善。」女子於口中吐出一男子，年可二十三四，亦穎悟可愛。乃與彥敘寒溫。書生臥欲覺，女子口吐一錦行障遮書生。書生乃留女子共臥。男子謂彥曰：「此女子雖有情，心亦不盡。向復竊得一女人同行，今欲暫見之，願君勿洩。」彥曰：「善。」男子又於口中吐一婦人，年可二十許。共酌，戲談甚久。聞書生動聲，男子曰：「二人眠已覺。」因取所吐女人還納口中。須臾，書生處女乃出，謂彥曰：「書生欲起。」乃吞向男子，獨對彥坐。然後書生起，謂彥曰：「暫眠遂久，君獨坐，當悒悒耶？日又晚，當與君別。」遂吞其女子，諸器皿悉納口中，留大銅盤，可二尺廣，與彥別曰：「無以藉君，與君相憶也。」彥太元中爲蘭臺令史，以盤餉侍中張散。散看其銘題，云是永平三年作。（續齊諧記）

以上兩篇，並敘吐人奇觀，唯行此術者，一爲外國道人，一爲中土書生耳。今考其原始，實出自佛經「梵志吐壺」故事（註一九）。吳康僧會譯舊雜譬喻經云：

昔有國王，持婦女急。正夫人謂太子：「我爲汝母，生不見國中，欲一出。汝可白王。」如是至三，太子白王，王則聽。太子自爲御車，出，群臣於道路奉迎爲拜。夫人出其手開帳，令人得見之。太子見女人而如是，便詐腹痛而還。夫人言：「我無相甚矣！」太子自念：我母尚如此，何況餘乎？夜便委國去，入山中遊觀。時道旁有樹，下有好泉水。太子上樹，逢見梵志獨行，來入水池浴。出飯食，作術，吐出一壺，壺中有女人，與於屏處，作家室，梵志遂得臥。女人則復作術，吐出一壺，壺中有年少男子，復與共臥，已，便呑壺。須臾，梵志起，復內婦著壺中。呑之已，作杖而去。太子歸國白王，請道人及諸臣下，持作三人食，著一邊。梵志既至，言：「我獨自耳。」太子曰：「道人當出婦共食。」道人不得止，出婦。太子謂婦：「當出男子共食。」如是至三，不得止，出男子。共食已，便去。王問太子：「汝何因知之？」答曰：「我母欲觀國中，我爲御車，母出手令人見之。我念女人能多欲，便詐腹痛還。入山，見是道人，藏婦腹中當有姦。如是，女人姦不可絕。願大王赦宮中，自在行來。」王則敕後宮中其欲行者，從志也。師曰：「天下不可信，女人也。」（註二〇）

按：佛經所說，以女人不可信爲全篇主旨所在；梵志吐壺一節，特引爲論據之一耳。既傳入中國，好事者乃刺取吐人術而敷演之，益增詭異，至若勸戒之意則全失矣。

【附　註】

註　一：晉書卷八二干寶傳引。

註　二：詳見唐久寵博物志校釋序文，民國六十九年，台北學生書局印行。

註　三：按：「犬戎文馬」一則，出山海經卷十二海內北經；「泰華山肥遺蛇」、「崇丘山之虻鳥」，出卷二西山經；「軒轅國」、「渚沃之野」、「白民國」，出卷七海外西經；「夸父逐日」、「嘔絲之野」，出卷八海外北經；「三珠樹」，出卷六海外南經。

註　四：詳見許建新搜神記校注，民國六十四年，臺灣師範大學國文研究所集刊十九期；汪紹楹校注搜神記，民國六十九年，台北里仁書局影印。

註　五：「陶安公」、「陰生」、「鉤弋夫人」三則，見列仙傳卷下，餘並見卷上。又通行本搜神記卷一，另有「師門」、「園客」兩則，亦見列仙傳，因係輯錄者濫收，實非搜神記本文，故不予計入；「崔文子」一則，與列仙傳卷上所載，文字不同，亦無法指認也。

註　六：詳見周法高顏之推還冤記考證，民國五十年，大陸雜誌廿二卷九期、十期、十一期。

註　七：詳見拙撰幽明錄研究，民國六十九年，中國古典小說研究專集2。

註　八：周氏古小說鉤沈．列異傳。

註　九：觀世音應驗記、續觀世音應驗記，中土久佚。此處據牧田諦亮六朝古逸觀世音應驗記の研究（西元一九七〇年，京都平樂書店）所收爲準。

註一〇：古小說鉤沈．宣驗記。

註一一：本節討論所據資料，完全以古注、類書曾加引用者爲限。蓋魏、晉、南北朝志怪小說，每有因後人輯佚重編不謹愼，遂導致彼此互見者，如通行本搜神記、搜神後記、異苑等書。又有因古注、類書引用資料不正確，造成歧出者，如搜神記與搜神後記、齊諧記與續齊諧記之類，亦應另行處理，以免混淆。

註一二：按：「箏笛浦官船」一則，亦見通行本搜神記卷十六。北堂書鈔卷一三七，藝文類聚卷四四，法苑珠林卷四九，太平御覽卷七五、卷七六九，太平寰宇記引，並云出續搜神記（搜神後記）；僅太平御覽卷九八一引搜神記，文字甚簡略，疑脫一「續」字。故今定爲搜神後記原有。

註一三：搜神記卷二「天竺胡人」一則，記天竺術士能斷舌復續及吐火事；拾遺記卷四「燕昭王」篇云，申毒國道術人尸羅，善衒惑之術。能於指端出十層及諸天仙；又於左耳出青龍，右耳出白虎；又張口向日，則見人乘羽蓋，駕螭、鵠，直入於口內，更張口，則見羽蓋、螭、鵠相隨從口中出。呪術衒惑，神怪無窮也。

註一四：「鸚鵡」或作「雉」，事見僧伽羅剎所集經卷上、大智度論卷十六、雜寶藏經卷二、大寶積經卷八十。

註一五：按：太平寰宇記卷一二六引，亦云出搜神記。唯北堂書鈔卷一三四、太平廣記卷二八三引，仍作幽明錄。且楊林入夢故事，係受佛經娑羅那入夢寓言之影響而寫成。東晉初年，大莊嚴論經及雜寶藏經，皆未譯出，干寶實無從得知娑羅那之故事。故今仍屬之幽明錄爲是。

註一六：枕中記見太平廣記卷八二，原題「呂翁」；南柯太守傳見太平廣記卷四七五，原題「淳于棼」；櫻桃青衣見太平廣記卷二八一。三篇並收載於周豫才唐宋傳奇集、汪辟疆唐人小說之內。

註一七：本則故事，今見於姚秦鳩摩羅什譯大莊嚴論經卷十二，北魏吉迦夜、曇曜合譯雜寶藏經卷二。曇曜於北魏文成帝和平元年（西元四六〇年）任北臺沙門領袖，始集諸德僧，對天竺沙門譯經。稍後，乃與吉迦夜合譯雜寶藏經。此事非劉義慶（西元四〇三年生，四四四年卒）所能見者。故「楊林入夢」一文，當係受羅什所譯馬鳴大莊嚴論經之影響而寫。

註一八：大莊嚴論經卷十二。

註一九：唐段成式酉陽雜俎續集卷四貶誤篇，已謂吳均受釋氏譬喻經「梵志吐壺」事之啟示矣。

註二〇：見舊雜譬喻經卷上。

第五章　志怪小說之流傳

印刷術發明之前，一切書籍皆靠傳抄，收藏困難，流通不易。洎乎晚唐、五代，雕板印刷之風漸啟；趙宋以下，更形發達。一書化作千萬身，精美輕便，有心者不難購置。然書籍之流傳，有幸有不幸。先秦、漢、唐間之古籍，宋、元時期苟無刻印者，每隨舊抄本之散失而永絕人寰矣。

魏、晉、南北朝志怪小說甚多，然能保全舊貌而傳至後世者，則頗為罕見。此與吾國士大夫文學觀念之偏狹，以及迭遭天災人禍之毀損，固不無關係。然早期出版者未能迅速覓得抄本，予以刋刻流傳，遂至亡佚，恐亦重要因素也（註一）。所幸者，魏、晉以後，文學作品喜用典故，文人每以博聞强記相爭勝，按事義而分門編排之工具書——類書，大受歡迎。各種典籍中之奇聞逸事，被蒐羅殆盡，志怪小說之片段，亦因此得以大量保存。今仍通行者，如：北堂書鈔、藝文類聚、初學記、法苑珠林、太平御覽、太平廣記、事類賦等，皆為古小說之淵藪。此外，以引書繁富而著稱之古注，若三國志注、水經注、世說新語注、文選注四種，亦採錄不少志怪資料。故魏、晉、南北朝志怪小說，原書雖亡，後世好事者，猶能依據類書、古注以輯佚文，稍復舊觀焉。胡應麟少室山房筆叢云：

漢、唐、六代諸小說，幾於無不傳者。今單行別梓雖寡，太平廣記之中，一目可盡；御覽諸書，往往概見。鄭漁仲所謂名亡實存也。（註二）

胡氏所論，雖稍嫌粗率，然亦頗近實情也。

第一節　傳抄僅存

印刷之術既行，舊時抄本乃逐漸泯滅，終至無跡可尋。或有藏諸土窟石室，後代幸得重見天日，若敦煌莫高窟手卷之類（註三）。或有流散異域海外，近年始獲整理印行，若日本各官庫及寺院所存舊抄古本之屬（註四）。凡此皆爲天壤間難得之至寶，彌足珍貴也。

傳亮觀世音應驗記、張演續觀世音應驗記、陸杲繫觀世音應驗記三種，中土久佚。日本京都天臺宗靑蓮院藏有鎌倉時代中期（約十二世紀初）手抄卷子本。原卷係傅氏、張氏、陸氏三家應驗記合抄。觀世音應驗記，共錄有「竺長舒」、「沙門帛法橋」、「鄴西寺三胡道人」、「竇傳」、「呂竦」、「徐榮」、「沙門竺法義」七條。續觀世音應驗記，共錄有「徐義」、「張展」、「惠簡道人」、「孫恩亂後臨刑二人」、「道泰道人」、「釋僧融」、「江陵一婦人」、「毛德祖」、「義熙中人」、「韓當」等十條。繫應驗記份量較多，自「釋法力道人」至「法領道人」，共計六十九條。卷末，附百濟人所記觀世音應驗事例兩則。民國五十八年，京都大學人文科牧田諦亮教授，根據原卷攝影本加

以整理校註，然後重新排印問世。此校註本一出，無論閱讀或研究，均極爲便利。（註五）

顏之推還寃記（本名：寃魂志），通行者爲寶顏堂秘笈本、唐宋叢書本、增訂漢魏叢書本等，俱爲明、清兩朝所輯刻，已非原來面貌。晚近敦煌文獻出土，多數流落海外。法國巴黎國家圖書館藏有題曰「冥報記」之晚唐手卷一種，長約兩丈。前半部有缺損，錄存寃魂索報故事十五則。此書經王重民、重松俊章等人加以考訂，以爲係顏之推還寃記，而非唐臨冥報記（註六）。該卷子所載，依次爲：「苻永固」、「李期」、「劉毅」、「孔基」、「曇摩讖」、「支法存」、「張超」、「張稗」、「呂慶祖」、「諸葛元崇」、「鐵臼」、「太樂伎」、「鄧琬」、「蕭嶷」、「元徽」，順序與通行本迥異，雖已殘闕不全，其爲原編舊貌則無疑也。（註七）

由於觀世音應驗記三書手抄本之出現，吾人不僅能一窺早期佛教應驗錄之全貌，以及了解諸信徒相繼弘揚宗教靈異之虔敬心情；若王琰冥祥記、慧皎高僧傳採用前代載籍之狀況，亦可從此獲得印證。至於敦煌本還寃記，雖非全帙，因係晚唐時抄本，寫校極爲精細，非但原書編排次序未予更動，舊貌依稀可見，其文字尤足爲校勘之資助也。（註八）

第二節　刊印傳世

唐末、五代時期，雕板印書之風氣漸興；馴至南、北宋，經、史、子、集各類書籍，乃大量刊行。

據晁公武郡齋讀書志、尤袤遂初堂書目、陳振孫直齋書錄解題三家所收錄而論，宋代所印行之魏、晉、南北朝志怪小說，約有：博物志、拾遺記、神異經、十洲記、漢武故事、漢武內傳、漢武洞冥記、續齊諧記、還寃志等九種（註九）。博物志、拾遺記、十洲記、漢武故事、漢武內傳、續齊諧記諸書，其卷數與隋、唐史志所載吻合；神異經、還寃志則稍有出入（註一〇），殆是分卷之異。其內容與原著大抵相差不遠。惟漢武洞冥記一種，直齋書錄解題云四卷，另有拾遺一卷，乃自太平御覽鈔出。陳振孫以爲四卷者，已非全書矣（註一一）。今傳顧氏文房本洞冥記，係從宋、元舊本翻刻，亦分四卷，內容稍顯零亂，遺文見於太平御覽者不下十餘條，情形與陳氏所言相同。疑宋代以下所傳之洞冥記，皆由好事者重新輯錄而成，實非原書也。

迄乎明末、清初，漢武故事、還寃志兩書，又相繼失傳（註一二）。如今，尚能保存宋、元舊刻之面目者，僅餘七種耳。至於明萬曆以後所印行者，有搜神記、搜神後記、異苑、還寃志（記）四種，並爲明代學者輯錄重編之本。其內容既不完整，所收資料則眞僞雜糅，最不宜輕信。（註一三）

宋、元時代刊印之魏、晉、南北朝志怪，數量雖不多。然因內容保存較爲完整，文字校勘亦精，乃研究本期之志怪小說不可或缺者。今宋本、元本固已罕見，明、清兩代翻刻本則甚易得。

第三節　後人輯佚

古抄舊刊諸本既已不傳，類書古注所存遺文，猶可據以輯錄也。元末陶宗儀說郛所載之搜神記、續搜神記、幽明錄、玄中記、冥祥記等書，已屬輯佚性質（註一四）。明萬曆年間，胡震亨、沈士龍等人輯刻秘册彙函，其中所收搜神記、搜神後記、異苑三種，原係輯佚重編。然校刻者既不交代所出，遂使後人誤信其爲古本；又書中常有濫收以充篇幅之處，讀者不察，尤易滋生錯亂（註一五）。陳繼儒校刻寶顏堂秘笈廣集，收有還寃志一卷，三十六則，乃輯自法苑珠林。其編排次序，一依珠林原引用先後而定。然珠林引文，尙有卷四一「吳居士徐光」、卷五七「燕臣莊子儀」、「漢王如意」、卷九三「漢宋后憂死」、卷一一〇「周杜國之伯恒」、卷一一三「吳諸葛恪」等五則，此本遺漏未收，誠爲憾事。明末，陶珽輯校重編說郛，載有甄異傳、祖氏志怪、靈鬼志、宣驗記、冥祥記、旌異記六種。每書輯刻數則，或誤題作者名姓，或誤題時代，內容亦眞僞參半，最不足信。（註一六）

有清一代，考證風氣鼎盛，輯佚工作發達，尤重原文出處，庶幾信而有徵也。洪頤煊、茆泮林、馬國翰、黃奭、王仁俊、葉德輝等人，先後輯有齊諧記、幽明錄、玄中記、漢武故事四種（註一七）。雖未能盡善，然頗具存眞之義，其法甚佳。

清末、民初，周豫才氏輯古小說鈎沈（註一八），所錄魏、晉、南北朝志怪達二十七種之多。其中，雜鬼神志怪一種，乃叢抄性質，實非專書；祥異記所收二則，原爲冥祥記文字，因太平廣記注明出處有誤（註一九），輯者不愼，遂別立一書。刪除以上兩種，則剩二十五種書。其數約達魏、晉、南北朝志怪小說之半。周氏輯佚之態度謹嚴，勤於翻閱有關文獻，又能吸取前人成果，故收穫甚豐碩，最具研究參考價值。近代雖有繼起者，率以補苴訂正爲職志，罕能踰越周氏之成就也。

第四節　完全散失

古書毀損散佚，隻言片紙無存，天災人禍固爲主要原因，然古注類書未加轉引，遂至遺文不可復見，尤其可惜。集異傳、徵應傳、近異錄、續異苑、補續冥祥記、研神記、因果記、續洞冥記、驗善知識傳、靈異記、眞應記等十一種，或未見隋、唐史志著錄，或雖見著錄而未經類書古注摘引，今已隻字不存（註二〇），恐將永埋千古。范晏陰德傳之遺文，太平御覽卷五五六引用一則，輯佚家失收，豈非不以小說視之使然耶？此外，辯正論卷七陳子良注及太平廣記卷一一一、卷一一四，並引有感應傳兩則。自「齊建安王」一則考之，知其必非晉、宋時王延秀所撰感應傳之文字，疑係無名氏觀世音感應傳遺文，因缺乏佐證，無從證實矣。（註二一）

【附　註】

註　一：按：異林、集異傳、神異記、曹氏志怪、徵應傳、集異記、續洞冥記、釋淨辯感應傳、錄異傳、續異記等，未見隋書、唐書經籍志著錄，可知其亡佚甚早。異苑、宣驗記、應驗記、志怪記、續異苑、眞應記等，隋書經籍志猶載之，舊唐書經籍志、新唐書藝文志俱未著錄，殆於唐玄宗開元、天寶時期，即已散失。列異傳、搜神記、祖氏志怪、孔氏志怪、靈鬼志、搜神後記、甄異傳、王氏感應傳、幽明錄、齊諧記、陰德傳、古異傳、述異記、繫應驗記、冥祥記、續冥祥記、神錄、研神記、因果記、近異錄、集靈記、旌異記、鬼神列傳等，並見舊唐書經籍志及新唐書藝文志，惟崇文總目已不著錄，當係亡於天寶之亂或五代擾攘之際。玄中記見於崇文總目，後代書錄、史志不著錄，疑無刻本流傳也。

註二：少室山房筆叢卷廿九，九流緒論下。

註三：敦煌莫高窟文獻在清末大量出現。光緒三十三年（西元一九〇七年），英籍匈牙利人斯坦因自道士王圓籙手中賄購經卷二十四箱，圖畫繡品及其他古物等五箱，輦歸英倫。同年，法國漢學家伯希和亦取得寫本十餘箱，運返法京。兩人所獲文物，手卷部份，今藏於倫敦大英圖書館、巴黎國家圖書館。斯氏所得細目載於翟爾士氏之大英博物館藏敦煌寫本分類記注目錄，一九五七年，倫敦印行。伯希和生前曾編巴黎圖書館敦煌寫本書目，民國二十二年，陸翔將之譯成中文，載於北平圖書館館刊七卷六期、八卷一期；又新編巴黎國家圖書館敦煌漢文寫本目錄第一冊，共收寫本五百號，已於一九七〇年出版。國人所編，則王重民等敦煌遺書總目索引（一九六二年，北平出版），最稱齊全。其他，日本、蘇俄、美國、德國，以及中國本土所藏敦煌卷子之詳情，可參看蘇瑩輝敦煌學概要增訂本，民國七十年，國立編譯館中華叢書編審委員會印行。

註四：日本所藏古抄本，已傳回中土者，若論語集解、世說新語殘卷、冥報記、遊仙窟、文館詞林等，皆是也。詳見楊守敬日本訪書志。

註五：牧田諦亮六朝古逸觀世音應驗記の研究，一九七〇年，京都平樂書店印行。

註六：王重民巴黎敦煌殘卷敘錄㈠，民國二十四年，圖書季刊二卷二期；又見敦煌古籍敘錄，頁二二六至二二八。重松俊章敦煌本還寃記殘卷に就いて，一九三七年，史淵十七期。

註七：本卷子伯希和編爲三一二六號，神田喜一郎輯敦煌秘籍留眞新編（民國三十六年，臺灣大學影印）已收之。

註　八：取敦煌本以校通行本還冤記，有重松俊章敦煌本還冤記に就いて，史淵十七期；關德棟敦煌本的還冤記，民國三十七年，上海中央日報一月？日俗文學七七期；林聰明敦煌本還冤記考校，民國七十年，書目季刊十五卷一期。林氏論文晚出，最稱精詳。

註　九：遂初堂書目所載，有：王子年拾遺記、漢武故事、漢武內傳、神異經、十洲記、博物志、續齊諧記、搜神記、還冤志九種；郡齋讀書志所載，有：博物志、王子年拾遺記、漢武故事、漢武內傳、十洲記、漢武洞冥記六種；直齋書錄解題所載，有：博物志、拾遺記、神異經、十洲記、漢武洞冥記、續齊諧記、還冤記七種。其中，搜神記一書，北宋王堯臣等編崇文總目，已不著錄，讀書志、書錄解題亦無之，不知遂初堂從何而得？疑係尤氏傳抄孤本，當時並未刋刻，不計入。

註一〇：神異經一書，舊唐書經籍志、新唐書藝文志並載二卷，直齋書錄解題則云一卷；還冤志（冤魂志），隋書經籍志、舊唐書經籍志、新唐書藝文志並云三卷，書錄解題則作二卷。

註一一：直齋書錄解題卷十一。

註一二：四庫全書總目卷一四二云：「漢武故事一卷。……考隋志載此書二卷，諸家著錄並同。錢曾讀書敏求記，亦尙作二卷，稱所藏凡二本，一是錫山秦汝操繡石書堂本，一是陳文燭晦伯家本，又與秦本互異，今兩存之云云。兩本今皆未見。此本爲明吳琯古今逸史所刻，併爲一卷，僅寥寥七八頁，蓋已經刋削，又非兩家之本。以其六朝舊帙，姑存備古書之一種云爾。」是乾隆時已無從覓得全本矣。又同卷還冤記提要，著錄還冤記三卷，並謂陳繼儒刻入秘笈者，僅存一卷，刋削不完；此據以著錄，乃何鏜漢魏叢書所刻，猶爲原帙云。今查傳世之何氏漢魏叢書，並未收還冤志一書；故宮博物院藏文淵閣四庫全書，所收還冤志僅一卷，內容與陳繼儒刻本完全相同。不知四庫館臣當日何以云然也。

註一三：此四種書之有關情形，詳見本章第三節「後人輯佚」。

註一四：搜神記、續搜神記、玄中記見說郛卷四、幽明錄見說郛卷三。

註一五：按：四庫全書總目卷一四二、搜神記提要，旁徵博引，謂秘册彙函及津逮秘書本，乃取諸書所引，綴合殘文，傅以他說而成。唯輯此書者，多見古籍，頗明體例，非細核之，不能辨也。同卷搜神後記提要，以爲該書與陸羽茶經、封演聞見記引文相合，遂謂今所傳刻，猶是古本。又異苑提要，則疑今本不免有所佚脫竄亂，然大致尚爲完整，與全出後人補綴者不同。搜神記提要用力較勤，故所論頗中肯綮；搜神後記提要、異苑提要，乃草草引證數則遺文，即斷定兩書皆爲古本，誠不免失之草率也。有關搜神記問題，可參看汪紹楹校注搜神記，民國六十九年，台北里仁書局影印。搜神後記問題，可參考拙撰搜神後記研究，民國六十七年，台北文史哲出版社印行。異苑之問題，宜參考森野繁夫異苑の通行本一文，一九六一年，廣島大學中國中世文學研究第一號。

註一六：甄異傳（記），見引一一八，收五則，僅「夏侯文規」一則可信；祖氏志怪見引一一七，惟書名題志怪錄，收九則，其「孫弘見鬼」、「會稽郡大鬼」兩則，應存疑；靈鬼志，見引一一三，僅收「孤獨穆」一則，所記乃唐貞元事；宣驗記，見引一一八，錄三則，並可信；冥祥記，見引一一八，錄七則，其「薛孤訓」一則，記唐貞觀二十年征龜茲事；旌異記，見引一一八，錄十則，並記南、北宋時代事，其僞顯然可見。

註一七：洪頤煊經典集林，輯有漢武故事；茆泮林十種古逸書，玄中記；馬國翰玉函山房輯佚書，玄中記、齊諧記；黃奭黃氏逸書考，玄中記；王仁俊玉函山房輯佚書補編，漢武故事、幽明錄；葉德輝郎園先生全書，玄中記。

註一八：據近代學者考證，周氏編輯古小說鈎沈，約始於宣統元年（西元一九〇九年）六月，至宣統三年年底完成。說見戴望舒古小說鈎沈校輯之時代和逸序，該文收入氏著小說戲曲論集，民國四十七年，北平出版；林辰古小說鈎沈的輯錄年代及所收各書作者，民國四十九年，文學遺產選集第三輯。

註一九：「元稚宗」一則，太平廣記卷一三一引，云出詳異記，法苑珠林卷八十引，云出冥祥記。「釋慧進」一則，太平廣記卷一〇九引，云出詳異記；嚴一萍太平廣記校勘記引用孫潛校語，則云出冥祥記；法苑珠林卷一一四引，亦云出冥祥記也。

註二〇：補續冥祥記、續洞冥記兩種，各僅一卷，揆諸古人抄書，往往正、續合編之慣例，似有混入冥祥記、洞冥記之可能性存在。且補續冥祥記，隋書經籍志著錄一卷，舊唐書經籍志、新唐書藝文志並著錄十一卷，當是合冥祥記十卷而計之，亦可作爲佐證。

註二一：吉田隆英感應傳について一文，載一九七六年出版之集刊東洋學卅五號，論之頗爲詳細。

第六章　志怪小說之形式與文學特色

志怪作者通常採用史傳之敍事手法，以散文形式出之，偶亦雜用詩賦。其文筆簡潔而饒趣味，平易可讀。其於南北朝駢儷文體盛行之際，可謂獨樹一幟，別具特色矣。

第一節　志怪小說之形式

一、篇幅大抵簡短

本期作品，依然保持古小說記街談巷語之傳統風格，故用字少而篇幅短。後代各書摘引，已刪節過甚者，如北堂書鈔卷十二引漢武故事，僅存「白雲趣宮」四字；太平寰宇記卷九二引劉之遴神錄，記聖英祠事，僅有「晉陵旣陽城」五字之類，固無論矣。（註一）

其他保存較完整者，大略言之，少者自十餘字至數十字，一二三百字之間者最多，五六百字以上則較罕見。至若搜神記卷十三「崔少府墓」一則，記盧充與女鬼成婚事，長達八百餘字，可謂絕無僅有。惟佛教徒所撰應驗記，如王琰冥祥記「趙泰」、「劉薩荷」、「陳安居」三篇（註二），敘人死魂遊地府事，並達一千二百字左右，則爲特例。

二、散體爲主、偶雜韻語

敘事通常以散文爲骨幹，倘若遇有情節需要，如彼此酬答、歌曲演奏等，則夾雜詩賦謠諺之類。搜神記載夫差小女紫玉與韓重戀愛事，其文云：

吳王夫差小女，名曰紫玉，年十八，才貌俱美。童子韓重，年十九，有道術。女悅之，私交信問，許爲之妻。重學於齊、魯之間，臨去，屬其父母，使求婚。王怒，不與女。玉結氣死，葬閶門之外。三年，重歸，詰其父母。父母曰：「王大怒，玉結氣死，已葬矣。」重哭泣哀慟，具牲幣，往弔於墓前。玉魂從墓出，見重，流涕謂曰：「昔爾行之後，令二親從王相求，度必克從大願。不圖別後，遭命奈何！」玉乃左顧宛頸而歌曰：「南山有烏，北山張羅。烏既高飛，羅將奈何？意欲從君，讒言孔多。悲結生疾，沒命黃壚。命之不造，寃如之何！羽族之長，名爲鳳凰。一日失雄，三年感傷。雖有衆鳥，不爲匹雙。故見鄙姿，逢君輝光。身遠心近，何嘗暫忘？」歌畢，歔欷流涕，要重還冢。……（註三）

此篇以歌詩表達別後情愫及不幸遭遇，哀婉動人，極爲成功。又如幽明錄載費升與狐狸相會事，云：

吳縣費升爲九里亭吏，向暮，見一女從郭中來，素衣，哭入埭，向一新冢哭。日暮，不得入門，便寄亭宿。升作酒食，至夜，升彈琵琶，令歌。女云：「有喪儀，勿笑人也。」歌音甚媚，云：「精氣感冥昧，所降若有緣；嗟我遘良契，寄忻霄夢間。」中曲云：「成公從義起，蘭香降張碩；苟云冥分結，纏綿在今夕。」下曲云：「佇我風雲會，正俟今夕遊；神交雖未久，中心已綢繆。」寢處向明，升去，顧謂曰：「且至御亭。」女便驚怖。獵人至，群狗入屋，於牀咬死，成大狸。（註四）

本篇以歌詞傾訴衷曲，用神女成公智瓊降弦超、杜蘭香降張碩爲譬喻（註五），頗饒情趣也。

三、交代聞見出處

文士撰志怪書，以爲幽明雖殊塗，而神鬼皆實有，故其敍述異事，皆本乎誠。爲取信時人，偶有注明見聞所出者。如異苑記夏蠻格殺老虎事，云：

武陵龍陽虞德，流寓溢陽，止主人夏蠻舍中。忽有白紙一幅，長尺餘，標蠻女頭。乃起，扳取。俄頃，有虎到戶而退。尋見何老母標如初，德又取之。如斯三返，乃具以語蠻。於是相與執仗伺候。須臾，虎至，卽格殺之。同縣黃期，具說如此。（註六）

此事乃劉敬叔聞自黃期，故附記其人於文末也。

若夫佛道徒，既欲自神其敎，尤需交代聞見所自，以求衆人之信服。因此，佛敎應驗錄往往採之以爲定式。今略舉一二，以見其概焉。傅亮觀世音應驗記云：

始豐南溪中，流急岸峭，廻曲如縈，又多大石。白日行者，猶懷危懼。呂竦字茂高，兗州人也，寓居始豐。自說：其父嘗行溪中，去家十許里，日向暮，天忽風雨，晦冥如漆，不復知東西。自分覆溺，唯歸心光世音，且誦且念。須臾，有火光來岸，如人捉炬者，照見溪中了了，逕得歸家，火常在前導，去船十餘步。竦後與郗嘉賓周旋，郗口所說。（註七）

又陸杲繫觀世音應驗記云：

晉泰元中，北彭城有一人，被枉作賊。本供養觀世音像，恒帶頸髮中。後出受刑，愈益存念。於是下手，刀即折，輒聞金聲。三遍易刀，頸終無異。衆咸共驚怪，具白鎭主。疑有他術，語詰問其故。答曰：「唯事觀世音，金像在頸中。」即解髮者，視見像頸三瘡。於是敬服，即時釋之。德藏尼親聞本師釋慧期所記。（註八）

其他，如王琰冥祥記，亦多採用此種形式也。

第二節　志怪小說之文學特色

一、文字質樸

志怪作者雖處文壇崇尚巧構形似，追逐雕鏤繁縟之時代，猶能保存先秦諸子及兩漢史傳散文平實無華風格。但求記事寫人眞切傳神，而不刻意舖敍描繪，故讀來平淺自然，別有一番風味。如干寶搜神記云：

豫章有一家，婢在竈下。忽有人長數寸，來竈間壁。婢誤以履踐之，殺一人。須臾，遂有數百人，著衰麻服，持棺迎喪，凶儀皆備。出東門，入園中覆船下。就視之，皆是鼠婦。婢作湯灌殺，遂絕。（註九）

又如無名氏神異經云：

東海滄浪之洲生彊木焉，洲人多用作舟楫。其上多以珠玉爲戲物，終無所負。其木方一寸，可載百許斤，縱石鎭之，不能沒。（註一〇）

二、結構單純

情節每跟隨事件之推展，平舖直敍而下，鮮有經由作者匠意安排，致使篇章結構發生更大變化之情況。如郭季產集異記云：

陽平宋謹，善解夢。有孫氏求官，睡得夢雙鳳集其兩拳，以問謹。謹曰：「鳳皇非梧桐不棲，非竹實不食。卿當大凶，非苴杖即削杖也。」後孫氏果遭母喪。（註一一）

至若拾遺記、漢武洞冥記，偶有類似揷敍之情形，則係作者自注，後世傳寫，誤連正文所致也。

拾遺記云：

（燕）昭王坐握日之臺，參雲，上可捫日。時有黑烏白頭，集王之所，銜洞光之珠，圓徑一尺。此珠色黑如漆，懸照於室內，百神不能隱其精靈。此珠出於陰泉之底。陰泉在寒山之北。員水之中。言水波常圓轉而流也。有黑蚌，飛翔來去於五岳之上。昔黃帝時，務成子遊寒山之嶺，得黑蚌在高崖之上，故知黑蚌能飛矣。……（註一二）

其「陰泉在寒山之北」、「言水波常圓轉而流」兩句，以及「昔黃帝時，務成子遊寒山之嶺，得黑蚌在高崖之上，故知黑蚌能飛矣」一段，當係注文。又漢武洞冥記云：

帝常夕望，東邊有青雲起。俄而見雙白鵠集臺之上，倏忽變爲二神女。舞於樓下。握鳳管之簫，撫落霞之琴，歌青吳春波之曲。帝舒闇海玄落之席，散明天發日之香。香出胥池寒國，地有發日樹。言日從雲出，雲來掩日；風吹樹枝，拂雲開日也。亦名開日樹。樹有汁滴，如松脂也。

（註一三）

其中「言日從雲出，雲來掩日；風吹樹枝，拂雲開日也」一段，亦是注文。

三、部分篇章，布局緊湊

志怪作者既多能文之士，雖無意雕章琢句，然下筆自能合乎規矩繩墨，毫無顢頇頹唐之態。短篇小語，只求達意。長篇之什，於行文之際，技巧純熟自然，大都能合乎明快緊密之要求，絕少鬆散板滯之毛病。如搜神後記云：

晉太元中，有士人嫁女於近村者。至時，夫家遣人來迎，女家好遣發，又令女乳母送之。既至，重門累閣，擬於王侯。廊柱下有燈火，一婢子嚴粧直守。後房帷帳甚美。至夜，女抱乳母涕泣，而口不得言。乳母密于帳中以手潛摸之，得一蛇，如數圍柱，纏其女，從足至頭。乳母驚走出外，柱下守燈婢子，悉是小蛇，燈火乃是蛇眼。（註一四）

本文僅一百二十餘字，敍事簡潔，而高潮迭起，情節之奇，出人意表，洵爲佳作也。又幽明錄云：

庾崇者，建元中於江州溺死，爾日卽還家，見形，一如平生，多在妻樂氏室中。妻初恐懼，每呼諸從女作伴。於是作伴漸疏。時或暫來，輒恚罵云：「貪與生者接耳！反致疑惡，豈副我歸意邪？」從女在內紡績，忽見紡績之具在空中，有物撥亂，或投之於地。從女怖懼，皆去。鬼卽常見。有一男，纔三歲，就母求食。母曰：「無錢，食那可得？」鬼乃悽愴撫其兒頭曰：「我不幸早世，令汝窮乏，愧汝念汝，情何極也！」忽見將二百錢置妻前，云：「可爲兒買食。」如此經年，妻轉貧苦不立。鬼云：「卿既守節，而貧苦若此，直當相迎耳！」未幾妻得疾亡，鬼乃寂然。（註一五）

此篇寫鬼靈現形，節節逼進，一氣呵成。其末也，則以妻亡鬼亦寂然作結，戛然而止。

總之，由於紙、筆等書寫工具之客觀限制，與乎史傳求實求眞精神之影響，志怪作者搦管撰文之時，每每自我約束，務求字句簡鍊，敍述完整，態度平實而少發議論。因此，魏、晉、南北朝志怪小說，大抵能表現出古樸質直之風貌，形成時代特色矣。

【附註】

註一：唐、宋類書，若北堂書鈔、初學記、太平御覽等，頗多刪節；法苑珠林、太平廣記所錄，則大抵保存原文而少更動。古注之屬，水經注、文選注引文較簡略，三國志注、世說新語注，率皆直抄原書也。

註二：三篇分見古小說鉤沈頁四四九、四七八、四八九。

註三：通行本搜神記卷十六。

註四：古小說鉤沈頁二八六。

註五：二事見搜神記卷一「弦超」、「杜蘭香」兩則。

註六：通行本異苑卷三。

註七：見牧田諦亮校註本觀（光）世音應驗記第五則。此文又收入冥祥記。

註八：見牧田諦亮校註本繫觀世音應驗記第十三則。

註九：通行本搜神記卷十九。

註一〇：增訂漢魏叢書本神異經・東荒經。

註一一：古小說鉤沈頁三八九。

註一二：拾遺記卷四。

註一三：顧氏文房小說本漢武別國洞冥記卷三。

註一四：通行本搜神後記卷十。

註一五：古小說鉤沈頁二六〇。

第七章　志怪小說之價值

魏、晉、南北朝之志怪小說，固然以張皇鬼神、稱道靈異為大宗，而遺聞逸事，亦間存一二。其時作者，既多以記錄聞見為主，故不論其事之合乎情理與否，率能保存當日生活與文化實況，足供後人研究之取資。

第一節　輯錄古書之遺文

古籍留傳至今，或完好無缺，或部分殘餘，而亡佚散失者，亦復不少。志怪作者，每愛搜集轉錄載籍之異說，以炫耀個人見聞廣博，並可證明自家立論之足信。古人著述之片段，遂得藉此留存一二。若張華博物志好引兩漢讖緯，干寶搜神記多採陰陽五行雜書，此其顯然易知者，茲舉數事以明之。如：

㈠河圖括地象曰：「地南北三億三萬五千五百里。地祇之位，起形高大者，有崑崙山；廣萬里，高萬一千里。神物之所生，聖人、仙人之所集也。出五色雲氣，五色流水。其〔白水東南〕（註一）

流，入中國，名曰河也。其山中應于天，最居中，八十城布繞之。中國東南隅，居其一分，是好城也。」（士禮居本博物志卷一）

按此乃張華引緯書以說明山川地理之異。淮南子地形篇云：「禹……使豎亥步自北極，至於南極，二億三萬三千五百里七十五步。」山海經海外東經郭璞注引詩含神霧云：「天地東西二億三萬三千里，南北二億一千五百里。」後漢書天文志劉昭注引靈憲云：「八極之維，徑二億三萬二千三百里，南北則短減千里，東西則增廣千里。」是諸家著地南北長度，皆言二億，無作三億者；又周禮地官「大司徒」賈公彥疏引河圖括地象，正作「南北二億三萬三千五百里」。以知今本博物志所引有誤字也。

(二)周隱王二年四月，齊地暴長，長丈餘，高一尺五寸。京房易妖曰：「地四時暴長。占：春夏多吉，秋冬多凶。」（通行本搜神記卷六）

(三)太興初，有女子，其陰在腹，當臍下。自中國來至江東。其性淫而不產。又有女子，陰在首，居在揚州，亦性好淫。京房易妖曰：「人生子，陰在首，則天下大亂；若在腹，則天下有事；若在背，則天下無後。」（搜神記卷七）

按以上兩則，干寶引京房周易妖占（註一），說明異徵變化也。

(四)桓譚新論說：「方士有董仲君，罪繫獄，佯死臭，目陷蟲出，既而復生。」（註二）（博物志卷二）

(五)典論云：「王仲統云：甘始、左元放、東郭延年，行容成御婦人法，並為丞相所錄。間行其術，亦得其驗。降就道士劉景受雲母九子丸方，年三百歲，莫知所在。武帝恒御此藥，亦云有驗。」

（博物志卷九）

按以上兩則，張華引漢、魏子書所載方士之事。原書不傳。清代，孫馮翼、嚴可均、黃奭等，嘗據此輯入桓氏、曹氏書內（註三）。

㈥季桓子穿井，獲如土缶，其中有羊焉。使問之仲尼曰：「吾穿井而獲狗，何耶？」仲尼曰：「以丘所聞，羊也。丘聞之，木石之怪，夔、蝄蜽；水中之怪，龍、罔象；土中之怪，曰賁羊。」夏鼎志曰：「罔象，如三歲兒。赤目，黑色，大耳，長臂，赤爪，索縛則可得食。」（搜神記卷十二）

㈦（晉）太興中，吳郡太守張懋，聞齋內床下犬聲，求而不得。旣而地坼，有三犬子。取而養之，皆死。其後，懋爲吳興兵沈充所殺。尸子曰：「地中有犬，名曰地狼；有人，名曰無傷。」夏鼎志曰：「掘地而得狗，名曰賈；掘地而得豚，名曰邪；掘地而得人，名曰聚。」……此皆因氣化以相感而成也。（仝前）

按以兩則，干寶並引夏鼎志，用以說明自然界所見之精怪。夏鼎志，未見史志著錄。春秋宣公三年左氏傳云：「楚子伐陸渾之戎，遂至於雒，觀兵於周疆。定王使王孫滿勞楚子。楚子問鼎之大小輕重焉。對曰：『在德不在鼎。昔夏之方有德也，遠方圖物，貢金九牧，鑄鼎象物，百物而爲之備，使民知神姦。故民入川澤山林，禁禦不若，螭魅罔兩，莫能逢之，用能協于上下，以承天休。……』」

疑其書乃依照九鼎圖形而撰成，與山海經、白澤圖之類近似（註四）。

第二節　解釋事物之起源

物有萬殊，事有萬變；而事事物物，莫不有原。文學之士，以博聞洽識相尚，恥一物之不知，一事之不解，故喜滙聚載籍，窮究事物之始。大而天地山川，小而草木鳥獸，以至於陰陽造化之妙，禮樂制度之興，並皆分門輯錄，以備推尋檢索之用。後代之物始、事始、事物紀原等書，其所以盛行於世者，殆由此也。志怪小說中，博物之屬，既多涉及事物之起源與流傳，遂爲類事家所取資矣。如：

㈠帝（嚳）與顓頊平九黎，始立五行之官者也。（北堂書鈔卷四九引搜神記）

按帝嚳立五行之官，晉皇甫謐帝王世紀載之較詳。太平御覽卷八十引帝王世紀云：「帝嚳，高辛氏，姬姓也。……年十五而佐顓頊，三十登帝位，都亳。以人事紀官，故以勾芒爲木正，祝融爲火正，蓐收爲金正，玄冥爲水正，后土爲土正。是五行之官，分職而治。」

㈡處士東里塊責禹亂天下；禹退，作三城。强者攻，弱者守，敵者戰。城郭，禹始也。（太平御覽卷一九二引博物志）

按淮南子原道訓云：「昔者夏鯀作三仞之城，諸侯背之，海外有狡心。禹知天下之叛也，乃壞城平池，散財物，焚甲兵，施之以德。海外賓伏，四夷納職。」其說與博物志互異。唯築城郭事，蓋與鯀、禹父子塡土治水不無關係，由此亦稍可闚其端倪也。

㈢蒙恬造筆。（藝文類聚卷五八引博物志）

㈣漢桓帝桂陽人蔡倫始擣故魚網造紙（初學記卷廿一引博物志）

按蒙恬製筆，蔡倫造紙之說，現存之文獻資料，以博物志所載最早。唯蒙恬是否爲毛筆之發明者，前人已多表示懷疑。晉崔豹古今註云：「牛亨問曰：『自古有書契以來，便應有筆，世稱蒙恬造筆，何也？』答曰：『蒙恬始造，卽秦筆耳。以枯木爲管，鹿毛爲柱，羊毛爲被，所謂蒼毫；非兔毫竹管也。』」（註五）據近世發現甲骨文，卽有書而未刻者，足證毛筆發明甚早。秦之蒙恬，不過以造筆知名耳。蔡倫總結前代造紙經驗，而以樹皮、麻頭、敝布、魚網等原料，再配合特殊方法，造出成本較低廉之紙張，貢獻甚大。有關記載，詳見東觀漢記卷二及後漢書蔡倫傳。

㈤秦文公時，梓樹化爲牛。以騎擊之，騎不勝；或墮地，髻解披髮，牛畏之入水。故秦因是置旄頭騎，使先驅。（鈎沈本列異傳）

按：此事亦見搜神記、玄中記、錄異傳等書（註六），文字較詳。疑古注類書引列異傳，已經刪節。

㈥挽歌者，喪家之樂，執紼者相和之聲也。挽歌辭有薤露、蒿里二章，漢田橫門人作。橫自殺，門人傷之，悲歌。言人如薤上露，易晞滅；亦謂人死，精魂歸於蒿里。故有二章。（搜神記卷十六）

按干氏謂挽歌起自田橫門人，與崔豹古今註之說同（註七）。世說新語任誕篇劉孝標注，引譙周法訓，亦無異議。唯孝標又引莊子、左傳，用以證明挽歌由來已久，非起於漢初也。

第三節　補正史傳之缺漏

史家撰史，或因篇幅體例所限，或因取捨標準不同，或因見聞一時未周，難免有遺珠之憾。是以後代學者，每從稗官野史雜記，搜揀遺聞軼事，用補正史之闕失。如：

㈠舊洛陽字，作水邊各。〔漢〕，火行也，忌水，故去水而加佳。又魏於行次爲土，水得土而流，土得水而柔，故復〔去〕佳加水，變雒爲洛焉（註八）。（博物志卷四）

按此事三國志未載。其說與魚豢魏略相同（註九），張華蓋錄自魚氏書。洛、雒本是二水，一出甘肅合水縣，一出陝西雒南縣，本不相紊。曹丕既採信五德終始之說，遂改雒爲洛，又妄言漢變洛爲雒，以掩己紛更之咎，且自詭於復古，後人皆受其欺。清代學者，如段玉裁、汪之昌等人，並已指出此事之眞相矣（註一〇）。

㈡蔡邕有書萬卷，漢末年載數車與王粲。粲亡後，相國掾魏諷謀反，粲子與焉。既被誅，邕所與粲書，悉入粲族子業，（業）字長緒，卽正宗父，正宗卽輔嗣兄也。初粲與族兄凱避地荊州，依劉表。表有女。表愛粲才，欲以妻之，嫌其形陋通率，……凱有風貌，乃妻凱，生業（註一一）。（博物志卷四）

按：三國志魏書鍾會傳末，附王弼傳二十餘字，殊簡略。幸有張茂先此段記載，後人始稍得知輔嗣家世之概況；裴松之作三國志注已加引用，蓋非偶然。

㈢桓玄生而有光照室，善占者云：「此兒生有奇曜，宜字『爲天人』。」宣武嫌其三文，復言爲『神靈寶』，猶復用三。旣難重前卻，減『神』一字，名曰靈寶。（通行本異苑卷四）

按：晉書桓玄傳，僅載馬氏生玄，有光照室，占者奇之，故小名靈寶（註一二）。敬叔之說，則加詳焉。

㈣陳郡謝石，字石奴。（太元中）少患面瘡，諸治莫愈。夢日環其城，乃自匿遠山，臥於岩下。中宵，有物來舐其瘡，隨舐隨除。旣不見形，意爲是龍，而舐處悉白，故世呼爲謝白面。（異苑卷八）

按晉書謝石傳，亦載此事，內容稍略（註一三），當卽取材於此。

㈤晉謝敷，字慶緒，會稽山陰人也，鎭軍將軍輸之兄子也。少有高操，隱於東山，篤信大法，精勤不倦。手寫首楞嚴經。嘗在都（下）白馬寺中，寺爲災火所延，什物餘經，並成煨燼，而此經止燒紙頭界外而已。文字悉存，無所毀失（註一五）。（鈎沈本冥祥記）

按：晉書文苑傳記慶緒生平甚簡略，此則所述，可補其家世之一二也。

㈥宋尚書僕射滎陽鄭鮮之，元嘉四年，從大駕巡京至都，夕暴亡，乃靈語著人曰：「吾壽命久盡，早應過世。賴比歲來敬信佛法，放生布施，以此功德，延駝數年耳。夫幽顯報應，有若影響，

宜放落俗務，崇心大教。」于時勝貴多皆聞云。（鈎沈本冥祥記）

按：鄭鮮之，宋書、南史並爲立傳（註一五），唯不及信佛事。劉義慶宣驗記謂鮮之善相法，自知命短，夢見沙門云放生念善，持齋奉戒，可延齡得福。因爾奉法，遂奉長年。可與本文相發明（註一六）。鄭氏所撰，有神不滅論、與沙門論踞食書，今傳於世（註一七）。

第四節　保存習語與方言

此一時期小說，志人之屬，如語林、郭子、世說等，多記當時名士文人對答之辭，故保留口語資料甚豐富。志怪之類，間記人物對話，又使用文字淺近，俗語方言並不避忌，亦足供研究之助。如：

(一)北地傅尚書小女，嘗拆荻作鼠以狡獪。放地，鼠忽能行，徑入戶限土中。……（鈎沈本列異傳）

(二)會稽石亭埭有大楓樹，其中空朽。每雨，水輒滿溢。有估客載生鱣至此，聊放一頭於朽樹中，以爲狡獪。村民見之，以魚鱣非樹中之物，咸謂是神，乃依樹起屋，宰牲祭祀，未嘗虛日，因遂名鱣父廟。（通行本異苑卷五）

(三)元嘉初，散騎常侍劉雋家在丹陽郡。後嘗閑居，而天大驟雨。見門前有三小兒，皆可六七歲，相牽狡獪，而並不沾濡。雋疑非人。俄見共爭一瓠壺子，雋乃彈彈之，正中壺，霍然不見。（鈎沈本幽明錄）

按：狡獪者，兒戲也。世說新語文學篇：「袁彥伯作名士傳成，見謝公。公笑曰：『我嘗與諸人道江北事，特作狡獪耳，彥伯遂以著書！』」周一良世說新語札記云：「狡獪猶今言玩皮搗亂開玩笑之類，為六代習語。宋書四一明恭王皇后傳：『若行此事，官便應作孝子，豈復得出入狡獪？』南齊書四二蕭坦之傳：『少帝于宮中及出後堂，雜戲狡獪。』劉敬叔異苑五：『以為狡獪。』不宜釋為狡黠之意。」（註一八）

(四)廬江杜謙為諸曁令。縣西山下有一鬼，長三丈，著赭布袴布褶，在草中拍張。又脫褶，擲草上，作懊惱歌，百姓皆看之（註一九）（通行本搜神後記卷六）

按：拍張者，奮臂拊髀為戲也。南史卷四十五王敬則傳：「（敬則）善拍張，補刀戟左右。宋前廢帝使敬則跳刀，高出白虎幢五六尺，接無不中。仍撫髀拍張，甚為儇捷。」

(五)晉太原郭澄之，字仲靖。義熙初，諸葛長民欲取為輔國諮議，澄之不樂。後為南康太守。盧循之反自廣州，長民以其無先告，因騁私惡，收澄之以付廷尉，將致大辟。夜夢見一神人，以烏角如意與之。雖是寤中，殊自指的。既覺，便在其頭側，可長尺餘，形制甚陋。澄之遂得無恙。後從入關，賫以自隨，忽失所在。（異苑卷七）

(六)元嘉九年，南陽樂遐嘗在內坐。忽聞空中有人呼其夫婦名，甚急，半夜乃止。殊自驚懼。後數日，婦屋後還，忽舉體衣服總是血。未一月，而夫婦相繼病卒。（鈎沈本幽明錄）

按：殊自者，猶言仍然也。裴啟語林云：「有人詣謝公，別。謝公流涕，人了不悲。既去，左右曰：『客殊自密雲。』謝公曰：『非徒密雲，乃自旱雷。』」（註二〇）世說新語文學篇：「王逸少作會稽，初至，支道林在焉。孫興公謂王曰：『支道林拔新領異，胸懷所及，乃自佳，卿欣見不？』王本自有一往雋氣，殊自輕之。後孫與支共載往王許，王都領域，不與交言。……」其用法並同也。

(七)滎陽高荀，年已五十。爲殺人被收，鎖項地牢，分意必死。同牢人云：「努力共念觀音。」…
（鈎沈本宣驗記）

(八)晉世有竺長舒者，本天竺人，專心誦觀世音經爲業。後居吳中。於時邑內遭火，屋宇連棟，甍簷相接，火至皆焚，無能爲救。長舒家正在下風，分意燒毀，一心喚觀世音。欲至舒家，風迴火滅，竟家獲免。合縣驚異，歎其有神。」（鈎沈本冥祥記）

按：分、意，並意料之辭；分意連用，猶言自料、自分也。

(九)安定梁清，字道脩。……爲揚武將軍，北魯郡太守。……在郡少時，夜中，（婢子）松羅復見威儀器械人衆數十，一人戴幘，送書粗紙，有七十許字。筆跡婉媚，遠擬羲、獻。又歌云：「坐儂孔雀樓，遙遙鳳凰鼓。下我鄒山頭，彷彿見梁、魯。」（異苑卷六）

(十)元嘉初，散騎常侍劉雋家在丹陽郡。後嘗閑居，而天大驟雨。見門前有三小兒，相牽狡獪，而並不沾濡。雋疑非人。俄見共爭一瓠壺子，雋引彈彈之，正中壺，霍然不見。雋得壺，因掛閣邊。明日，有一婦人入門，執壺而泣。雋問之，對曰：「此是小兒物，不知何由在此？」雋具語所以。婦持壺埋兒墓前。間一日，又見向小兒持來門側，舉之，笑語雋曰：「阿儂已復得壺

矣。」言終而隱。（鈎沈本幽明錄）

按廣韻卷一云：「儂，我也。」洛陽伽藍記卷二云：「（陳）慶之遇病，心上疾痛，訪人解治。（楊）元愼自云能解。慶之遂憑元愼。元愼卽口含水嘔慶之曰：『吳人之鬼，住居建康，小作冠帽，短製衣裳，自呼阿儂，語則阿傍。……乍至中土，思憶本鄉。急手速去，還爾丹陽。……』」蓋阿者爲當時稱人習語，用於近者親昵之發聲語助詞，與吳語「儂」字連用，則爲我之昵稱也。

第五節　民俗與信仰之反映

民間習俗舊慣之來源不一。或受陰陽五行相生相剋觀念影響而有所避忌，或因古來及鄉里傳說流佈既廣而形成節令祭祀，亦有因地域性特殊環境而造成奇異風俗者。其事頗饒趣味，尤足以覘時代習尚之大略云。如：

㈠田文母，孼也。五月五日，生文。父敕令勿舉，母私舉。長，成童，以實告之。遂啟父曰：「不舉五月子，何也？」父云：「生及戶，損父。」文曰：「受命於天，豈受命於戶？何不高其戶？誰能至其戶耶！」父知其賢，立爲嗣。齊封爲孟嘗君。俗以五月爲惡月，故忌。（異苑卷十）

㈡新野庾寶妻毛氏，嘗於五月五日曝薦席。忽見其三歲女在席上臥，驚怛，便滅。女眞形在別床如

故。不旬日而夭。世傳仲夏忌移床〔笫，玆驗矣。」（註二一）（異苑卷四）

按以上兩則，皆有關五月（俗通惡月）之禁忌也。舉五月子，剋殺父母之說，王充論衡四諱篇駁之云：「夫正月、五月子，何故殺父與母？人之含氣，在腹腸之內。其生，十月而產。共一元氣也，正月與二月何殊？五月與六月何異？而謂之凶也！……實說世俗諱之，亦有緣也。夫正月歲始，五月陽盛，子以〔此月〕生，精熾熱烈，厭勝父母；父母不堪，將受其患。傳相放傚，莫謂不然。有空諱之言，無實凶之效；世俗惑之，誤非之甚也？」（註二二）又禁曝薦蓆，晉董勛問禮俗一書，亦以爲俗人月諱，不可信（註二三）。然由異苑所載，國人對仲夏月厭惡畏忌之心理，可見一斑矣。

㈢吳縣張成，夜起。忽見一婦人，立於宅東南角，舉手招成，成卽就之。婦人曰：「此地是君家蠶室，我卽是地之神。明年正月半，宜作白粥，泛膏於上以祭我。當令君蠶桑百倍。」言絕，失之。成如言，爲作膏粥。自此後，年年大得蠶。今世人正月半作白膏粥，由此故也。（太平廣記卷二九三引續齊諧記）

㈣弘農鄧紹，嘗八月旦入華山採藥。見一童子，執五綵囊，承柏葉上露。露皆如珠子，滿囊。紹問曰：「用此何爲？」答曰：「赤松先生取以明目。」言終，便失所在。今世人八月旦作眼明囊，此遺象也。（通行本續齊諧記）

㈤汝南桓景，隨費長房遊學累年。長房謂曰：「九月九日，汝家中當有災，宜急去。令家人各作絳囊，盛茱萸以繫臂，登高，飲菊花酒。此禍可除。」景如言，齊家登山；夕還，見雞犬牛羊，一時暴死。長房聞之，曰：「此可代也。」今世人九日登高，飲酒，婦人帶茱萸囊，蓋始於此。

（仝前）

按以上三則，解說年中行事之形成過程。正月半祠門戶、祭蠶神之舉，唐、宋以後，漸爲上元燃花燈、賽紫姑等節目所取代。八月一日作眼明囊之風氣，至唐代以後，漸與八月十四日以朱墨點小頭額壓疾之舊俗混合（註二四），故盧公（家）範云：「凡八月旦，上承露盤，赤松子柏上露爲囊，以膏面皮。古人用點灸枝，以梨枝爲之及銀，蓋中有朱砂、銀枝子也。」（註二五）至若九九重陽日，登高、飲菊花酒、佩帶茱萸等事，則後世沿襲不歇。

㈥荆州極西南界至蜀，諸（山夷）曰獠子。婦人姙娠七月而產。臨水生兒，便置水中，浮則收養之，沈便棄之。然千百多浮。旣長，皆拔去上齒（後狗）牙各一，以爲身飾。（註二六）（博物志卷二）

按太平御覽卷七九六引永昌郡傳云：「獠民喜食人，以爲至珍美，不自食其種類也，怨仇乃相害食耳。能水中潛行，行數十里；能水底持刀，刺捕取魚。其人以口嚼食，並以鼻飮水。」蓋獠民散居梁、益山谷澗邊，必諳水性，方能存活，故婦人臨水產兒，便行敎嬰兒下水試驗，疑係族中傳統儀式。外人不明就裏，遂謂其族以新生兒置水中，觀其沈浮作爲收養與否之根據矣。

第六節　印證中西文化之交流

文化者，科學、藝術、宗教、道德、法律、風俗、習慣等之綜合體也。中、西交通甚早，商貨之交易，生物之移植，固然明顯較著；若乎宗教之傳佈，神話寓言之流傳，科學藝術之交流，亦有蹤跡可尋。魏、晉、南北朝志怪小說，蓋嘗留存有關資料，足供探索之用者。如：

㈠珊瑚出大秦國西海中。（鈎沈本玄中記）

㈡木難出大秦。（仝前）

㈢車渠出天竺國。（仝前）

按：大秦者，羅馬也；天竺則爲印度之古稱。後漢書西域傳云：「大秦一名犂鞬，以在海西，亦云海西國。……其人民皆長大平正，有類中國，故謂之大秦。土多金銀奇寶，……凡外國諸珍異皆出焉。」又云：「天竺國一名身毒。……其國臨大土。乘象而戰。……土出象、犀、瑇瑁、金、銀、銅、鐵、鉛、錫，西與大秦通，有大秦珍物。」魏、晉、南北朝時期，中國與大秦猶未直接交通，木難珠殆與車渠玉同由天竺輸入中土。（註二七）

㈣張騫使西域，得大蒜、胡荽。（齊民要術卷三引博物志）

㈤張騫使西域，所得：蒲桃、胡葱、苜蓿。（太平御覽卷九九六引博物志）

㈥張騫使大夏，得石榴。（文選卷十六閒居賦李善注引博物志）

按漢代傳入之西域植物甚多，常冠以胡字，一般均歸功於博望侯張騫。唯張氏歸途曾被匈奴幽禁一年，其親自輸入各種植物之可能性如何，仍須存疑。如石榴本名安石榴，產自安息（波斯），乃由無名使者携來中土。其他植物之輸入，大抵皆然。（註二八）

㈦陳思王曹植，字子建，嘗登魚山，臨東阿。忽聞巖岫裏有誦經聲，清通深亮，遠谷流響，肅然有靈氣，不覺斂衿祇敬，便有終焉之志，即效而則之。今之梵唱，皆植依擬所造。（異苑卷五）

按慧皎高僧傳（經師科）論云：「東國之歌也，則結韻以成詠；西方之讚也，則作偈以和聲。……自大教東流，乃譯文者衆，而傳聲蓋寡。……始有魏陳思王曹槽，深愛聲律，屬意經音，既通般遮之瑞響（註二九），又感魚山之神製，於是刪治瑞應本起，以爲學者之宗。傳聲則三千有餘，在契則四十有二。」由此可知，印度佛教音樂流傳於中土甚早，至若中土之梵唱是否曹植所造，則無由詳考矣。

㈧西海水上有人焉，乘白馬朱鬣，白衣玄冠，從十二童子，馳馬西海上，如飛如風，名曰河伯使者。或時上岸。馬跡所及，水至其處；所之之國，雨水滂沱。暮則還河。（神異經西荒經）

按印度之傳說、寓言，輾轉流行於中國者較多，其事例已見本篇第四章第三節。至若其他地區之材料，則甚罕見。本文所述與希臘、羅馬神話中之海神波賽頓（Poseidon）或內普吞（Neptyne）之情形極爲類似（註三〇）。張星烺氏以爲係當年出使犁軒（大秦）者所帶回之歐洲神話（註三一）。其說是否可信，目前因文獻不夠，猶待求證，先錄出以供參考。

【附註】

註一：隋書經籍志卷三子部五行類云：「梁周易妖占十三卷，京房撰。」蓋阮孝緒七錄嘗著錄此書。

註二：「目陷蟲出」，原作「自陷出」，今據太平御覽卷六四三、卷七三七、卷九四四引新論校改。

註三：見孫氏問經堂叢書，嚴氏全後漢文、全三國文，黃氏漢學堂叢書（一名：黃氏逸書考）。

註四：抱朴子登涉篇云：「道士常帶天水符及上皇竹使符、老子左契，及守眞一、思三部將軍者，鬼不敢近人也。其次則論百鬼，錄知天下鬼之名字，及白澤圖、九鼎記，則衆鬼自却。」又太平御覽卷八八三引抱朴子佚文云：「按九鼎記及青靈經言：人物之死，俱有鬼也。馬鬼，常以晦夜出行，狀如炎火。」疑葛洪所見九鼎記，與干寶所引夏鼎志，乃一書而異名也。

註五：通行本古今注卷下。

註六：見通行本搜神記卷十八，古小說鈎沈本玄中記、錄異傳。

註七：古今註卷中。

註八：「漢」字、「去」字，據說郛卷二博物志增補。

註九：見魏書卷二文帝紀裴注，太平御覽卷十七、卷五八引。

註一〇：說見段玉裁經韵樓集卷一伊雒字古不作洛考及說文解字水部「洛」字注；汪之昌青學齋集卷二伊雒字古不作洛解。

註一一：「業」原作「葉」，據魏書鍾繇傳裴注、北堂書鈔卷一〇一、太平御覽卷六一九引文校改。

註一二：晉書卷九九。

註一三：晉書卷七九。

註一四：「下」字，據太平廣記卷一一三引法苑珠林增補。

註一五：見宋書卷六四、南史卷卅三。

註一六：見鈎沈本宣驗記。
註一七：文載弘明集卷五、卷十二，並收入嚴可均全宋文卷廿五。
註一八：見周氏魏晉南北朝史論集頁三九九。
註一九：「布袴布褶」，原作「衣袴在褶」，今據太平御覽卷五七三引續搜神記校改。
註二〇：見鈎沈本語林。
註二一：「笰，玆驗矣」四字，據太平御覽卷二二一、卷七〇九、卷八八六引文增補。
註二二：見論衡校釋第二十三卷。
註二三：見荊楚歲時記「五月」條注文及太平御覽卷二二一引。
註二四：荊楚歲時記云：「八月十四日，民並以朱墨點小兒頭額，名爲天灸，以壓疾。」
註二五：太平御覽卷廿五引。
註二六：本則據太平御覽卷三六一引文校改。
註二七：本草綱目卷八：「寶石出西番、回鶻地方諸井坑內。紅者名刺子，碧者名靛子，翠者名馬價珠，黃者名木難珠。」又同卷引李珣海藥木草云：「車渠，云是玉石之類，生西國，形如蚌蛤，有文理。西域七寶，此其一也。」
註二八：參見桑原騭藏張騫西使考，何鐵山譯，民國卅三年，亞洲文化論叢三期。
註二九：般遮者，般遮于旬之簡稱，乃樂神名。大部補註卷五：「……諸經亦云般遮于旬。乃以其琴歌頌佛德。般遮于旬，即五通神人也。」
註三〇：波賽頓負責管理海洋及所有水域，常持三叉戟。舉手揮動三叉戟，即海浪滔天；放下，瞬間已風平浪靜。若持戟以敲地，則可造成地震。其所乘坐黃金戰車，係由黃金鬃毛駿馬駕駛，所到之處，必定風平浪靜，並有海豚迎駕。內普吞之職務及形像，大抵相同。見馮作民譯著西洋神話全集，民國六十六年，星光出版社。

註三一：張氏之說，見所輯中西交通史料彙編第一册，古代中國與歐洲之交通，頁十四。

第八章　志怪小說對後世文學之影響

文學作品流傳後世，所產生直接與間接之影響力，往往難以估計衡量。由於志怪小說誕生之時代甚早，本身頗具文學趣味與魅力，況且國人又有嗜古擬古之習性，故其影響層面，特別遼濶深遠。

第一節　形式上之影響

一、形　式

魏、晉、南北朝志怪既秉承古代小說紀錄街談巷語之傳統，在形式上率皆屬於零篇短章，各自獨立，前後之間並無必然關係。其始也，或按內容而分卷，如博物志、搜神記之類（註一）；或按時代而序次，如拾遺記（註二）；或按方位而編排，如神異經、海內十洲記（註三）；亦有信手拈來，隨意安置，全無秩序可言者，如續齊諧記、漢武洞冥記等（註四）。至若漢武故事、漢武帝內傳，以漢武帝一生事

蹟爲經緯，前後貫串，井井有條者，殊爲罕見。（註五）

此種以機械方式編次短篇作品，或甚全無條理之型態，沿襲而下，歷久而不衰，後人名之曰「筆記小說」。各代文人，不僅用之以記載怪談雜說，亦且取而評詩論文，品類繁多，不一而足，誠可謂洋洋大觀矣。（註六）

二、技巧

本期志怪作品，大都以直敍手法，描述人物與事蹟，簡單明瞭，緊湊細密，絕不浪費無謂之筆墨。唐代以後，如：唐段成式酉陽雜俎、宋李石續博物志、洪邁夷堅志、元沈氏鬼董、明祝允明志怪錄、清紀昀閱微草堂筆記等書，俱爲魏、晉、南北朝志怪之嫡親也。

至於小部分作品，若搜神記之「弦超」、「韓憑妻」、「崔少府墓」、「李寄」、「白水素女」（註七），拾遺記之「竺糜」、「翔風」（註八），幽明錄之「劉晨阮肇」（註九）等篇，由於作者偶然致力經營，在人物性格之描寫、內容情節之安排上，均極精彩突出，已漸啟唐代傳奇小說之先聲，意義尤其重大。今錄「弦超」一篇，以概其餘。搜神記云：

魏濟北郡從事掾弦超，字義起。以嘉平中夜獨宿，夢有神女來從之。自稱天上玉女，東郡人，姓成公，字智瓊。早失父母，天帝哀其孤苦，遣令下嫁從夫。超當其夢也，精爽感悟，嘉其美異，非常人之容；覺寤欽想，若存若亡。如此三四夕。一旦，顯然來遊，駕輜軿車，從八婢，服綾羅綺繡之衣，姿顏容體，狀若飛仙。自言年七十，視之如十五六女。車上有壺、榼、青白瑠璃五具。飲啖奇異。饌具醴酒，與超共飲食。謂超曰：「我天上玉女，見遣下嫁，故來從君。不謂君德，宿時感運，宜為夫婦。不能有益，亦不能為損。然往來常可得駕輕車，乘肥馬，飲食常可得遠味異膳，繒素常可得充用不乏。然我神人，不為君生子，亦無妬忌之性，不害君婚姻之義。」遂為夫婦。贈詩一篇，其文曰：「飄颻浮勃逝，敖曹雲石滋。芝英不須潤，至德與時期。神仙豈虛感，應運來相之。納我榮五族，逆我致禍菑。」此其詩之大較。其文二百餘言，不能悉錄。兼註易七卷，有卦有象，以象為屬。故其文言，既有義理，又可以占吉凶。超皆能通其旨意，用之占候。作夫婦經七八年，父母為超娶婦之後，分日而燕，分夕而寢，夜來晨去，倏忽若飛。唯超見之，他人不見。雖居闇室，輒聞人聲，常見蹤跡，然不睹其形。後人怪問，漏泄其事。玉女遂求去，云：「我，神人也。雖與君交，不願人知，而君性疏漏。我今本末已露，不復與君通接。積年交結，恩義不輕，一旦分別，豈不愴恨？勢不得不爾，各自努力！」又呼侍御，下酒飲啖。發簏，取織成裙衫兩副遺超，又贈詩一首。把臂告辭，涕泣流離，肅然昇車，去若飛迅。超憂感積日，殆至委頓。去後五年，超奉郡使至洛，到濟北魚山下，陌上西行，遙望曲道頭有一馬車，似智瓊。驅馳前至，果是也。遂披帷相見，悲喜交切。控左授綏，同乘至洛，遂為室家，剋復舊好。至太康中猶在，但不日月往來。每於三月三日、五月五日、七月七日、九月九日旦、十五日輒下往來，經宿而去。張茂先為作神女賦。（註一〇）

按：原文至「經宿而去」已完足，末句蓋干寶所加。本篇係神女賦之序文，精彩絕倫。至若原撰者爲張華，或爲張敏，唐、宋人已意見分歧，今日尤難確定是誰作矣。（註一一）

第二節　內容上之影響

本期志怪小說既以紀錄神仙、鬼怪、夢幻等奇異事物爲主，後世作者沿襲成風，撰造小說，固喜採用此類題材；亦有擷取志怪原文以爲故實，甚或敷演之以成其他文學體裁者，不一而足也。

一、間接獲得啓示

歷代志怪類筆記小說，察其內容與形式，俱爲魏、晉、南北朝志怪之翻版，可勿論矣。至於唐人傳奇涉及神怪者，單篇之類，有：古鏡記、補江總白猿傳、枕中記、離魂記、柳毅傳、南柯太守傳、周秦行紀、異夢錄、秦夢記、冥音錄、靈應傳等（註一二）；專集之屬，有：靈怪集、廣異記、博異志、玄怪錄、宣室志、續玄怪錄、河東記、集異志、原化記、傳奇、纂異記、通幽記等書（註一三）。宋人傳奇之專記神怪者，有彭郎中記、紫府眞人記、許眞君、群玉峯仙籍、溫泉記（註一四）、小蓮記、程說、范敏、夢龍傳（註一五）、西池春遊、越娘記、王榭、大眼師等篇（註一六）。凡此，皆受志怪小說影響而撰。至若明瞿佑剪燈新話、李昌祺剪燈餘話，清蒲松齡聊齋志異諸書，則揉合「志怪」與「傳奇」之特色而成，別具風格者也。

白話小說描述鬼神怪異事者，短篇之類，如清平山堂話本之西湖三塔記、洛陽三怪記、董永遇仙、羊角哀死戰荆軻；馮夢龍三言中之滕大尹鬼斷家私、鬧陰私司馬貌斷獄、遊酆都胡母迪吟詩（註一七）、一窟鬼癩道人除怪、崔衙內白鷂招妖、假神仙大鬧華光廟、白娘子永鎮雷峯塔、福祿壽三星度世、旌陽宮鐵樹鎮妖（註一八）、灌園叟晚逢仙女、小水灣天狐貽書、呂洞賓飛劍斬黃龍、薛錄事魚服證仙（註一九）等篇皆是也。其他，若馮夢龍兩刻拍案驚奇、周清原西湖二集諸書所收，亦爲數不少。至於章回小說之西遊記、平妖傳、封神傳、韓湘子傳、濟公傳、昇仙傳、斬鬼傳、平鬼傳等，直以神魔鬼怪當家矣。

二、直接採爲原料

本期志怪小說，固然以記載鬼神怪異爲大宗，而其他遺聞逸事亦間存一二。流傳至後世，或被史家採作史料，或被文人用作典故，而通俗文學家則取爲小說戲劇之素材，甚至衍爲民間故事者，亦屢見不鮮也。其採作史料者，非關文學範疇，闕而弗論；此但引述文學故實諸事耳。

㈠用作典故

梁江淹雜體潘黃門岳悼亡云：

……銷憂非萱草，永懷寄夢寐。夢寐復冥冥，何由覿爾形？我慚北海術，爾無帝女靈。駕言出

遠山，徘徊泣松銘。……（註二〇）

按：所謂「北海術」，乃用列異傳中北海營陵道人使人見亡婦事，亦見通行本搜神記卷二；「帝女靈」則指吳王夫差小女紫玉鬼魂會見韓重事，見搜神記卷十六及錄異傳。

梁元帝飛來雙白鶴云：

紫蓋學仙成，能令吳市傾。逐舞隨疏節，聞琴應別聲。集田遙赴影，隔霧近相鳴。時從洛浦渡，飛向遼東城。（註二一）

按：「飛向遼東城」句，用丁令威學仙化鶴事，見搜神後記卷一。

唐杜甫奉同郭給事湯東靈湫云：

東山氣鴻濛，宮殿居上頭。君來必十月，樹羽臨九州。陰火煮玉泉，噴薄漲巖幽。有時浴赤日，光抱空中樓。……（註二二）

按：「陰火」見王子年拾遺記卷一。

宋張先怨春風云：

今夜掩妝花下語。明朝芳草東西路。願身不學相思樹。但願羅衣，化作雙飛羽。（註二三）

按：「願身不學相思樹」三句，乃轉用搜神記所載韓憑夫婦死後，冢上長連理文梓木——相思樹，精魂化爲鴛鴦之故事。（註二四）

宋蘇軾鵲橋仙七夕和蘇堅云：

乘槎歸去，成都何在？萬里江沱漢漾。與君各賦一篇詩，留織女鴛鴦機上。（註二五）

按：此節用張華博物志所載有人乘槎至銀河，見織女、牛郎而不知，後往成都訪嚴君平始知究竟之故事。（註二六）

（以上詩詞）

梁陸倕石闕銘云：

春秋設舊章之教，禮經垂布憲之文，戴記顯游觀之言，周史書樹闕之夢。北荒明月，西極流精；海岳黃金，河庭紫貝。蒼龍玄武之製，銅雀鐵鳳之工。（註二七）

按：「北荒明月」出神異經．西北荒經；「西極流精」則見海內十洲記。

周庾信鏡賦云：

鏤五色之盤龍，刻千年之古字。山雞看而獨舞，海鳥見而孤鳴。臨水則池中月出，照日則壁上蔆生。（註二八）

按：「山雞獨舞」、「海鳥孤鳴」兩事，並見異苑卷三。

周庾信謝明皇帝賜絲布等啟云：

全抽素繭，雲版疑傾；併落青鳧，銀山或動。是知青牛道士，更延將盡之命；白鹿眞人，能生已枯之骨。雖復拔山超海，負德未勝；垂露懸鍼，書恩不盡。蓬萊謝恩之雀，白玉雙環；漢水報德之虵，明珠一寸。某之觀此，寧無愧心？（註二九）

按：青鳧（蚨）錢事，見搜神記卷十三；黃雀贈玉環，與斷蛇銜明珠事，則見搜神記卷二十。

唐韓愈衢州徐偃王廟碑云：

> 徐處得地中，文德為治。及偃王誕當國，益除去刑爭末事。……四方諸侯之爭辯者，無所質正，咸賓祭於徐；贄玉帛死生之物于徐之庭者三十六國。得朱弓赤矢之瑞。（周）穆王聞之恐，遂稱受命，命造父御，長驅而歸，與楚連謀伐徐。徐不忍鬥其民，北走彭城武原山下，百姓隨而從之萬有餘家。偃王死，民號其山為徐山，鑿石為室，以祠偃王。（註三〇）

按：三十六國伏從於徐、偃王得朱弓赤矢及不戰而走彭城武原山諸事，並取材自博物志也。（註三一）

（以上辭賦、雜文）

(二)改編成通俗文學作品

唐勾道興撰搜神記一書（註三二），「王景伯」取材自續齊諧記（註三三），「劉玄石」亦見於博物志。（註三四）

宋皇都風月主人編綠窗新話，所載宋代說話人講述題目，如：劉阮遇天台女仙，出自幽明錄及續齊諧記（註三五）；薛靈芸容貌絕世、越國美人如神仙兩篇，並取材於王子年拾遺記也。（註三六）

元馬致遠誤入桃源，明汪元亨桃源洞、陳伯將誤入桃源、王子一劉阮天台等雜劇，清張勻長生樂傳奇，漁村天台傳，皆據幽明錄「劉晨阮肇」敷演而成者。元庾吉甫列女青綾台雜劇，則採自搜神記

「韓憑妻」一篇。

明楊訥三田分樹雜劇，清李文翰紫荆花傳奇，以及無名氏紫荆樹，皆由續齊諧記「三荆樹」一篇改編。（註三七）

清代以來，京戲演出之劇目，如童女斬蛇、怒斬于吉，並取材自搜神記；上元夫人則見於漢武內傳。（註三八）

㈢衍化爲民間故事

列異傳與搜神記，並載有韓憑夫婦故事。此後鴛鴦鳥、相思樹、青陵臺等傳說，歷代相傳不絕，成爲貞女烈婦之典型，甚至同梁山伯、祝英台故事彼此影響，共相媲美。（註三九）

搜神記卷一「董永」，卷十四「毛衣女」兩則故事，情節簡單，歷經長期演變及增添，遂成爲後世膾炙人口之七仙女傳說，精彩動人。（註四〇）

搜神記「白水素女」一篇，既經歷代文人學士屢加改寫，民間亦廣泛流傳，今略加引述，以見盛況之一斑。藝文類聚卷九七、太平廣記卷六二引搜神記云：

謝端，晉安侯官人也。少喪父母，無有親屬，爲鄰人所養。至年十七八，恭謹自守，不履非法。始出作居，未有妻。鄉人共愍念之，規爲娶婦，未得。端夜臥早起，躬耕力作，不舍晝夜。後於邑下得一大螺，如三升壺，以爲異物，取以歸貯甕中。畜之十數日。端每早至野，還，見其戶中有飯飲湯火，如有人爲者。端謂鄰人爲之惠也。數日如此，便往謝鄰人。鄰人曰：「吾初不爲是，何見謝也？」端又以鄰人不喻其意。然數爾不止，後更實問。鄰人笑曰：「卿已自取婦，密著室中炊　，而言吾爲之炊耶？」端默然心疑，不知其故。後以雞鳴出去，平早潛歸，於籬外竊窺其家中。見一少女從甕中出，至竈下燃火。端便入門，逕至甕所，視螺，但見殼。乃到竈下問之曰：「新婦從何所來而相爲炊？」女大惶惑，欲還甕中，不能得去。答曰：「我天漢中白水素女也。天帝哀卿少孤，恭愼自守，故使我權爲守舍炊烹。十年之中，使卿居富得婦，自當還去。而卿無故竊相窺掩。吾形已見，不宜復留，當相委去。雖然，爾後自當少差。勤於田作、漁採、治生，留此殼去，以貯米穀，常可不乏。」端請留，終不肯。時天忽風雨，翕然而去。端爲立神座，時節祭祀。居常饒足，不致大富耳。於是鄉人以女妻之。後仕至令長云。今道中素女〔祠〕是也。（註四一）

按：此篇殆干寶採集江南地區民間傳說，重新加以寫定者。其後，唐皇甫氏據之而改寫成傳奇小說，非但人名地名不同，情節稍異，結局亦有所不同矣。原化記云：

常州義興縣，有鰥夫吳堪。少孤無兄弟。爲縣吏。性恭順。其家臨荆溪，常於門前，以物遮護溪水，不曾穢汚。每縣歸，則臨水看翫，敬而愛之。積數年，忽於水濱得一白螺。遂拾歸，以水養。自縣歸，見家中飲食已備，乃食之。如是十餘日。然堪謂隣母哀其寡獨，故爲之執爨，乃卑謝隣母。母曰：「何必辭？君近得佳麗修事，何謝老身？」堪曰：「無。」因問其母。母曰：「子每入縣後，便見一女子，可十七八，容顏端麗，衣服輕豔；具饌訖，即却入房。」堪意疑白螺所爲，乃密言於母曰：「堪明日當稱入縣，請於母家自隙窺之，可乎？」母曰：「可。」明旦詐出，乃見女自堪房出，入廚理爨。堪自門而入，其女遂歸房不得。堪拜之。女曰：「天知君敬護泉源，力勤小職，哀君鰥獨，勅余以奉媲。幸君垂悉，無致疑阻。」堪敬而謝之。自此彌將敬洽。閭里傳之，頗增駭異。時縣宰豪士聞堪美女，因欲圖之。堪爲吏恭謹，不犯笞責。宰謂堪曰：「君熟於吏能久矣。今要蝦蟆毛及鬼臂二物，晚衙須納，不應此物，罪責非輕！」堪唯而走出。度人間無此物，求不可得。顏色慘沮，歸述於妻。乃曰：「吾今夕殞矣。」妻笑曰：「君憂餘物，不敢聞命；二物之求，妾能致矣。」堪聞言，憂色稍解。妻曰：「辭出取之。」少頃而到。堪得以納令。令視二物，微笑曰：「且出。」然終欲害之。後一日，又召堪曰：「我要蝸斗一枚，君宜速覓此；若不至，禍在君矣！」堪承命奔歸，又以告妻。妻曰：「吾家有之，取不難也。」乃爲取之。良久，牽一獸至，大如犬，狀亦類之。曰：「此蝸斗也。」堪曰：「何能？」妻曰：「能食火，奇獸也。君速送。」堪將此獸上宰。宰見之怒曰：「吾索蝸斗，此乃犬也！」又曰：「必何所能？」曰：「食火。其糞火。」宰遂索炭燒之，遣食；食訖，糞之於地，皆火也。宰怒曰：「用此物奚爲？」令除火掃糞。方欲害堪，吏以物及糞，應手洞然。火飈暴起，焚爇牆宇。煙焰四合，彌亘城門。宰身及一家，皆爲煨燼。乃失吳堪及妻。其縣遂

遷於西數步，今之城是也。（註四二）

清代程麟撰此中人語，其田螺妖一篇云：

衞福者，本舊家子，遭兵燹之亂，全家俱沒，惟福尙存。所居屋四椽是已產，度日惟艱，聊作小本經紀。黎明卽起，每出必反鍵其戶，至日中始返。浣衣煮飯，俱躬自操作，蓋勤而儉者也。一日，福歸家，見飯已熟，甚異之，不暇詢諸鄰，食訖遽出。次日又如之。一連十數日，毫不費力，不知誰人爲之執爨也。又一日，福出門，將門虛掩，自隙中細窺，以待其異。逾一時許，忽見庭中水缸搖動，有一女郎自缸中姍姍而出。明眸皓齒，豐韻絕佳，釵影徘徊，蓮鈎聲碎，往廚下而去。福驚且喜，疑爲天仙下降。忽憶缸中有一田螺，蓄已數年，此必田螺妖無疑矣。遂啟門輕進，視缸中田螺，僅存一殼，藏殼於機密之處。轉至廚下，則見女郎撩衣捲袖，方司中饋，殊形忙碌。福出其不意，上前摟之。女郎微笑欲逃脫，福抱持益力。……兩人遂爲夫婦……。年餘，女忽產一子，眉目之間，與女極似。女每於悽風楚雨之時，常思歸去。福以其無家可歸，聽之。又年餘，又產一子，而女至此亦不復思歸矣。流光如駛，二女皆十餘歲。……一日，夫婦有口角。福微有所詆，……女但曰：「還我窠巢，終當樂我故耳！」福且憐且怒，卽取舊所藏殼擲地下。曰：「此爾本來面目，豈和氏連城耶？」——孰意一聲響處，女與殼俱失所在。……（註四三）

按：程麟，字趾祥，上海人，光緒中撰此志怪書。田螺妖一文，疑乃程氏據江、浙一帶民間傳說而纂錄者也。

民國以來，文人學士紀錄各地流傳之田螺女郎故事，亦頗不乏人。鄭振鐸螺殼中之女郎云：

有一個農夫，家中甚貧苦，娶不起親。一個人耕種了田，還要回家自己燒飯吃。某天，他歸來時，却見鍋中的飯已經燒好了。他非常的詫異，不知是誰來幫助他的。接連的三四天都是如此。於是他立意要窺探這事的究竟。一日，放下了田工而潛藏在屋的左近。到了炊煙起時，向廚間一張望，原來却是一個美麗的少女在執炊。約在正午飯熟時，這個少女却退到水缸旁不見了。他到缸旁一看，只有一個大田螺在那裏。他是很狡猾的人，便於第二天乘女郎正在執炊時，掩進屋裏，而把田螺殼藏去了。女郎大驚，退身無所，只得做了他的妻子。幾年之後，生了一個孩子。再幾年之後，這孩子也會幫他父親耕種田地了。他父親於高興時歌道：「田螺娘，田螺娘，田螺生兒會種田！」孩子回去告訴了母親，她便迫丈夫把田螺取出來看看。丈夫只得取了出來。她把螺殼擲進水缸中，自己也隨着而跳入。因此，便永遠不再出現了。（註四四）

按：鄭氏所記乃是浙江永嘉一帶所流傳者。氏並取搜神後記及述異記所載「白水素女」資料，共加比對（註四五）。其結論謂：三者係由同一故事蛻化而成，惟結尾略異耳。

又伍稼青田螺精一篇，記江蘇武進流傳之民間故事，與鄭氏所錄大同小異。（註四六）蘇雪林女士亦撰有螺妻一篇，前半與搜神記大抵相同，後半則與程氏、鄭氏、伍氏等所述極爲類似也。（註四七）

【附註】

註一：袁州本郡齋讀書志卷三下云：「博物志十卷。晉張華撰。……卷首有地理略，後有讚文。」今傳明弘治本、稗海本等，皆分三十八類；士禮居刋本，則不分門類。惟各本卷首俱爲地理略，並有讚文。疑博物志本係按類編輯，借其次序無從詳考矣。至若干寶搜神記，原爲依類分篇，其體制雖不可復見，而遺跡猶存，如：水經卷廿一汝水注引「王喬」一則，云：「是以干氏書之于神化。」又卷卅九廬江水注引「張璞」一則，云：「故干寶書之于感應焉。」荊楚歲時記五月五日條，引五氣變化事，云出「干寶變化論」是也。

註二：今本拾遺記共分十卷，卷一至卷九，記庖羲、神農以來，至晉時事而止；卷十則爲名山之屬。

註三：增訂漢魏叢書本神異經，共分：東荒經、東南荒經、南荒經、西南荒經、西荒經、西北荒經、北荒經、東北荒經、中荒經九篇。海內十洲記，則分東海、北海、南海、西海四個方位配置。

註四：今傳續齊諧記，以明顧氏文房小說本時代最早，餘皆由顧氏本翻刻。各本並載十七則，其安排頗無倫次。漢武洞冥記，亦以顧氏刻本爲最早。全書四卷，六十餘則，編排凌亂，遺文則散見藝文類聚、太平御覽中。陳振孫直齋書錄解題卷十一，早疑其非全書。意者，兩書編次缺乏條理，非原著者之過失乎！

註五：本節所論漢武故事一書，乃據明鈔本說郛卷五二所錄者爲準。張宗祥校本，民國十六年始由涵芬樓排印出版。周氏輯古小說鈎沈，在民國元年前後，故未及參考此書。漢武帝內傳，則以守山閣校勘本爲主。

註六：筆記者，隨筆記錄，不拘體例之文也。大抵雜記見聞。宋代宋祁始以「筆記」名其書，分釋俗、考訂、雜說三卷。其後，文體之近於說部者，亦稱筆記，如蘇軾仇池筆記、陸游老學菴筆記等。近代學者乃輯歷代筆記體小說爲一編，名曰筆記小說大觀矣。

註七：「弦超」見二十卷本搜神記卷一，「韓憑妻」見卷十一，「崔少府基」見卷十六，「李寄」見卷十九。「白水素女」一篇，今本搜神記未收，而見於搜神後記卷五；然藝文類聚卷九七、太平廣記卷六二引之，並云出搜神記，而不云出搜神後記，故當劃歸搜神記爲是。

註　八：「竺糜」見卷八，「翔風」見卷九。

註　九：原文載古小說鈎沈頁二四三～二四四。太平御覽卷八六二、輿地紀勝卷十二、重修政和證類本草卷廿四引，則云出續齊諧記。以幽明錄成書在前，所有權暫屬之。

註一〇：見通行本搜神記卷一；本篇文字，略依汪紹楹校注本改訂一二。

註一一：按：藝文類聚卷七九、文選卷三十謝靈運擬魏太子鄴中集詩「陳琳」李善注引，並云張敏作神女賦。法苑珠林卷八、樂府詩集卷四七引，則云張茂先作。然洪邁容齋五筆卷四「晉代遺文」一條云：「張敏者，太原人，仕歷平南參軍、太子舍人、濟北長史。……集仙傳所載神女成公智瓊傳，見於太平廣記，蓋敏之作也。」弦超既嘗爲濟北從事掾，其後，敏爲濟北長史，自是熟聞其事。北堂書鈔卷一二九引神女傳，記弦超、智瓊往來事，云張敏作，似爲可信。

註一二：以上諸篇，俱見於周豫才編唐宋傳奇集、汪辟疆編唐人小說。

註一三：以上諸書，今已無原編足本傳世，惟大部份文字見收於太平廣記中。

註一四：彭郎中記等五篇，見青瑣高議前集。

註一五：小蓮記等四篇，見青瑣高議後集。

註一六：西池春遊等四篇，見青瑣高議別集。

註一七：以上各篇，分別見於喻世明言（古今小說）卷十、卷卅一、卷卅二。

註一八：以上各篇，分別見於警世通言卷十四、卷十九、卷廿七、卷廿八、卷卅九、卷四十。

註一九：以上各篇，分別見於醒世恒言卷四、卷六、卷廿一、卷廿六。

註二〇：文選卷卅、全梁詩卷五。

註二一：樂府詩集卷卅九、全梁詩卷三。

註二二：草堂詩箋卷十三、杜少陵集詳註卷四。

註二三：唐圭璋，全宋詞頁七，民國六十五年，世界書局印行。

註二四：通行本搜神記卷十一。

註二五：東坡樂府箋卷二。或疑此篇係點化杜甫牽牛織女詩而成，蓋未必然。蘇氏用六朝、唐代小說故實以入詩詞，乃常事也。

註二六：見士禮居本卷三。

註二七：文選卷五六、全梁文卷五三。

註二八：藝文類聚卷七十、全後周文卷九。

註二九：文苑英華卷六五五、全後周文卷十。

註三〇：四部叢刊本朱文公校昌黎先生文集卷廿七。

註三一：士禮居本博物志卷八。

註三二：今收入敦煌變文集及汪紹楹校注本搜神後記。

註三三：見太平御覽卷五七九、卷七五七、卷七六一、事類賦注卷十一、琱玉集卷十二、樂府詩集卷六十引續齊諧記。今本遺漏此篇。

註三四：見士禮居本卷五。

註三五：同註九。

註三六：見拾遺記卷三及卷七。

註三七：元、明雜劇篇目見錄鬼簿卷上及錄鬼簿續編；清傳奇見陳萬鼐撰元明清劇曲史第卅一章知見明清傳奇目錄，漁村所撰天台傳爲子弟書，見傅惜華子弟書總目。無名氏紫荆樹爲平劇，見陶君起平劇劇目初探。

註三八：三劇並見陶氏平劇劇目初探著錄。

註三九：研究韓憑夫婦故事之流傳與演變，目前以容肇祖敦煌本韓朋賦考一文，論之最詳。該文原載中央研究院歷史語言研究所集刊外編第一種（慶祝蔡元培先生六十五歲論文集）下册，今收入王秋桂編中國民間傳說論集。

註四〇：鍾敬文嘗撰中國的天鵝處女故事一文，刋於民眾教育季刊三卷一期，討論七仙女故事之起源及演變，極爲精詳，頗具參考價值。

註四一：本篇，通行本搜神記失收；搜神後記卷五載之，則係後人輯錄不愼而誤收，說詳註七。

註四二：原化記今不傳，本篇見太平廣記卷八三引。

註四三：見廣文書局影印本頁十五～十六。

註四四：原文載民國十六年小說月報「中國文學研究」專號；其後收入鄭氏著中國文學研究，民國七十一年，台北源流出版社影印。

註四五：白水素女故事，本非搜神後記原書所有，說見註七及註四一；此故事又見任昉（？）述異記卷上，文字較簡略。

註四六：原文載武進民間故事，民國六十年，台灣商務印書館印行。

註四七：本文收入趣味民間故事一書，民國六十九年，台北廣東出版社印行。

中篇　內容分析

魏、晉、南北朝志怪小說，今以完整之面貌流傳於世者固然不多，唯經前賢之搜殘輯佚，吾人猶足以略窺一二。然今欲就其內容作全面性之分析考察，殊非易事。蓋諸書之遺文，多者數十百條，少者三四條，亦有隻言片語無存者，能否客觀反映全部志怪小說之內容，實不可知，其難一也；少數輯佚者之態度不夠嚴謹，致使部分書籍之文字眞僞雜糅，苟不略加考證，難免朱紫無別，影響論點之正確性，其難二也；各書記載之範圍非常廣闊，事物之龐雜，幾乎已達無所不包之地步，欲求妥善歸類，甚感棘手，其難三也；每一事，或詳或略，或分或合，其完整與否，殊不一致，更有語焉不詳，無從索解者，其難四也。

前述種種難題，在本篇撰寫過程中，均曾盡力加以克服，務期能將缺失減少至最低之程度。至於按照全部資料之內容，予以分類處理，今僅舉其犖犖大者，分爲神話與傳說、五行與數術、民間信仰、鬼神世界、變化現象、殊方異物、服食修鍊、仙境傳聞、宗教靈異、佛道爭勝等主題，各作分析討論。

本篇撰寫之方式，首先略述該章內容之大要，然後按資料性質之相近者，分作數節。每節選擇若干具有代表性之資料，依其時間或卷次先後編排。每條之末，繫以按語，或做考證，或加申論，視需要而定，並非一成不變也。

第一章　神話與傳說

神話本係初民心理之表現與生活之反映。魏、晉、南北朝，去古已遠，民智發達，解釋宇宙萬事萬物諸現象，較爲理性化，似非產生質樸神話之時代。然因本期志怪作者喜好抄錄引用古籍，故而書中仍保留部分神話之片段。又兼以中國南方逐漸開發，古老傳說流行各地，時有所聞，好事文人每加採集寫定。有關神話與傳說之資料，今多散見於博物志、搜神記、神異經、玄中記諸書，值得吾人深入探討。

第一節　古代神話

一、開天闢地

我國神話中，開闢天地，創造世界之英雄，後代獨歸之盤古一人。然考諸魏、晉、南北朝小說，實未有記錄盤古之事者（註一）；若類似造物主之英雄人物，則數見焉。如：

㈠北方有鍾山焉。山上有石，首如人首，左目爲日，右目爲月。開左目爲晝，開右目爲夜，開口爲春夏，閉口爲秋冬。（古小說鈎沈本玄中記）

按：山海經海外北經云：「鍾山之神，名曰燭陰。視爲晝，瞑爲夜，吹爲冬，呼爲夏，不飲，不食，不息，息爲風。身長千里。……其爲物，人面，蛇身，赤色，居鍾山下。」玄中記所載，則人面蛇身之神，已化爲石頭，居鍾山上，然其神力猶存，乃主宰宇宙之日夜及四季變化者。

㈡天地初不足，故女媧氏練五色石以補其闕，斷鼇足以立四極。（士禮居叢書本博物志卷一）

按：女媧之名字，始見於楚辭天問（註二）。若夫補天神話，則以淮南子覽冥篇載之最詳（註三），博物志又從淮南子摘引。蓋女媧乃具有原始母神性格之造物主。宇宙既發生大變動，天開地裂，萬物驚惶無措，女媧乃不辭辛勞，熔煉五色石以塡補蒼天之罅隙，復斬斷巨鼇之足，以撐拄天蓋之四極。從此，天地遂得恢復原狀矣。

㈢二華之山，本一山也。當河，河水過之而曲行。河神巨靈，以手擘開其上，以足踏離其下，中分爲兩，以利河流。……（通行本搜神記卷十二）

按：緯書遁甲開山圖云：「有巨靈胡者，徧得坤元之道，能造山川，出江河。」（註四）本則所記巨靈以手足中分二華之山，便利河水東流，則具體事蹟之一耳。

二、導河治水

蠻荒時代，洪水泛濫，遍及四土，爲害之大，較諸毒蛇猛獸尤有過之。防治水患，固爲當務之急，然苟非具有超人之智慧或神力，實不易奏效。女媧「積蘆灰以止淫水」（註五），已立第一功矣。鯀、禹父子，則係異代治水之名家也。

(一)東南隅大荒之中，有樸父焉。夫婦並高千里，復圍百輔。天初立時，使其夫婦導開百川。嬾不用力，謫之並立東南。男露其勢，女露其牝。不飲不食，唯飲天露。須黃河清，當復使其夫婦導護百川。（神異經東南荒經）

按：此事係出自六朝文士撰造。篇末原注云：「古者，〔天〕初立，此人開導河。河或深或淺，或隘或塞。故禹更治，使其水不壅。天責其夫婦，倚而立之。」（註六）作注者既爲河川壅塞洪水橫流尋得病因，亦爲鯀、禹更相治水找出理由，構思頗稱巧妙。

(二)昔彼高陽，是生伯鯀。布土、取帝之息壤，以塡洪水。（博物志卷六）

(三)堯命夏鯀治水，九載無績。鯀自沈於羽淵，化爲玄魚。時揚鬚振鱗，橫脩波之上，見者謂爲河精。……至舜，命禹疏川奠岳。濟巨海，則黿鼉而爲梁；踰翠岑，則神龍而爲馭。行遍日月之墟，惟不踐羽山之地。（拾遺記卷二）

(四)禹盡力溝洫，導川夷岳。黃龍曳尾於前，玄龜負青泥於後。……龜頷下有印，文皆古篆字，作九州山川之字。禹所穿鑿之處，皆以青泥封記其所，使玄龜印其上。今人聚土爲界，此之遺象也。（仝前）

(五)禹鑿龍關之山，亦謂之龍門，至一空巖，深數十里，幽暗不可復行。禹乃負火而進。有獸狀如豕，銜夜明之珠，其光如燭。又有青犬，行吠於前。禹計行可十里，迷於晝夜。既覺漸明，見向來豕犬變爲人形，皆著玄衣。又見一神，蛇身人面。禹因與語。神卽示禹八卦之圖，列於金版之上。又有八神，侍於此圖之側。禹曰：「華胥生聖子，是汝耶？」答曰：「華胥是九河神女，以生余也。」乃探玉簡授禹，長一尺二寸，以合十二時之數，使量度大地。禹卽持此簡，以平定水土。授簡披圖蛇身之神，卽羲皇也。（仝前）

按：山海經海內經云：「洪水滔天。鯀竊帝之息壤以堙洪水，不待帝命。帝令祝融殺鯀於羽郊。鯀復生禹。帝乃命禹卒布土以定九州。」此乃鯀、禹治水神話之粗略輪廓也。鯀死後，有化身爲黃熊、黃能、黃龍等說法（註七）。至若王子年拾遺記謂其化爲玄魚，乃因「鯀」之或體字作「鮌」而附會，羅泌路史辨之詳矣（註八）。其後，禹受命繼承父業以治水。此時既得天帝許可，取生長不息之土壤——息壤——以堙塞洪水，又得神龍畫地以疏濬百川，各方神靈亦紛紛餽贈寶物，遂能大功告成。拾遺記所敍伏羲贈玉簡之故事，當卽沿襲山海經海外東經「豎亥把筭丈量大地」（註九）一節而成者也。

三、對抗大自然

原始時代，人類生活於惡劣環境之中，爲求生存發展，必須團結合作，與大自然對抗，進而征服之。唯奮鬥過程中，成功者固然衆多，失敗者亦復不少。又有因個人性格殊異，遂成悲劇英雄之典型，令後世讚歎不已。例如：

㈠有鳥如烏，文首、白喙、赤足，名曰精衛。〔昔赤帝之女名女媱，往遊於東海，溺死而不返，

其神化爲精衞。」（註一〇）故精衞常取西山之木石，以塡東海。（博物志卷三）

按：此則取材於山海經北山經。炎帝之女，名曰女媱（一作「娃」），不幸溺死東海，遂化成精衞鳥。常自西山銜木枝或細石，投入東海，欲塡平之。去而復來，成年累月，千秋萬歲而不已。其力量固甚微小，其堅忍不拔之志節氣概，則極悲壯也。

(二)海水西，夸父與日相逐走。渴，飲水河、渭，不足；北飲大澤，未至，渴而死。棄其策杖，化爲鄧林。（博物志卷七）

按：此則取材於山海經海外北經。夸父者，古之巨人也（註一一），具有無與倫比之壯志，欲與大陽競走。因日曬口渴，卒於道中。臨死，棄其手杖，化爲鄧林，廣數千里（註一二），作爲後世企圖與烈日競勝者消暑解渴之助，藉以完成其未竟志業。其勇往直前之精神，固已教人欽敬；其造福後代之用心，尤足令人稱道。陶淵明謂其「功竟在身後」（註一三），實爲知言。

(三)刑天與帝爭神，帝斷其首，葬之常羊山。乃以乳爲目，以臍爲口，「操干戚以舞」（註一四）。（玄中記）

按：此則取材自山海經海外西經。刑天與夸父相似，而頑强猛勇之氣概更勝。雖遭失敗，身首異處，猶奮戰不懈。故陶淵明譽之曰「猛志故常在」也。（註一五）

四、推求本原

先民對事物之形成，每不知所以然，遂創造幻想之故事解釋之，藉以滿足人類本能之好奇心與求知慾。後世神話學家，將此種推尋事物原始之神話，命名曰推原神話。例如：

㈠共工氏與顓頊爭帝，而怒觸不周之山，折天柱，絕地維。故天後傾西北，日月星辰就焉；地不滿東南，故百川水注焉。（博物志卷一）

按：此故事源自淮南子天文篇。水神共工與顓頊爭奪上帝之寶座，不勝，怒觸不周之山，導致西北天空傾斜，東南大地塌陷。從此，日月星辰向西北移動，百川之水則向東南灌注。蓋黃河流域之居民，平日仰觀天文，俯察地理，獲得如是結論，欲予以合理之解釋，遂創此說也。

㈡天下之强者，東海之沃焦焉，水灌之而不已。沃焦者，山名也，在東海南方三萬里，海水灌之而卽消，故水東南流而不盈也。（玄中記）

按：魏、晉之後，佛教稍盛，佛典翻譯日多，印度神話故事亦逐漸流播。文學之士，或加以敷演，或據之改編，影響廣泛而深遠。本則所述沃焦山事，亦受佛經啟示而撰。觀佛三昧海經卷五云：「從阿鼻地獄上衝大海水。沃焦山下貫大海底，形如車輪。」賢愚因緣經卷四云：「海何以故注入不增不減？下阿鼻火上衝大海，海水消涸，以故不增；常注入故，以故不減。」玄中記作者將阿鼻地獄上之沃焦山，移至中國東南方海上，以配合傳統所謂地不滿東南之說法，其機杼蓋與列子之「歸墟」（註一六）無殊。

㈢嘔絲之野，有女子方跪據樹而嘔絲，北海外也。（博物志卷二）

㈣舊說：太古之時，有大人遠征。家無餘人，唯有一女，牡母一匹，女親養之。窮居幽處，思念其父，乃戲馬曰：「爾能爲我迎得父還，吾將嫁汝。」馬既承此言，乃絕韁而去，徑至父所。父見馬，驚喜，因取而乘之。馬望所自來，悲鳴不已。父曰：「此馬無事如此，我家得無有故乎？」亟乘以歸。爲畜生有非常之情，故厚加芻養。馬不肯食。每見女出入，輒喜怒奮擊。如此非一。父怪之，密以問女。女具以告父：「必爲是故。」父曰：「勿言，恐辱家門。且莫出入。」於是伏弩射殺之，暴皮於庭。父行，女與鄰女於皮所戲，以足蹙之曰：「汝是畜生，而欲取人爲婦耶？招此屠剝，如何自苦？」言未及竟，馬皮蹶然而起，卷女以行。鄰女忙怕，不敢救之。走告其父。父還，求索，已出，失之。後經數日，得於大樹枝間。女及馬皮，盡化爲蠶，而績於樹上。其繭綸理厚大，異於常蠶。鄰婦取而養之，其收數倍。因名其樹曰「桑」。桑者，喪也。由斯百姓競種之，今世所養是也。言桑蠶者，是古蠶之餘類也。（搜神記卷十四）

按：我國蠶桑事業起源甚早（註一七），然擔負此項工作者，大半爲婦女。古人既將婦女從事蠶桑工作之辛勞，與蠶之吐絲不倦互爲聯想，遂形成山海經海外北經及博物志所云女子據樹吐絲之傳說。其後，再經細心觀察，乃發覺蠶頭形狀，與馬頭類似（註一八），又將吐絲女子與馬頭形象相結合，遂日漸演變爲蠶馬神話矣。

第二節　歷史傳說

一、感天而生

原始氏族社會之前期，乃母系社會也。此時，民知有母而不知有父，己身所出，常不得其解。再者，曾經率領衆人與大自然對抗，或者善於創造發明之聖王，其來歷如何？凡此皆須尋求合理解答，感天而誕生之傳說，於焉興起。例如：

㈠春皇者，庖犧之別號。所都之國，有華胥之洲。神母遊其上。青虹繞神母，久而方滅，卽覺有娠。歷十二年而生庖犧。長頭、脩目、龜齒、龍脣，眉有白毫，鬚垂委地。（拾遺記卷一）

㈡黃帝有熊氏，少典之子，姬姓也。母曰附寶，其先卽炎帝母家有蟜氏之女，世與少典氏婚。及神農之末，少典氏又娶附寶。見大電光繞北斗樞星，照郊野，感附寶。孕二十五月，生黃帝於壽丘。（太平御覽卷一三五引搜神記）

㈢慶都觀河，遇赤龍，奄然陰風，感而有孕。十四月而生堯。（仝前）

㈣商之始也，有神女簡狄，遊於桑野，見黑鳥遺卵於地，有五色文，作「八百」字。簡狄拾之，貯以玉筐，覆以朱紱。夜夢神母謂之曰：「爾懷此卵，卽生聖子，以繼金德。」狄乃懷卵，一年而有娠，經十四月而生契。祚以八百，叶卵之文也。（拾遺記卷二）

按：以上四則，載庖犧、黃帝、堯、契等聖王賢臣，其母因感青虹、電光、赤龍，或懷燕卵，遂生育聖人。雖與河圖、帝王世紀等書所記，稍有出入（註一九），而强調諸人出生不平凡之意圖則同。

㈤漢武帝時，夜郎竹王神者名興。初，有女子浣於遯水，見三節大竹流入足間，推之不去。聞其中有號聲，持破之，得一男兒。及長，有才武，遂雄夷、獠氏。自立爲夜郎侯，以竹爲姓。所破之竹，棄之於野，卽生成林。王嘗從人止石上，命作羹。從者曰：「無水。」王以劍擊石，泉便涌出。今竹王水及破石、竹林並存。後漢使唐蒙開牂柯郡，斬竹王首。夷、獠咸訴以竹王非血氣所生，甚重之，求爲立後。太守吳覆以聞。帝封三子爲侯，死，配食父廟。今夜郎縣有竹王三郎祠，是其神也。（異苑卷五）

按：本篇取材於常璩華陽國志南中志。其事與呂氏春秋本味篇所載伊尹生自空桑相類似（註二〇）。至若日本民間所流傳桃太郎誕生自大桃子之故事（註二一），與竹王傳說極爲接近，恐係受中國影響而產生者也。

二、帝王傳奇

秦代以前，中國仍未完成一統帝國之局面。所謂三皇，本屬傳說人物；五帝之眞相，亦難以確認。迨至夏、商、周三代，文物制度漸臻齊備，史料稍稱豐富。歷朝開國君王之英武賢明，固然屢見記載而互有出入，各代中興名主之踔厲奮發，亦被繪影繪聲而流傳不絕，蓋不乏神奇性質。例如：

(一)軒轅出自有熊之國。……服冕垂衣，故有袞龍之頌。……薰風至，眞人集，乃厭世於昆臺之上，留其冠、劍、佩、舄焉。（拾遺記卷一）

(二)黃帝治天下，百年而死，民畏其神百年，用其教百年。故曰黃帝三百年。（博物志卷九）

按：黃帝修道成仙之說，古來相傳不絕。史記封禪書云：「黃帝采首山銅，鑄鼎於荊山下。鼎既成，有龍垂胡顴下迎黃帝。黃帝上騎，群臣後宮從上者七十餘人，龍乃上去。餘小臣不得上，乃悉持龍顴，龍顴拔，墮，墮黃帝之弓。百姓仰望黃帝既上天，乃抱其弓與胡顴號，故後世因名其處曰鼎湖，其弓曰烏號。」此前漢時燕齊方士所傳者也（註二二）。列仙傳卷上「黃帝」一則引仙書，其說大同小異。列仙傳又云：「黃帝……能劾百神，朝而使之。弱而能言，聖而預知，知物之紀。自以為雲師，有龍形。自擇亡日，與群臣辭。至於卒，還葬橋山，山崩，柩空無尸，唯劍、舃在焉。」此又神仙家之一說也。黃帝修仙成仙諸種事蹟，至唐王瓘撰廣軒轅本紀而集大成（註二三）。至若大戴禮記五帝德與博物志所謂黃帝三百年云云，乃孔子以歷史化之觀點作解釋，使黃帝成為合乎儒家標準之理想君王，其用意不難理解。

㈢帝堯在位，聖德光洽。河、洛之濱，得玉版方尺，圖天地之形。又獲金璧之瑞，文字炳列，記天地造化之始。四凶既除，善人來服，分職設官，彝倫攸敍。……有吳之鄉，有北之地，無有妖災。沈翔之類，自相馴擾。（拾遺記卷一）

㈣堯時有屈佚草生於庭，佞人入朝，則屈而指之。一名指佞草。（博物志卷四）

按：堯為仁君，勤政愛民，祥瑞屢見，田俅子、龍魚河圖、尙書中候、帝王世紀等書並載其事（註二四）。至若任昉（？）述異記所錄「一日十瑞」之說（註二五），則為集大成者矣。

㈤湯既克夏，大旱七年，洛川竭。湯乃以身禱於桑林，剪其爪髮，自以為犧牲，祈福於上帝。於是大雨卽至，洽於四海。（搜神記卷八）

按：成湯桑林禱雨之說，流傳頗廣。墨子、尸子、呂氏春秋、淮南子等書，均載之（註二六）。論衡感虛、明雩、感類三篇，並辯其虛（註二七）。意者，湯以己身爲犧牲以祭上帝，乃上古時代以人祭天野蠻風俗之遺跡乎！

㈥武王伐紂，至盟津，渡河，大風波。武王操戈秉麾麾之，風波立霽。（博物志卷八）

㈦武王伐紂，至河上，雨甚。疾風晦冥，揚波於河，衆甚懼。武王曰：「余在，天下誰敢干余者！」風波立霽。（搜神記卷八）

㈧周武王東伐紂，夜濟河。時雲明如晝，八百之族皆齊而歌。有大蜂，狀如丹鳥，飛集王舟。因以鳥畫其幡旗。翌日而梟紂。名其舟曰蜂舟。（拾遺記卷二）

按：首兩事源自淮南子覽冥篇，乃記武王征伐商紂，雖遇險阻，終能以果敢精神勝之。若拾遺記所載蜂舟事，似本諸墨子非攻（下）所載「天賜武王黃鳥之旗」神話擴充而成也。（註二八）

㈨徐君宮人娠而生卵，以爲不祥，棄之水濱。獨孤母有犬名鵠蒼，獵於水濱，得所棄卵，銜以來歸。獨孤母以爲異，覆㬉之，遂蚺成兒。生時正偃，故以爲名。徐君宮中聞之，乃更錄取。長而仁智，襲君徐國。……偃王治其國，仁義著聞。欲舟行上國，乃溝通陳、蔡之間，得朱弓矢。以己得天瑞，遂因名爲號，自稱徐偃王。江、淮諸侯皆伏從，伏從者三十六國。周王聞，遣使乘駟，一日至楚，使伐之。偃王仁，不忍鬥害其民，爲楚所敗，逃走彭城武原縣東山下，百姓隨之者以萬數。後遂名其山爲徐山。山上立石室，有神靈，民人祈禱，今皆見存。（博物志卷八）

按：徐偃王之傳說，見諸韓非子、淮南子、史記、潛夫論、說苑、後漢書等舊籍，而以此處張華所引徐偃王志之敍述最爲完整。蓋偃王既以仁義著聞，諸侯歸之者衆，故周天子（穆王）以救亂爲藉口，遂遣使命楚伐之也。（註二九）

三、創造發明

古代人類對抗大自然，固需具備智慧與毅力；征服大自然，改善生活，尤需依賴創造與發明。有關衣、食、住、行、育、樂各方面之事物，經由先民長期之研究與試驗，一一出現，人類乃得以逐漸脫離野蠻狀態，進入文明時代。創造與發明，既爲群體智慧長期累積而成，自非一人一時之力所能奏功者。然古人每將創造發明之事，舉而推置古聖身上，蓋欲以之爲代表人物耳。例如：

㈠申彌國去都萬里，有燧明國，不識四時晝夜。其人不死，厭世則升天。國有火樹，名燧木，屈盤萬頃，雲霧出於中間，折枝相鑽，則火出矣。後世聖人，變腥臊之味，遊日月之外，以食救萬物，乃至南垂。目此樹表，有鳥若鴞，以口啄木，粲然火出。聖人感焉，因取小枝以鑽火，號燧人氏，在庖羲之前，則火食起乎茲矣。（太平御覽卷七八、卷八六九引拾遺記）

㈡春皇者，庖犧之別號。……禮義文物，於茲始作。去巢穴之居，變茹腥之食，立禮教以導文，造干戈以飾武，絲桑爲瑟，均土爲塤，禮樂於是興矣。調和八風，以畫八卦，分六位以正六宗。于時未有書契，規天爲圖，矩地取法，視五星之文，分晷景之度。使鬼神以致群祠，審地勢以定川岳，始嫁娶以修人道。（拾遺記卷一）

按：以上兩則，記人類由生食進化至熟食時代，民衆腸胃之疾病減少，生命較有保障，一切禮樂教化從此而生，實乃中國文明演進之一大契機。燧人氏、庖犧氏，並以德爲號者也。

㈢神農以赭鞭鞭百草，盡知其平毒寒溫之性，臭味所主，以播百穀，故天下號神農也。（搜神記卷一）

㈣炎帝（神農）始教民耒耜，躬勤畎畝之事，百穀滋阜。（拾遺記卷一）

按：神農亦係德號。淮南子脩務篇云：「古者民茹草飲水，采樹木之實，食蠃蛖之肉。時多疾病毒傷之害。於是神農乃始教民播種五穀，相土地之宜，燥溼肥墝高下，嘗百草之滋味，水泉之甘苦，令民知所辟就。當此之時，一日而遇七十毒。」蓋神農氏乃吾國由漁獵社會進入農業社會之代表人物，同時亦爲發現藥草以治病之始祖也。

㈤軒轅……考定曆紀，始造書契。……變乘桴以造舟楫，水物爲之祥踴，滄海爲之恬波。……吹玉律。正璇衡。置四史以主圖籍，使九行之士以統萬國。（拾遺記卷一）

按：黃帝在中國歷史上，地位非常崇高。古代諸多事物和制度，如文字、算術、曆法、音樂、田制、衣裳、舟車等，相傳均爲黃帝時代所發明或創造（註三〇）。因之，吾人常謂中國有五千年歷史文化，卽以黃帝爲起始也。（註三一）

第三節　民間故事

民間故事者，騰播乎民衆口耳之間，代代相傳不絕之地方傳說也。或歌詠男女愛情之堅貞不二，或誦讚孝子義士之英勇節概，或敘說鄉里所見之神奇事迹。既可發揮大衆之想像力，亦可反映其喜怒哀樂與願望，頗值得吾人留意焉。例如：

一、稱誦堅貞愛情

㈠武昌陽新縣北山上有望夫石，狀若人立者。傳云：昔有貞婦，其夫從役，遠赴國難。婦攜弱子，餞送此山，立望而形化爲石，因以爲名焉。（列異傳、幽明錄）

㈡宋康王舍人韓憑，娶妻何氏，美。康王奪之。憑怨，王囚之，論爲城旦。妻密遺憑書，繆其辭曰：「其雨淫淫，河大水深，日出當心。」既而王得其書，以示左右，左右莫解其意。臣蘇賀對曰：「其雨淫淫，言愁且思也；河大水深，不得往來也；日出當心，心有死志也。」俄而韓憑乃自殺。其妻乃陰腐其衣。王與之登臺，妻遂自投臺下；左右攬之，衣不中手而死。遺書於帶曰：「王利其生，妾利其死，願以屍骨賜憑合葬！」王怒，弗聽，使里人埋之，塚相望也。王曰：「爾夫婦相愛不已，若能使塚合，則吾弗阻也。」宿昔之間，便有文梓木生於二塚之端，旬日而大盈抱。屈體以相就，根交於下，枝錯於上。又有鴛鴦雌雄各一，恒棲樹上，晨夕不去，交頸悲鳴，音聲感人。宋人哀之，遂號其木曰「相思樹」。相思之名，起於此也。今睢陽有韓憑城，其歌謠至今存焉。（搜神記卷十一）

按：以上兩則，皆記貞婦之故事。一化形爲石像，一投臺而自盡，結局雖異，堅定不渝之愛則同。韓憑夫婦故事，哀怨悽惋，感人肺腑，千古傳誦。敦煌變文有韓朋賦一篇，內容加詳而情節稍有不同，蓋卽受搜神記影響所產生者（註三二）；元庾吉甫亦據之以編列女青綾臺雜劇，惜今已不傳，未知其詳矣。（註三三）

二、讚美忠孝節概

㈠楚干將、莫邪爲楚王作劍，三年乃成。王怒，欲殺之。劍有雌雄。其妻重身，當產。夫語妻曰：「吾爲楚王作劍，三年乃成。王怒，往必殺我。汝若生子是男，大，告之曰：『出戶望南山，松生石上，劍在其背。』」於是卽將雌劍往見楚王。王大怒，使相之，〔曰〕：「劍有二，一雌一雄。雌來，雄不來。」王怒，卽殺之。莫邪子名赤比，後壯，乃問其母曰：「吾父所在？」母曰：「汝父爲楚王作劍，三年乃成。王怒，殺之。去時囑我：『語汝子：出戶望南山，松生石上，劍在其背。』」於是子出戶南望，不見有山，但覩堂前松柱下，石砥之上。卽以斧破其背，得劍。日夜思欲報楚王。王夢見一兒，眉間廣尺，言欲報仇。王卽購之千金。兒聞之，亡去，入山行歌。客有逢者，謂：「子年少，何哭之甚悲耶？」曰：「吾干將、莫邪子也。楚王殺吾父，吾欲報之！」客曰：「聞王購子頭千金。將子頭與劍來，爲子報之。」兒曰：「幸甚！」

卽自刎，捧頭及劍奉之，立僵。客曰：「不負子也。」於是屍乃仆。客持頭往見楚王，王大喜。客曰：「此乃勇士頭也，當於湯鑊煮之。」王如其言。煮頭三日三夕，不爛。頭踔出湯中，瞋目大怒。客曰：「此兒頭不爛，願王自往臨視之，是必爛也。」王卽臨之。客以劍擬王，王頭墮湯中；客亦自擬己頭，頭復墮湯中。三首俱爛，不可識別。乃分其湯肉葬之，故通名「三王墓」。今在汝南北宜春縣界。（搜神記卷十一）

按：本事亦見列異傳，內容大同小異；又列士傳及孝子傳亦載之，則云爲晉王作劍（註三四）。蓋秉筆之士各據所聞以書，故說法不一也。至若吳越春秋卷四所記吳王闔閭使干將作劍事，則偏重於冶鍊過程之艱難。其後，劍旣成，干將乃出其陰劍以獻之，闔閭甚重，亦無殺劍工之事。凡此種種，可謂紛紜難理之甚矣。

(二)東越閩中有庸嶺，高數十里。其西北隰中，有大蛇，長七八丈，大十餘圍，土俗常病。東冶都尉及屬城長吏，多有死者。祭以牛羊，故不得福。或與人夢，或下諭巫祝，欲得啖童女年十二三者。都尉令長，並共患之。然氣厲不息。共請求人家生婢子，兼有罪家女養之。至八月朝祭，送蛇穴口。蛇〔輒夜〕出吞嚙之。累年如此，已用九女。爾時預復募索，未得其女。將樂縣李誕家，有六女，無男，其小女名寄，應募欲行，父母不聽。寄曰：「父母無相〔留〕。惟生六女，無有一男，雖有如無。女無緹縈濟父母之功，既不能供養，徒費衣食，生無所益，不如早死。賣寄之身，可得少錢，以供父母，豈不善邪？」父母慈憐，終不聽去。寄自潛行，不可禁止。寄乃告請好劍及咋蛇犬。至八月朝，便詣廟中坐。懷劍，將犬。先將數石米餈，用蜜麨灌之，以置穴口。蛇〔夜〕便出，頭大如囷，目如二尺鏡。聞餈香氣，先啖食之。寄便放犬。犬就嚙咋，寄從後斫得數創。瘡痛急，蛇因踊出，至庭而死。寄入視穴，得其九女髑髏，悉舉出，咤言曰：「汝曹怯弱，爲蛇所食，甚可哀愍。」於是寄乃緩步而歸。越王聞之，聘寄爲后，拜其父爲將樂令，母及姊皆有賞賜。自是東冶無復妖邪之物。其歌謠至今存焉（註三五）。（搜神記卷十九）

按：本篇殆晉朝流傳於福建建安一帶之民間故事。晉書地理志（下）揚州建安郡注云：「故秦閩中郡。漢高帝五年以立閩越王。及武帝滅之，徙其人，名爲東冶，又更名東城。後漢改爲侯官都尉。及吳，置建安郡，統縣七（建安、吳興、東平、建陽、將樂、邵武、延平）。」據此而論，則漢武帝之後，閩中應無自立爲王者，李寄殺蛇之事必不晚於武帝元封元年（註三六）；又原篇述李寄答父母之詞，有「女無緹縈濟父母之功」一語，是其事又不得早於漢文帝之前（註三七）。唯篇中兩言「將樂」縣名，將樂乃三國時代吳所置，年代似有所未合。雖然，李寄智勇雙全之典型，藉此得以長存人寰而不磨滅矣。

三、記錄神奇事迹

㈠豫章新喩縣男子，見田中有六七女，皆衣毛衣，不知是鳥。匍匐往，得其一女所解毛衣。取藏之。卽往就諸鳥。諸鳥各去就毛衣，衣之飛去。一鳥獨不得去，男子取以爲婦。生三女。其母

後使女問父，知衣在積稻下。得之，衣而飛去。後以衣迎三女，三女亦得飛去。（搜神記卷十四）

㈡姑獲鳥夜飛晝藏，蓋鬼神類。衣毛爲飛鳥，脫毛爲女人。……鳥無子，喜取人子養之以爲子。……荆州爲多。（玄中記）

按：首則亦見玄中記，民俗學家並公認其爲後世「七仙女」故事之雛形（註三八）。據次則所述，蓋毛衣女卽姑獲鳥所變成者。敦煌石室出土勾道興搜神記有「田崑崙」一篇（註三九），內容曲折動人，似卽據干寶文字敷演而成；唯末段記皇帝、田章問對事，乃本諸博物志「陳章對齊桓公之問」一則所附加耳。（註四〇）

【附　註】

註　一：有關盤古之記載，現存資料以三國時代吳太常卿徐整所撰三五曆紀（藝文類聚卷一引）及五運曆年記（繹史卷一引）爲最早。又舊題梁任昉撰述異記卷上，亦有盤古氏死，頭爲四岳，目爲日月，脂膏爲江海，毛髮爲草木。……等說法。然今本述異記實乃唐代人所僞託，非任昉親撰，詳本論文下篇「新述異記」敍錄。

註　二：楚辭天問：「登立爲帝，孰道尙之？女媧有體，孰制匠之？」

註　三：淮南子覽冥篇云：「往古之時，四極廢，九州裂；天不兼覆，地不周載；火爁炎而不滅，水浩洋而不息；猛獸食顓民，鷙鳥攫老弱。於是女媧鍊五色石以補蒼天，斷鼇足以立四極，殺黑龍以濟冀州，積蘆灰以止淫水。蒼天補，四極正；淫水涸，冀州平；狡蟲死，顓民生；背方州，抱圓天。當此之時，禽獸蟲蛇，無不匿其爪牙，藏其螫毒，無有搜噬之心。」

註 四：見昭明文選卷二，西京賦李善注引。

註 五：見註三。

註 六：「天」字依上下文意而臆加。隋書經籍志、崇文總目、直齋書錄解題、宋史藝文志等著錄神異經，並云東方朔撰、張華注。撰者及注者名氏，疑皆後代所僞託，說詳本論文下篇「神異經」敍錄。

註 七：諸異說，分別見於左氏昭公七年傳、國語晉語、歸藏開筮（山海經海內經郭璞注引）。

註 八：見路史餘論卷九「黃熊化」篇。

註 九：山海經海外東經：「帝命豎亥步，自東極至于西極，五億十選九千八百步。豎亥右手把筭，左手指青丘北。一曰禹令豎亥。」

註一〇：「昔赤帝之女……」一段，據太平御覽卷九二五、太平廣記卷四六三引文補入。

註一一：山海經海外北經郭注云：「夸父者，蓋神人之名也。」以字義求之，蓋古之巨人也。（廣雅釋詁云：「夸，大也。」父，假借爲甫，乃男子之美稱。）

註一二：列子湯問篇云：「夸父……道渴而死，棄其杖，尸膏肉所浸，生鄧林。鄧林彌廣數千里焉。」

註一三：箋注陶淵明集卷四，讀山海經之九：「夸父誕宏志，乃與日競走；俱至虞淵下，似若無勝負。神力既殊妙，傾河焉足有？餘迹寄鄧林，功竟在身後。」

註一四：「操干戚以舞」一句，據山海經海外西經補入。

註一五：讀山海經之十：「精衛銜微木，將以塡滄海；刑天舞干戚，猛志故常在。」

註一六：見列子湯問篇。

註一七：皇圖要覽云：「伏羲化蠶，西陵氏始養蠶。」淮南王蠶經云：「西陵氏勸蠶稼。」（並見路史後記卷五引）按：西陵氏即黃帝元妃嫘祖。西陵氏發明養蠶繅絲之傳說，目前雖無法證實，然考古學家曾於陝西南部西陰村之新石器時代遺址，發現經過人工整治之蠶繭；在其他新石器時代遺址，亦曾發現絲織品與石製、陶製之紡輪。凡此，皆足以說明絲帛及紡織文化殆於史前時期即已存在矣。參見錢存訓，中國古代書史第六章：帛書。

註一八：荀子賦篇，蠶云：「帝占之曰：此夫身女好而頭馬首者與？」此似即有關女子、蠶頭、馬首連結爲一之最早記載也。

註一九：河圖、帝王世紀，原本並不傳；清代學者嘗輯兩書遺文。黃奭輯河圖一卷，收於黃氏逸書考；殷元正、陸明睿輯河圖一卷，緯書。宋翔鳳集校帝王世紀十卷補遺一卷附錄一卷，訓纂堂叢書；顧觀光輯帝王世紀一卷，指海。

註二〇：呂氏春秋本味篇：「有伸氏女子採桑，得嬰兒於空桑之中，獻之其君，其君令烟人養之。察其所以然，曰：其母居伊水之上，孕，夢有神告之曰：『臼出水而東走，毋顧。』明日，視臼出水，告其鄰，東走十里，而顧其邑，盡爲水，身因化爲空桑。故命之曰伊尹。」

註二一：日本民間流傳桃太郎故事，略云：昔有老夫婦，卜居深山之中。老婦數至溪邊浣衣，老翁日往山內刈薪。一日，老婦於溪邊浣衣，偶見大桃一只自上流漂來。婦思與其夫共享，乃拾之以歸。既剖，桃太郎在焉。夫婦遂長養教育之，頗謂可以娛親。其時，鬼勢熾盛，桃太郎即率同山雉、犬、猴三者往征之，勝而爲王焉。

註二二：以上所引黃帝登仙故事，乃齊人公孫卿對漢武帝之問所述者。公孫卿事蹟，詳史記封禪書、漢書郊祀志。

註二三：新唐書藝文志雜傳類著錄三卷，宋史藝文志別史類亦著錄三卷。今雲笈七籤卷一百收錄軒轅本紀一卷，道藏、平津館叢書並有廣黃帝本行記一卷。

註二四：諸書今並亡佚。田俅子一卷，馬國翰輯，玉函山房輯佚書。龍魚河圖一卷，孫穀輯，古微書；又黃奭輯，黃氏逸書考；又殷元正、陸明睿輯，緯書。尚書中候一卷，孫穀輯，古微書；又黃奭輯，黃氏逸書考；又王謨輯，漢魏遺書鈔；又三卷，馬國翰輯，玉函山房輯佚書。帝王世紀輯本，見註一九。

註二五：述異記卷上：「堯爲仁君，一日十瑞。宮中芻化爲禾，鳳凰止於庭，神龍見於宮沼，曆草生階，宮禽五色，烏化白，神木生蓮，萐蒲生厨，景星耀於天，甘露降於地，是爲十瑞。」

註二六：事見墨子兼愛（中）、尸子、綽子、呂氏春秋順民、淮南子主術諸篇，文字詳略各異。

註二七：王充論衡辨成湯禱雨事，不在湯自爲犧牲之有無，乃著重乎天應以雨之虛實也。故感虛篇云：「言湯以身禱於桑林，自責，若言剪髮麗手，自以爲牲，用祈福於帝者，實也；言雨至爲湯自責以身禱之故，殆虛言也。」感類篇云：「陰陽不和，災變發起；或時先世遺咎，或時氣自然。……旱不爲湯至，雨不應自責。然而前旱後雨者，自然之氣也。」明雩篇之意亦同。

註二八：非攻下云：「武王踐功，夢見三神曰：『予既沈漬殷紂于酒德矣，往攻之，予必使汝大戡之。』武王乃攻狂夫，反商之周。天賜武王黃鳥之旗。」孫詒讓云：「黃鳥之旗，疑卽周禮巾車之大赤，亦卽司常之鳥隼爲旗。……國語吳語謂之赤旗。……黃與朱色近，故赤旗謂之黃鳥之旗。大赤爲周正色之旗，流俗緣飾，遂以爲天錫之祥矣。」

註二九：黃暉論衡校釋卷二幸偶篇案語云：「滅徐偃王事，諸說不同。史記秦本記云：『徐偃王作亂，穆王長趨歸周以救亂。』趙世家、潛夫論志氏姓篇同；並謂與周穆王同時。謂楚文王滅之者，韓非子五蠹篇、楚辭七諫沈江、說苑指武篇、淮南說山訓高注。謂周穆王使楚文王滅之者，後漢書東夷傳。謂楚莊王滅之者，淮南人間訓。但言周王使楚滅之者，博物志、水經濟水注引劉成國徐州地理志。謂周穆王與楚文王爲時相去甚遠，及穆王長驅千里爲不合情事者，譙周古史考（秦本紀正義、趙世家索隱）。」

註三〇：資治通鑑外紀卷一：「（黃帝）史官蒼頡造文字，……命容成造曆，隸首作數，伶倫自大夏之西、阮隃之陰，取竹，斷而吹之，以爲黃鍾之宮，制十二筒，別十二律。……（帝）作冕垂旒，充纊爲衣，……作舟車以濟不通，……經土設井，以塞爭端，立步制畝，以防不足。」其說足爲代表矣。

註三一：據資治通鑑外紀目錄卷一疑年表所記，自黃帝起至周厲王止，歷時約一千八百二十七年；自西周共和以後（西元前八四一年）至今，已二千八百二十三年。合計爲四千六百五十年。唯西周共和以前之紀年，其推定之根據與乎可信程度如何，猶在疑似間也。

註三二：韓朋賦，今收入王重民等所編敦煌變文集，世界書局影印。

註三三：見錄鬼簿卷上著錄。

註三四：見太平御覽卷三四三引。

註三五：本篇文字，根據法苑珠林卷四二引搜神記及太平廣記卷二七〇引法苑珠林校補。

註三六：漢武帝元封元年征服東粵、閩粵，去其王號，封諸降將爲侯事，見漢書卷六武帝紀及卷九五西南夷兩粵朝鮮傳。

註三七：緹縈救父事，見史記卷十孝文本紀、列女傳卷六齊太倉女。除肉刑法在文帝十三年也。

註三八：有關資料，詳見鍾敬文中國天鵝處女的故事一文，民國二十一年，民衆教育季刊三卷一期。

註三九：勾氏搜神記，今收入王重民等編敦煌變文集；又附刊於汪紹楹校注搜神後記內，本鐸出版社影印。

註四〇：太平御覽卷三七八引博物志，通行本博物志失收。又有關田章故事之探究，可參看容肇祖西陲木簡中所記的田章，民國二十一年，嶺南學報二卷三期；田章故事補考，民國二十二年，民俗一一三期。

第二章　五行與數術

陰陽與五行二說，戰國以前猶未合流；鄒衍始鎔鑄兩者於一爐，並逐漸傳佈於世（註一）。秦代已將五行配合五帝、五神、五靈、五祀、五臓、五色、五味、天干、音律、時方、政教、明堂位……等（註二）。兩漢則無論政治、儒學、數術，均受到陰陽五行說之影響，生理醫藥亦然（註三）。魏、晉以後，其勢力未之或歇。上至君王，下至庶民，大自國家政教，小至個人行事，無不直接間接爲陰陽五行觀念所支配。若乎圖讖、謠諺，以及數術中之占卜、相法、望氣、堪輿等，則尤其明顯而易見者也。

第一節　五行災異

漢初，廢秦朝禁挾書及妖言律令，道、法、儒、陰陽、雜等各家學說，得以自由傳授發展。及武帝罷黜百家，獨尊儒術，春秋學者乃融合陰陽五行學說，形成切合時代需要之新儒術，公羊家董仲舒爲此中巨匠，撰有春秋決事、春秋繁露（註四）；宣、元之後，劉向治穀梁春秋，數其禍福，著洪範五行傳論；向子歆，治左氏傳，亦嘗闡釋五行傳義（註五）。三派學者之意見，固不免相互出入，而各家每每以天人相與，災異天戒做爲諫諍時君之論證則同也。班固纂修漢書，牽引董、劉之說，以及眭孟、夏侯勝、京房、谷永、李尋等人所陳義例，比傅春秋，並配合洪範之五行、五事、皇極三項，撰成五行志。爾後史家編修歷代史書，率倣班氏舊制，亦列五行一志（註六），可謂影響深遠矣。魏、晉、南北朝志怪小說之作者，嘗任史官一職者頗不乏其人（註七），又喜援引舊籍，其中所包含之五行災異資料，誠爲洋洋大觀矣。

鄭玄尚書大傳注云：「凡貌、言、視、聽、思心，一事失，則逆人之心；人心逆則怨，木、金、水、火、土氣爲之傷。傷則衝勝來乘殄之，於是神怒人怨，將爲禍亂，故五行先見變異，以譴告人也。及妖、孽、禍、痾、眚、祥，皆其氣類，暴作非常，爲時怪者也。各以物象爲之占也。」（註八）干寶搜神記云：「妖怪者，蓋精氣之依物者也。氣亂於中，物變於外。形神氣質，表裏之用也。本於五行，通於五事，雖消息升降，化動萬端，其於休咎之徵，皆可得域而論矣。」（註九）今試以五行、五事、皇極爲綱，妖、孽、禍、痾、眚、祥、沴等爲緯，稍加纂述焉。

一、木不曲直、貌之不恭

尚書五行傳曰：「田獵不宿，飲食不享，出入不節，奪民農時，及有姦謀，則木不曲直。」曲直者，謂木可揉曲，亦可從繩正直也。木失其性，則不曲直矣。又曰：「貌之不恭，是謂不肅。厥咎狂，厥罰恒雨，厥極惡。時則有服妖，時則有龜孽，時則有雞禍，時則有下體生上之痾，時則有青眚青祥。

唯金沴木。」沴者，氣不和而相傷云。（註一〇）

㈠晉武帝太康五年，宣帝廟地陷裂，梁無故自折。凡宗廟所以承祖先嗣，永世不刊，安居摧陷，是煙絕之祥也。（通行本異苑卷四）

㈡（晉元帝）太興四年，王敦在武昌，鈴下儀仗生花如蓮花，五六日而萎落。說曰：「易稱：『枯楊生花，何可久也？』今狂花生枯木，又在鈴閣之間，言威儀之富，榮華之盛，皆如狂花之發，不可久也。」其後，王敦終以逆命，加戮其尸。（通行本搜神記卷七）

按：以上兩事，晉書、宋書五行志並歸入「木不曲直」。地陷者，分離之象；梁折者，木不曲直。狂花生枯木，木失其性而爲變也。（註一一）

㈢孫休後，衣服之制，上長下短，又積領五六而裳居一二。蓋上饒奢，下儉逼，上有餘下不足之妖也。（搜神記卷六）

㈣晉武帝泰始初，衣服上儉下豐，著衣者皆厭褄。此君衰弱，臣放縱之象也。至元康末，婦人出兩襠，加乎交領之上，此內出外也。爲車乘者，苟貴輕細，又數變易其形，皆以白蔑爲純，蓋古喪車之遺象。晉之禍徵也。（搜神記卷七）

按：以上兩事，晉書、宋書五行志並歸入「服妖」。班固所謂風俗狂慢，變節易度，世人乃爲輕剽奇怪之服是矣（註一二）。今人亦以奇裝異服爲衰亂之兆，兩說可謂不謀而合。

㈤漢宣帝黃龍元年，未央殿輅軨中雌雞化爲雄，毛衣變化而不鳴、不將，無距。元帝初元中，丞

相府史家雌雞伏子，漸化爲雄，冠距鳴將。至永光中，有獻雄雞生角者。五行志以爲王氏之應。（搜神記卷六）

㈥卞伯玉作東陽郡，竈正熾火。有雞遙從口入，良久乃冲突而出。毛羽不焦，鳴啄如故。伯玉尋病殞。（異苑卷四）

按：以上兩事，屬於雞禍。漢黃龍、初元、永光雞變，乃國家之占，孝元王皇后及外戚攬權篡位之象（一三）；至若卞氏事，則純爲個人殃咎之徵兆耳。

二、金不從革、言之不從

五行傳曰：「好戰攻，輕百姓，飾城郭，侵邊境，則金不從革。」又曰：「言之不從，是謂不艾。厥咎僭，厥罰恒陽，厥極憂。時則有詩妖，時則有介蟲之孽，時則有犬禍，時則有口舌之痾，時則有白眚白祥。唯木沴金。」（註一四）介蟲之孽，劉歆傳謂於天文西方參爲虎星，故爲毛蟲之孽（註一五）。

㈠初，漢元、成之世，先識之士有言曰：「魏年有和，當有開石於西三千餘里，繫五馬，文曰：『大討曹』。」及魏之初興也，張掖之柳谷有開石焉。始見於建安，形成於黃初，文備於太和。周圍七尋，中高一仭，蒼質素章，龍馬、麟鹿、鳳皇、仙人之象，粲然咸著。此一事者，魏、晉代興之符也。至晉泰始三年，張掖太守焦勝上言：「以留郡本國圖校今石文，文字多少不同，謹具圖上。」按其文有五馬象。其一有人平上幘，執戟而乘之；其一有若馬形而不成，其字有「金」、有「中」、有「大司馬」、有「王」、有「大吉」、有「正」、有「開壽」，其一成

行，曰「金當取之」。（搜神記卷七）

(二)晉惠帝永興元年，成都王之攻長沙也，反軍於鄴，內外陳兵。是夜，戟鋒皆有火光，遙望如懸燭，就視，則亡焉。其後終以敗亡。（仝前）

(三)鄴城鳳陽門五層樓，去地二十丈，安金鳳皇二頭於其上。石季龍將衰，一頭飛入漳河，清朗見在水底，一頭今猶存。（鈎沈本幽明錄）

按：以上三事，晉書、宋書五行志並歸入「金不從革」。蓋魏氏三祖、司馬潁、石虎並好戰，不重人命，故金失其性而爲變怪也。（註一六）

(四)建安初，荆州童謠曰：「八九年間始欲衰，至十三年無孑遺。」言自中平以來，荆州獨全；及劉表爲牧，民又豐樂，至建安八年九年，當始衰。始衰者，謂劉表妻死，諸將並零落也。十三年無孑遺者，表又當死，因以喪敗也。（搜神記卷六）

(五)庾文康初鎮武昌，出石頭，百姓看者於岸，歌曰：「庾公上武昌，翩翩如飛鳥；庾公還揚州，白馬牽旐旐。」又曰：「庾公初上時，翩翩如飛鴉；庾公還揚州，白馬牽旐車。」後連徵不入，尋薨，下都葬焉。（鈎沈本靈鬼志）

按：以上兩事，並屬於詩妖。劉表事，見後漢書五行志（註一七）；庾亮（文康）事，亦見晉書、宋書五行志（註一八）。詩者，所以言志，謠歌亦然。唯此處所錄，皆屬預言之類，蓋近於讖語矣。

(六)晉武帝太康六年，南陽獲兩足虎。虎者，陰精而居乎陽，金獸也。南陽，火名也。金精入火而失其形，王室亂之妖也。七年十一月丙辰，四角獸見於河間。天戒若曰：「角，兵象也；四者，四方之象。當有兵革起於四方。」後河間王遂連四方之兵，作為亂階。（搜神記卷七）

(七)（晉懷帝）永嘉五年十一月，有蝘鼠出延陵。郭璞筮之，遇臨之益，曰：「此郡東之縣，當有妖人欲稱制者，亦尋自死矣。」（仝上）

按：以上兩事，晉書、宋書五行志並歸入「毛蟲之孽」（註一九）。蝘鼠，一名隱鼠，大如牛，形似鼠，象腳，腳有三甲，皆如驢蹄，身赤色，胸前尾上皆白。蝘鼠出延陵事，亦載郭璞洞林（註二〇）及晉書卷七二郭璞傳，文字加詳焉。

(八)漢景帝三年，邯鄲有狗與彘交。是時趙王悖亂，遂與六國反，外結匈奴以為援。五行志以為：「犬，兵革失衆之占；豕，北方匈奴之象。逆言失聽，交於異類，以生害也。」京房易傳曰：「夫婦不嚴，厥妖狗與豕交。茲謂反德，國有兵革。」（搜神記卷六）

(九)嘉興縣臯陶邨朱休之有弟朱元。（宋文帝）元嘉二十五年十月清旦，兄弟對坐家中，有一犬來，向休蹲，遍視二人而笑，遂搖頭歌曰：「言我不能歌，聽我歌梅花；今年故復可，奈汝明年何？」其家驚懼，斬犬牓首路側。至歲末梅花時，兄弟相鬥，弟奮戟傷兄。官收治，並被囚繫，經歲得免。至夏，舉家時疾，母及兄弟皆卒。（鈎沈本述異記）

按：以上兩事，並屬犬禍。班固云：「於易，兌為口，犬以吠守，而不可信，言氣毀，故有犬禍。」（註二一）

(十)吳孫亮五鳳二年五月，陽羨縣離里山大石自立。是時孫晧承廢故之家，得復其位之應也。（搜神記卷六）

(十一)惠帝太安元年，丹陽湖熟縣夏架湖有大石，浮二百步而登岸，百姓驚噪相告曰：「石來！」尋有石冰入建鄴（搜神記卷七）

(十二)晉永嘉元年，車騎大將軍、東瀛王司馬騰自并州遷鎮鄴，行次眞定。時久積雪，而當其門前方十數步，獨液不積。騰怪而掘之，得玉馬高尺許，口齒皆缺。騰以爲馬者國姓，稱吉祥焉。或謂馬無齒，則不得食。未幾晉遂大亂。騰後爲汲桑所殺。（異苑卷四）

按：以上三事，晉書、宋書五行志歸入「白眚白祥」（註二二），蓋以玉石並色白也。

(十三)（晉惠帝）元康七年，霹靂破城南高禖石。高禖，宮中求子嗣也。賈后妒忌，將殺懷、愍，故天怒賈后將誅之應也。（搜神記卷七）

按：此一事晉書、宋書五行志歸入「木沴金」（註二三）。班固云：「凡言傷者，病金氣。金氣病，則木沴之。」（註二四）

三、火不炎上、視之不明

五行傳曰：「棄法律，逐功臣，殺太子，以妾爲妻，則火不炎上。」又曰：「視之不明，是謂不哲。厥咎舒，厥罰恒燠，厥極疾。時則有草妖，時則有羸蟲之孽，時則有羊禍，時則有目痾，時則有赤眚赤祥。唯水沴火。」（註二五）羸蟲之孽，劉歆傳謂於天文南方喙爲鳥星，故爲羽蟲之孽。（註二六）

㈠晉惠帝元康五年，武庫火，燒漢高祖斬白蛇劍、孔子履、王莽頭等三物。中書監張茂先懼難作，列兵陳衞，咸見此劍穿屋飛去，莫知所向。（異苑卷二）

㈡（晉元帝）太興中，王敦鎮武昌。武昌災，火起，興衆救之。救於此而發於彼，東西南北數十處俱應，數日不絕。舊說所謂「濫炎妄起，雖興師衆不能救之」之謂也。此臣而君行，亢陽失節。是時王敦陵上，有無君之心，故災也。（搜神記卷七）

按：以上兩事，晉書、宋書五行志俱歸入「火不炎上」（註二七）。班固漢書五行志（上）所謂賢佞無別，讒夫昌，邪勝正，則火失其性是也。

㈢哀帝建平三年，零陵有樹僵地，圍一丈六尺，長十丈七尺。民斷其本，長九尺餘，皆枯。三月，樹卒自立故處。京房易傳曰：「棄正作淫，厥妖木斷自屬。妃后有顓，木仆反立，斷枯復生。」（搜神記卷六）

㈣吳孫亮五鳳元年六月，交阯稗草化爲稻。昔三苗將亡，五穀變種。此草妖也。其後亮廢。（仝前）

㈤郭仲產宅在江陵枇杷寺南。宋元嘉中，起齋屋，以竹爲窗櫺。竹遂漸生枝葉，長數丈，鬱然如林。仲產以爲吉祥。及孝建中，被誅。（鈎沈本述異記）

按：以上三事，屬於草妖。零陵枯樹復生事，見漢書五行志（註二八）；交阯稗草化爲稻事，亦載晉書、宋書五行志（註二九）。文字相同。

(六)成帝綏和二年三月，天水平襄有燕生雀，哺食至大，俱飛去。京房易傳曰：「賊臣在國，厥咎燕生雀，諸侯銷。」一曰：「生非其類，子不嗣世。」（搜神記卷六）

(七)魏（文帝）黃初元年，未央宮有鷹生燕巢中，口爪俱赤。至青龍中，明帝爲淩霄閣，始搆，有鵲巢其上。帝以問高堂隆，對曰：「詩云：『惟鵲有巢，惟鳩居之。』今興起宮室而鵲來巢，此宮室未成身不得居之象也。」（仝前）

按：以上兩事，屬於羽蟲之孽。天水燕生雀事，見漢書五行志（註三〇）；未央宮鷹生燕巢及鵲巢淩霄閣事，並見晉書、宋書五行志（註三一）。又鵲巢淩霄閣，高堂隆對明帝問，三國志魏書卷廿五高堂隆傳亦載之，文字較詳。

(八)（晉惠帝）元康五年三月，呂縣有流血，東西百餘步。其後八載而封雲亂徐州，殺傷數萬人。（搜神記卷七）

(九)晉元帝建武元年六月，揚州大旱；十二月，河東地震。去年十二月，斬督運令史淳于伯，血逆流上柱二丈三尺，旋復下流四尺五寸。是時淳于伯寃死，遂頻旱三年。刑罰妄加，群陰不附，則陽氣勝之，「故其罰恒暘」（註三二）。又寃氣之應也。（仝前）

按：以上兩事，晉書、宋書五行志並歸入「赤祥」（註三三）。班固云：「於易，剛而包柔爲離，離爲火……火赤色，故有赤眚赤祥。」（註三四）今血亦赤色云。

四、水不潤下、聽之不聰

五行傳曰：「簡宗廟，不禱祠，廢祭祀，逆天時，則水不潤下。」又曰：「聽之不聰，是謂不謀，厥咎急，厥罰恒寒，厥極貧。時則有鼓妖，時則有魚孽，時則有豕禍，時則有耳痾，時則有黑眚黑祥。惟火沴水。」（註三五）魚孽，劉歆傳曰介蟲之孽（註三六），蓋謂蝗屬也。

㈠（晉武帝）太康中，有鯉魚二枚見武庫屋上。武庫，兵府；魚有鱗甲，亦兵類也。魚既極陰，屋上太陽，魚見屋上，象至陰以兵革之禍干太陽也。及惠帝初，誅皇后父楊駿，矢交宮闕；廢后為庶人，死於幽宮。元康之末，而賈后專制，謗殺太子，尋亦誅廢。十年之間，母后之亂再興，是其應也。自是禍亂搆矣。（搜神記卷七）

按：此一事，晉書、宋書五行志俱歸入「魚孽」，文字大同小異（註三七）。京房易妖曰：「魚去水，飛入道路，兵且作。」（註三八）

㈡張駿薨，子重華嗣立。虎遣將軍王擢攻拔武御始。始與進圍抱罕，重華遣樂輯率衆拒之。濟河，次於金城，將決大戰。乃日有黑虹下於營中。少日，輯病卒。（鈎沈本述異記）

按：此一事，近於黑祥也。虹為水氣，其色黑者，反常，故禍及主將也。

㈢西秦乞伏熾磐都長安。端門外有一井，人常宿汲水亭之下，而夜磕磕有聲。驚起，照視，甕中如血，中有丹魚，長可三寸而有寸光。時東羌、西虜，共相攻伐，國尋滅亡。（異苑卷四）

按：此一事，近於火沴水也。京房易占曰：「流水化為血，兵且起。」（註三九）

五、稼穡不成、思心不睿

五行傳曰：「治宮室，飾臺榭，內淫亂，犯親戚，侮父兄，則稼穡不成。」又曰：「思心不睿，是謂不聖。厥咎霧，厥罰恒風，厥極凶短折。時則有脂夜之妖，時則有華孽，時則有牛禍，時則有心腹之痾，時則有黃眚黃祥，時則有金木水火沴土。」（註四〇）華孽，劉歆傳謂爲嬴蟲之孽，螟螣之屬也。（註四一）

(一)晉賈謐，字長淵，充子也。（惠帝）元康九年六月夜，暴雷震謐齋屋，柱陷入地，壓毀床帳；飄風吹其朝服，上天數百丈，久之乃墜於中丞臺。又蛇出其被中。謐甚恐。明年，伏誅。（異苑卷四）

(二)宋驃騎大將軍河東柳元景，（孝武帝）大明八年，少年卽位。元景乘車行還，使人在中庭洗車輔，晒之。有飄風中門而入，直來衝車。明年而闔門被誅。（鈎沈本述異記）

按：以上兩事，屬於恒風之罰。班固云：「雨旱寒奧，亦以風爲本，四氣皆亂，故其罰常風也。常風傷物，故其極凶短折也。」（註四二）又「賈謐」一則，兼有雷震及蛇孽。

(三)晉（武帝）太康四年，會稽彭蜞及蟹皆化爲鼠，甚衆，覆野，大食稻爲災。始成，有毛肉而無骨，其行不能過田塍。數日之後，則皆爲牝。（搜神記卷七）

按：此一事，晉書、宋書五行志俱歸入「嬴蟲之孽」，文字較簡略。（註四三）

(四)晉（惠帝）太安中，江夏功曹張騁所乘牛忽言曰：「天下方亂，吾甚極焉。乘我何之？」騁及從者數人，皆驚怖。因紿之曰：「令汝還，勿復言。」乃中道還。至家，未釋駕，又言曰：「

歸何早也？」騁益憂懼，秘而不言。安陸縣有善卜者，騁從之卜。卜者曰：「大凶，非一家之禍。天下將有兵起，一郡之內，皆破亡乎！」騁還家，牛又人立而行，百姓聚觀。其秋，張昌賊起，先略江夏，誑曜百姓以漢祚復興，有鳳皇之瑞，聖人當世。從軍者皆絳抹頭，以彰火德之祥。百姓波盪，從亂如歸。騁兄弟並爲將軍都尉，未幾而敗。於是一郡破殘，死傷過半，而騁家族矣。京房易妖曰：「牛能言，如其言占吉凶。」（搜神記卷七）

(五)桓玄在南郡國第居時，出詣殷荊州。於鵠穴逢一老公，驅一青年，形色瓌異。桓即以所乘牛易之。乘至零陵溪，牛忽駿駛非常，因息駕飲牛。牛逕入水不出。桓遣人覘守，經日絕迹也。未幾桓敗。（鈎沈本幽明錄）

按：以上兩事，晉書、宋書五行志俱歸入「牛禍」。易萌氣樞曰：「人君不好士，走馬被文繡，犬狼食人食，則有六畜祆言。」史臣以爲張騁牛言事，乃當時天子諸侯不以惠下爲務之應也。（註四四）

(六)魏齊王芳正始中，中山王周南爲襄邑長。忽有鼠從穴出，在廳事上語曰：「王周南，爾以某月某日當死。」周南急往，不應，鼠還穴。後至期，復出，更冠幘皂衣而語曰：「周南，爾日中當死。」亦不應，鼠復入穴。須臾復出，出復入，轉行數，言如前。日適中，鼠復曰：「周南，爾不應我，復何道！」言訖，顛蹶而死。即失衣冠所在。就視之，與常鼠無異。（搜神記卷十八）

按：此一事，晉書、宋書五行志俱歸之於「黃眚黃祥」，文字大同小異。蓋其時曹爽秉政，競

爲比周，故鼠作變也。（註四五）

㈦晉惠帝光熙元年五月，范陽國北地燃，可爨。至九月，而驃騎范陽王司馬虓薨。十一月，惠帝因食而崩，懷帝卽位。太傅東海王司馬越殺太宰，河間王司馬顒專柄朝政，又尋死，遂洎永嘉之亂。東海淪殪，越之嗣副，亦皆殄滅，石勒焚越之尸，此其應也。（鈎沈本述異記）

㈧（晉）元帝太興元年四月，西平地震，涌水出；十二月，廬陵、豫章、武昌、西陵地震，涌水出，山崩。此王敦陵上之應也。（搜神記卷七）

按：以上兩則，記地燃與地震事，晉書、宋書五行志歸之於「山崩地陷裂」及「地震」，亦卽所謂火沴土、水沴土也（註四六）。地燃事，晉書、宋書所載極簡略。

六、皇之不極

五行傳曰：「皇之不極，是謂不建。厥咎眊，厥罰恒陰，厥極弱。時則有射妖，時則有龍蛇之孽，時則有馬禍，時則有下人伐上之痾，時則有日月亂行，星辰逆行。」（註四七）

㈠魯昭公十九年，龍鬥於鄭時門之外洧淵。劉向以爲近龍孽也。京房易傳曰：「衆心不安，厥妖龍鬥其邑中也。」（搜神記卷六）

㈡漢惠帝二年正月癸酉旦，有兩龍見於蘭陵廷東里溫陵井中，至乙亥夜去。京房易傳曰：「有德遭害，厥妖龍見井中。」又曰：「行刑暴惡，黑龍從井出。」（仝前）

㈢晉武帝咸寧中，魏舒爲司徒。府中有二大蛇，長十許丈，居聽事平櫞上。止之數年而人不知，但怪府中數失小兒及雞犬之屬。後有一蛇夜出，經柱側傷於刄，病不能登，於是覺之。發徒數百，攻擊移時，然後殺之。視所居，骨骼盈宇之間。於是毀府舍，更立之。（搜神記卷十九）

按：以上三事，屬於龍蛇之孽。前兩事見漢書五行志（註四八），後一事見於晉書、宋書五行志（註四九）。班固云：「易曰：『雲從龍』，又曰：『龍蛇之蟄，以存身也。』陰氣動，故有龍蛇之孽。」（註五〇）

(四)秦孝公二十一年，有馬生人；昭王二十年，牡馬生子而死。劉向以爲皆馬禍也。京房易傳曰：「方伯分威，厥妖牡馬生子。上無天子，諸侯相伐，厥妖馬生人。」（搜神記卷六）

(五)漢文帝十二年，吳地有馬生角，在耳前，上向。右角長三寸，左角長二寸，皆大二寸。劉向以爲馬不當生角，猶吳不當舉兵向上也。吳將反之變云。京房易傳曰：「臣易上，政不順，厥妖馬生角，茲謂賢士不足。」又曰：「天子親伐，馬生角。」（仝前）

按：以上兩事，並載於漢書五行志，文字較詳，皆屬於馬禍也。班固云：「於易，乾爲君爲馬，馬任用而彊力，君氣毀，故有馬禍。」（註五一）

(六)漢景帝元年九月，膠東下密人，年七十餘，生角，角有毛。京房易傳曰：「冢宰專政，厥妖人生角。」五行志以爲：「人不當生角，猶諸侯不當舉兵以向京師也。」其後遂有七國之難。（搜神記卷六）

(七)吳孫休永安四年，安吳民陳焦死七日，復生，穿冢出。烏程侯孫晧承廢故之家，得位之祥也。

（仝前）

(八)（晉惠帝）太安元年四月，有人自雲龍門入殿前，北面再拜曰：「我當作中書監。」即收斬之。夫禁庭，尊秘之處，今賤人徑入，而門衞不覺者，宮室將虛，下人踰上之妖也。是後帝遷長安，宮闕遂空焉。（搜神記卷七）

按：以上三事，並屬於人痾。前一事見漢書五行志，文字稍詳（註五二）；後兩事俱載入晉書、宋書五行志，文字大同小異（註五三）。班固云：「君亂且弱，人之所叛，天之所去，不有明王之誅，則有篡弒之禍，故有下人伐上之痾。」（註五四）

第二節　符命瑞應

宋書符瑞志云：「夫體睿窮幾，謂之聖人，所以能君四海而役萬物，使動植之類，莫不各得其所。百姓仰之，歡若親戚，芬若椒蘭，故爲旗章輿服以崇之，玉璽黃屋以尊之，以神器之重，推之於兆民之上。自中智以降，則萬物之爲役者也。性識殊品，蓋有愚暴之理存焉。見聖人利天下，謂天下可以爲利，見萬物之歸聖人，謂之利萬物。力爭之徒，至以逐鹿方之，亂臣賊子，所以多於世也。夫龍飛九五，配天光宅，有受命之符，天人之應。易曰：『河出圖，洛出書，而聖人則之。』符瑞之義大矣。」有國者既以天命君主自居，宜有符命瑞應之兆，以取信於民，亦以杜絕臣下覬覦之心。秉政者固以此自張，睨而思奪之者，亦競相倣效。此圖讖秘文所以應運而生也。至若個人之福祿爵位，家族之繁榮昌盛，亦常有吉祥之徵兆，今並附焉。

一、符命之應

㈠虞舜耕於歷山，得玉曆於河際之巖，知天命在己，體道不倦。（搜神記卷八）

按：玉曆者，正朔之憑證也。舜既受天命，乃朝夕勤於修治德業，不敢怠忽。論語比考讖云：「堯舜等昇首山觀河渚。有五老遊於河渚，相謂曰：『河圖將來告帝期。』五老流星上入昴。有頃，赤龍負玉苞舒圖出。堯與大舜等共發，曰『帝當樞百則禪虞』。堯喟然歎曰：『咨！爾舜，天之歷數在爾躬！』」（註五五）其述舜受天命之時、地雖異，而用意則不殊也。

㈡秦穆公時，陳倉人掘地得物，若羊非羊，若豬非豬。牽以獻穆公。道逢二童子。童子曰：「此名爲媼。常在地食死人腦。若欲殺之，以柏插其首。」媼曰：「彼二童子，名爲陳寶。得雄者王，得雌者伯。」陳倉人捨媼，逐二童子。童子化爲雉，飛入平林。陳倉人告穆公。穆公發徒大獵，果得其雌。又化爲石。置之汧、渭之間。至文公時，爲立祠，名陳寶。其雄者飛至南陽，今南陽雉縣是其地也。秦欲表其符，故以名縣。每陳倉祠時，有赤光長十餘丈，從雉縣來，入陳倉祠中，有聲殷殷如雄雉。其後光武起於南陽，皆如其言也。（鉤沈本列異傳）

按：此一事，表秦霸天下之符瑞也。本事見史記封禪書、漢書郊祀志、通行本搜神記卷八及宋書符瑞志，文字均較列異傳簡略云。

㈢孔子修春秋，制孝經，既成，齋戒，向北辰而拜，告備於天。天乃洪鬱起白霧摩地，赤虹自上而下，化爲黃玉，長三尺，上有刻文。孔子跪受而讀之，曰：「寶文出，劉季握。卯金刀，在軫北。字禾子，天下服。」（搜神記卷八）

㈣漢太上皇微時，常佩一刀，長三尺，上有銘，其字難識，疑是殷高宗伐鬼方之時所作也。上皇遊酆、沛山澤中，遇窮谷裏有人冶鑄。上皇息其傍，問曰：「此鑄何器？」工者笑而答曰：「爲天子鑄劍，愼勿泄言！」上皇謂爲戲言而無疑色。工人曰：「今所鑄鐵鋼礪，製器難成。若得公腰間佩刀雜而冶之，卽成神器，可以剋定天下，星精爲輔佐，以殲三猾。木衰火盛，此爲異兆也。」……上皇卽解腰間匕首，投於爐中。俄而烟焰衝天，日爲之晝晦。及乎劍成，殺三牲以釁祭之。……工人卽持劍授上皇。上皇以賜高祖，高祖長佩於身，以殲三猾。（拾遺記卷五）

按：以上兩事，記漢高祖劉邦（季）受天命而興之緣由。赤虹化玉事，見孝經右契、春秋演孔圖、春秋漢含孳（註五六），亦見宋書符瑞志。冶工鑄劍事，蕭綺錄曰：「三尺之劍，以應天地之數，故三爲陽數，亦應天地之德。按鈎命訣曰：『蕭何爲昴星精，項羽、陳勝、胡亥爲三猾。』周爲木德，漢叶火位，此其徵也。」其說不離五行家言也。

㈤魏禪晉之歲，北闕下有白光，如鳥雀之狀，時飛翔來去。有司聞奏，帝使羅之，得一白燕，以爲神物。於是以金爲樊，置於宮中。旬日不知所在。論者云：「金德之瑞。昔師曠時，有白燕

來巢。」檢瑞應圖，果如所論。白色叶於金德，師曠晉時人也，古今之議相符矣。（拾遺記卷七）

按：此一則，記晉以金德承魏之土德而興之事。古代帝王嬗替，本有五行相勝，相生二說，王子年所主則五行相生之說也。

㈥宋沙門法稱臨終曰：「有嵩山神告我：『江東劉將軍，應受天命，並以三十二璧、一鉼金爲信。』」宋祖聞之，命僧惠義往嵩山，七日七夜行道，夢有一長鬚翁指示。及覺，分明憶所在，掘而得之。（鈎沈本冥祥記）

按：此一則，言宋武帝劉裕受命之符也。其事，宋書符瑞志（上）、高僧傳卷七釋慧義傳亦載之，文字稍有出入。

二、吉祥之兆

㈠文翁常欲斷大樹，砍斷處去地一丈八尺，翁先祝曰：「吾若得二千石，斧當著此處。」因擲之中所砍一丈八尺處。後果爲郡。（鈎沈本幽明錄）

㈡常山張顥爲梁相。天新雨後，有鳥如山鵲，飛翔近地，市人擲之。稍下墮，民爭取之，卽爲一圓石。言縣府，顥令搥破之，得一金印，文曰：「忠孝侯印。」顥表上之，藏於官庫。後議郎汝南樊行夷校書東觀，上表言：「堯、舜之時，舊有此官。今天降印，宜可復置。」顥後官至太尉。（士禮居本博物志卷七）

㈢程咸，字延休。其母始懷咸，夢老公投藥與之，曰：「服此當生貴子。」晉武帝時，歷位至侍中，有名於世。（搜神後記卷三）

㈣東莞劉穆之，字道和，小字道人。世居京口。隆安中，鳳凰集其庭。相人韋藪謂之曰：「子必協贊大猷。」（異苑卷四）

按：以上四事，記有關日後爵位之徵兆也。文翁事亦見太平廣記卷一三七引殷芸小說，文字稍詳。張顥事，又見搜神記卷九及幽明錄，所記大同小異。

㈤後漢中興初，汝南有應嫗者，生四子而寡。晝見神光照社。嫗見光，以問卜人。卜人曰：「此天祥也。子孫其興乎！」乃探得黃金。自是子孫宦學，並有才名。至瑒，七世通顯。（搜神記卷九）

㈥京兆長安有張氏，獨處一室。有鳩自外入，止於牀。張氏祝曰：「鳩來，爲我禍也，飛上承塵；爲我福也，卽入我懷。」鳩飛入懷。以手探之，則不知鳩之所在，而得一金鉤。遂寶之。自是子孫漸富，資財萬倍。（仝前）

㈦晉陵薛願，義熙初有虹飲其釜燠，須臾噏響便竭。願輦酒灌之，隨投隨涸，便吐金滿釜。於是災弊日祛，而豐富歲臻。（異苑卷一）

按：以上三事，記有關子孫昌盛，家族富饒之祥瑞也。應嫗事，亦見後漢書應劭傳及太平廣記卷一三七引孝子傳；京兆張氏事，又見幽明錄，文字並大同小異。

第三節　數術及其他

廣雅釋言云：「數，術也。」孟子告子篇（上）：「今夫奕之爲數，小數也。」趙注云：「數，技也。」然則數術者，猶技術也。漢書藝文志云：「數術者，皆明堂羲和史卜之職也。」遂將天文、歷譜、五行、蓍龜、雜占、形法等，並歸入數術略。後漢書方術傳所敍數術之學，則有風角、遁甲、七政、元氣、六日七分、逢占、日者、挺專、須臾、孤虛等項（註五七）。阮孝緒七錄將漢書藝文志數術略所包含者，除天文曆算之外，分成五行、卜筮、雜占、形法四部（註五八）隋書經籍志則統稱之曰五行類。此後，正史經籍、藝文志之歸類，互有詳略，或僅有五行類，或分五行、卜筮兩類（註五九）。清高宗乾隆間，紀昀撰四庫全書總目，子部數術類細分爲數學、占候、相宅相墓、占卜、命書相書、陰陽五行、雜技術七子目（註六〇），極爲詳細。今略仿其意，將相關資料歸納爲望氣、相墓、卜筮、解夢、相術、拆字等項，並以讖語、預言附焉。

一、望氣、相墓

望氣者，望雲氣而知成敗、吉凶、福禍、貴賤之徵兆，亦稱候氣，乃古占候術之一也（註六一）。其始也，用之於軍中。史記天官書云：「凡望雲氣，仰而望之，三四百里；平望，在桑榆上，千餘里、二千里；登高而望之，下屬地者三千里。雲氣有獸居上者，勝。」是矣。天官書又云：「大水處，敗軍塲，破國之虛，下有積泉金寶，上皆有氣，不可不察。海旁蜃氣象樓臺；廣野氣成宮闕然。雲氣各象其山川人民所聚積。」此則傅會於人事矣。隋書經籍志子部兵類著錄占氣書多種；五行類有望氣書七卷、雲氣占一卷，則與人事有關者也。

世之堪輿家，有相冢、圖墓之術，以陰陽相得與否，考尋休咎吉凶之占。周禮春官云：「冢人，掌公墓之地，辨其兆域而爲之圖。……墓大夫，掌凡邦墓之地域，爲之圖。」鄭玄注云：「圖謂畫其地形及丘壟所處而藏之。」圖墓之舉，周代似已存在，然與陰陽數術無涉也。漢書藝文志，始以宮宅地形與相人相物之書並列（註六二），唯尙未專言葬法。東漢以下，相冢圖書之風漸盛。梁阮孝緒七錄，嘗載冢書、黃帝葬山圖、五音相墓書……等七部（註六三）；隋書經籍志五行類，亦有五姓墓圖一種。魏、晉、南北朝時代，講究葬地之風氣，可見一斑矣。如：

(一)（漢武帝）巡狩，過河間，見有靑紫氣，自地屬天。望氣者以爲其下有奇女，必天子之祥。求之，見一女子在空館中，姿貌殊絕，兩手皆拳。上令開其手。數十人擘，莫能開；上自披，手卽伸。由是得幸，爲拳夫人。（漢武故事）

(二)吳未亡前，常有紫赤色氣見牛、斗之間。星官及諸善占者，咸憂吳方興；惟張茂先於天文尤精，獨知爲神劍之氣，非江南之祥。（鈎沈本祖氏志怪）

按：以上兩事，望雲氣以爲占也。拳夫人事，又見漢書卷九七外戚傳（上）及列仙傳卷上，文字稍有出入。紫氣冲斗、牛事，又見晉書卷卅六張華傳及雷次宗豫章記（註六四），敘述極詳云。

㈢有人相羊叔子父墓，有帝王之氣。叔子於是自掘斷墓後。相者再至，云：「此墓尚當出折臂三公。」叔子工騎乘。有一兒五六歲，端明可喜；掘墓之後，兒卽亡。叔子時爲襄陽都督，因盤馬落地，遂折臂。于時，士林咸歎其忠誠。（幽明錄）

㈣武昌戴熙，家道貧陋。墓在樊山間。占者云：「有王氣。」宣武仗鉞西下，停武昌，令鑿之。得一物，大如水牛，青色，無頭腳，時亦動搖。斫刺不陷，乃縱著江中。得水，便有聲如雷響發長川。熙後嗣淪胥殆盡。（異苑卷七）

按：以上兩事，望地氣以爲占。掘墓，所以毀其帝王之氣也。羊叔子事，亦見晉書卷卅四羊祜傳，文字較簡略，蓋卽取材於幽明錄也。

㈤漢袁安父亡，母使安以雞酒詣卜工，問葬地。道逢三書生，問安何之？具以告。書生曰：「吾知好葬地。」安以雞酒禮之。畢，告安地處，云：「當葬此地，世世爲貴公。」便與別。數步，顧視，皆不見。安疑是神人，因葬其地，遂登司徒，子孫昌盛，四世五公焉。（幽明錄）

㈥陶太尉微時，喪當葬，家貧，親自營作磚。有一斑犢牛，磚已載致，忽然失去。便自尋覓。忽於道中逢一老翁，云：「君欲何所覓？」太尉具答。便舉手，指云：「向於山岡上，見一牛眠山圩中，必是君牛。此牛所眠，便好作墓安墳。當之，致極貴；小復不當，位極人臣，世爲方嶽矣。」又指一山云：「此山亦好，但不如向耳，亦當世出刺史也。」言訖，便不復見。太尉墓之，皆如其言。（祖氏志怪）

按：以上兩事，記因相墓地而致帝王將相之應。袁安事，亦見後漢書卷四五袁安傳，文字較簡略，疑係范曄襲用幽明錄文字而成。

二、卜筮、解夢

古人重卜筮。龜爲卜，蓍爲筮。然占卜必用一尺二寸之元龜，其物難得，故後世所行者率爲蓍策之筮，惟渾言曰卜筮耳（註六五）。魏、晉以下，談玄之家，爭重周易，術數之家，亦多取易卦以爲占筮之用。上自王公大人，下至斗升小民，莫不篤信而無疑。因卜筮而消災得福者固多，由信筮術而取禍者亦不乏其人。至若參卜筮以占夢之俗，其起源亦甚早。黃帝因夢，求得風后、力牧，遂著占夢經之說（註六六），雖不可信，而作夢欲索解之心理，則甚正常也。漢書藝文志數術略著錄占夢書兩種，隋書經籍志五行類則增至八種（註六七），且多魏、晉以後人所撰，其時占夢風氣之盛，由此可見。如：

㈠昔舜筮登天爲神，枚占有黃龍神，曰：「不吉。」武王伐殷，而枚占蓍老，蓍老曰：「吉。」桀筮伐唐，而枚占熒惑，曰：「不吉。」（士禮居本博物志卷六）

㈡上黨鮑瑗家多喪病，貧苦。淳于智卜之，曰：「君居宅不利，故令君困爾。君舍東北有大桑樹。君徑至市，入門數十步，當有一人賣新鞭者，便就買還，以懸此樹。三年，當暴得財。」瑗承言詣市，果得馬鞭，懸之。三年，浚井，得錢數十萬，銅鐵器復二萬餘。於是業用既展，病者亦無恙。（搜神記卷三）

按：以上兩事，用筮卦以占吉凶及解厄也。鮑瑗問卜事，亦見王隱晉書、臧榮緒晉書（註六八）及晉書卷九五藝術傳淳于智傳，文字大同小異。

㈢賈誼爲長沙太傅。四月庚子日，有鵩鳥飛入其舍，止于坐隅，良久乃去。誼發書占之，曰：「野鳥入室，主人將去。」誼忌之，故作鵩鳥賦，齊死生而等禍福，以致命定志焉。（搜神記卷九）

㈣平原太守劉邠，字令淸。取印囊及山雞毛置器中，使（管）輅筮之。輅曰：「內方外圓，五色成文，含寶守信，出則有章。此印囊也。高岳巖巖，有鳥朱身，羽翼玄黃，鳴不失晨。此山雞毛也。」（異苑卷九）

按：以上兩事，屬於雜占射覆之類。賈誼事，見史記卷八四屈原賈誼列傳、漢書卷四八賈誼傳；管輅射覆事，亦見三國志魏書卷廿九方技傳，文字稍詳。

㈤太姒夢見商之庭產棘，乃小子發取周庭梓樹，樹之于闕間，梓化爲松柏棫柞。覺，驚以告文王。文王曰：「愼勿言。冬日之陽，夏日之餘，不召而萬物自來。天道尙左，日月西移；地道尙右，水潦東流。天不享於殷。自發之未生，於今（六）十年，夷羊在牧，水潦東流，天下飛鴻滿野。日之出地，無移照乎？」（博物志卷十）

㈥漢和熹鄧皇后，嘗夢登梯以捫天，體蕩蕩正淸滑，有若鍾乳狀，乃仰噏飮之。以訊諸占夢，言：「堯夢攀天而上，湯夢及天舐之，斯皆聖王之前占也。吉不可言。」（搜神記卷十）

按：以上兩事，屬於吉夢之類。太姒夢事，見周書（註六九）；亦見帝王世紀（註七〇），文字較簡略。鄧皇后事，見東觀漢記（註七一），亦見後漢書卷十（上）和熹鄧皇后紀及宋書符瑞志（上），文字稍有出入。

(七)後漢張奐爲武威太守。其妻夢帶奐印綬，登樓而歌。覺，以告奐。奐令占之，曰：「夫人方生男，復臨此郡，命終此樓。」後生子猛。建安中，果爲武威太守，殺刺史邯鄲商。州兵圍急，猛恥見擒，乃登樓自焚而死。（搜神記卷十）

(八)晉會稽張茂，字偉康。嘗夢得大象，以問萬雅。雅曰：「君當爲大郡守，而不能善終。大象者，大獸也，取諸其音。獸者，守也，故爲大郡。然象以齒焚其身，後必爲人所殺。」茂，永昌中爲吳興太守，值王敦問鼎，執正不移。敦遣沈充殺之而取其郡。（異苑卷七）

按：以上兩事，屬於凶夢之類。張奐妻夢事，見東觀漢記、典略（註七二），亦見後漢書卷六五張奐傳。張茂事，附見晉書卷七八丁潭傳，文字稍簡略。

三、相術、拆字

相人之術，由來遠矣。左傳載叔服見公孫敖之二子，謂穀也豐下，必有後於魯國（註七三）。周書云師曠見太子晉，謂晉之聲清浮，色赤白，火色不壽（註七四）。秦、漢而下，相術愈盛，且推及於家禽、器物，好事者更撰爲專著。漢書藝文志所著錄相人、相寶劍刀、相六畜等書是也（註七五）。王符潛夫論相列篇云：「人之相法，或在面部，或在手足，或在行步，或在聲響。面部欲溥平潤澤，手足欲深細明直，行步欲安穩覆載，音聲欲溫和中宮。頭面、手足、身形、骨節，皆欲相副稱。」自此可略見漢代相人之術矣。魏、晉之後，信者尤多，相人以外，復有相笏（手板）、相印等法（註七六），禍福窮達之幾，蓋無遺蘊矣。其時，又有離析字形，以爲吉凶休咎之占者（註七七），則後世測字之權輿也。例如：

㈠（晉）元帝永昌元年，丹陽甘卓將襲王敦，既而中止。及還家，多變怪。自照鏡，不見其頭，乃視庭樹，而頭在樹上。心甚惡之。先時，歷陽陳訓私謂所親曰：「甘侯頭低而視仰，相法名爲盼刀；又目有赤脈，自外而入。不出十年，必以兵死。不領兵，則可以免。」至是，果爲敦所襲。（異苑卷四）

㈡晉孝武帝母李太后，本賤人。簡文無子，曾遍令善相者相宮人。李太后給邑役，不豫焉。相者指之：「此當生貴子，而有虎厄。」帝因幸之，生孝武帝、會稽王道子。既登尊位，服相者之驗，而怪有虎厄，且生所未見，乃令人畫作虎象。因以手撫，欲打虎戲，患手腫痛，遂以疾崩。（幽明錄）

㈢陶侃左手有文，直達中指上橫節便止。有相者師圭，謂侃曰：「君左手指中有豎理。若徹於上，位在無極。」侃以針挑令徹。血流彈壁，乃作「公」字。又取紙裹，「公」迹愈明。（異苑卷四）

按：以上三事，相人之屬也。甘卓事，亦見三十國春秋（註七八）及晉書卷七十甘卓傳，文字較簡略。李太后事，見臧榮緒晉書（註七九）；陶侃事，亦見晉書卷六六陶侃傳，文字並大同小異。

(四)張軌，字士彥，爲使持節護羌校尉、涼州刺史。客相印曰：「祚傳子孫，長有西夏。關、洛傾陷，而涼土獨全。在職十三年，傳國三世八主一十六載。」（鈎沈本述異記）

按：此一事乃相印也。張軌生前未稱王，自世子張寔以下，三代持節涼州，至張天錫敗亡，凡歷八主七十六年，事蹟詳晉書卷八六張軌傳、魏書卷九九張寔傳。今述異記作八主一十六載，「一十六」乃「七十六」之誤。

(五)董卓信巫。軍中常有巫都言禱求建利。言從卓求布，倉卒無布，與新布手巾。又求取筆，便捉以書手巾上，如作兩口，一口大，一口小，相累於巾上。授卓曰：「愼此也！」卓後爲呂布所殺，後人乃知況呂布也。（幽明錄）

(六)爰綜爲新安太守，郡南界有刻石，爰至其下醮。忽有人得剪刀於石下者，衆咸異之。綜問主簿，主簿曰：「昔吳長沙桓王嘗飲餞孫洲，父老云：『此洲狹而長，君當爲長沙乎？』事果應。夫三刀爲州，得交刀，君當爲交州。」後果交州。（仝前）

按：以上兩事乃拆字之類。三國志魏書卷六董卓傳裴注引王粲漢末英雄記云：「有道士書布爲『呂』字以示卓，卓不知其爲呂布也。」其說與幽明錄稍異。爰綜事，未見它書記載。

四、讖語、預言

讖者，有驗之言也（註八〇）。爲便於傳頌記憶，類皆短語，或近乎謠詞。預言則不拘形式，或爲言語，或爲文字，或爲動作。兩者似有不同，其實一也。所預測者：國家興衰、時局安危，與乎個人之禍福。然則豈俱應驗乎？曰：非也。其見諸載籍者，固已獲得事實證明，又安知非事後追記撰造耶？至若穿鑿傅會之屬，尤所難免矣。例如：

(一)漢靈帝數遊戲於西園中，令後宮采女爲客舍主人，身爲估服，行至舍間，采女下酒食，因共飲食，以爲戲樂。是天子將欲失位，降在皂隸之謠也。其後天下大亂。古志有曰：「赤厄三七。」三七者，經二百一十載，當有外戚之篡，丹眉之妖。篡盜短祚，極于三六，當有飛龍之秀，興復祖宗。又歷三七，當復有黃首之妖，天下大亂矣。（搜神記卷六）

(二)石勒爲郭敬客。時襄國有讖曰：「力在右，革在左；讓無言，或入口。」讓去言爲襄字，或入口乃國字也。勒後遂都襄國。（異苑卷四）

(三)晉孝武太元末，有讖曰：「修起會稽。」其後盧修果從會稽叛。（仝前）

按：以上三則，俱屬讖語，所涉者皆爲軍國大事。靈帝事，亦載後漢書五行志；「赤厄三七」之讖，又見宋書符瑞志（上），文字較簡略。襄國讖乃離合「勒」、「襄」、「國」三字而爲言也。修起會稽一則，「修」當係「循」字之誤（註八一）。盧循繼孫恩爲亂事，詳晉書卷一百盧循傳。

(四)宋大夫邢史子臣明於天道。周敬王之三十七年，景公問曰：「天道其何祥？」對曰：「後五年，五月丁亥，臣將死。死後五年，五月丁卯，吳將亡。亡後五年，君將終。終後四百年，邾王天下。」俄而皆如其言。（搜神記卷八）

(五)桓溫北征姚襄，在伊水上。許遜曰：「不見得襄而有大功，見襄走入太玄中。」問曰：「太玄

是何等也？」答曰：「南爲丹野，北爲太玄。必西北走也。」果如其言。（幽明錄）

按：以上兩事，屬於言語方式之預示。邢史子臣事，亦見古文瑣語（註八二）及宋書符瑞志（上）。唯古文瑣語之記載與幽明錄、宋書符瑞志稍有不同。

(六)石勒問佛圖澄：「劉曜可擒，兆可見不？」澄令童子齋七日，取麻油掌中研之，燎旃檀而呪。有頃，舉手向童子，掌內粲然有異。澄問：「有所見不？」曰：「唯見一軍人，長大白晳，以朱絲縛其肘。」澄曰：「此卽曜也。」其年，果生擒曜。（幽明錄）

(七)姚弘叔父大將軍紹，總司戎政，召胡僧問以休咎。僧仍以麪爲大胡餅形，徑一丈。僧坐在上，先食正西，次食正北，次食正南，所餘，卷而吞之。訖，便起去，了無所言。是歲五月，楊盛大破姚軍於清水；九月，晉師北討，掃定潁、洛，遂席卷豐、鎬，生擒泓焉。（仝前）

按：以上兩事，屬於動作式之預言。石勒問佛圖澄事，今亦載於高僧傳卷十、晉書卷九五藝術傳，內容大同小異。

(八)漢滕公薨，求葬東都門外。公卿送喪，駟馬不行，跼地悲鳴。卽掘馬蹄下地，得石槨，有銘曰：「佳城鬱鬱，三千年見白日。吁嗟！滕公居此室。」遂葬焉。（博物志卷八）

(九)泰山高堂隆，字升平。嘗刻鄴宮屋柱云：「後若千年，當有天子居此宮。」及晉惠帝幸鄴宮，治屋者土剝更泥，始見刻字，計年正合。（異苑卷四）

按：以上兩事，屬於文字式之預言。漢滕公夏侯嬰事，亦見西京雜記卷四，唯作滕公生前掘得石槨有銘云云，與博物志之記載不同。

【附　註】

註　一：其說詳見梁啟超陰陽五行說之來歷，民國十二年，東方雜誌二十卷十期；李漢三先秦兩漢之陰陽五行學說一、二編，民國五十六年，台北鐘鼎文化出版公司。

註　二：見呂氏春秋十二紀。

註　三：詳李漢三先秦兩漢之陰陽五行學說。

註　四：春秋決事十卷、春秋繁露十七卷，並見隋書經籍志著錄。漢書卷五六董仲舒傳，但云：「仲舒所著，皆明經術之意。及上疏條教，凡百二十三篇；而說春秋事得失，聞舉、玉杯、蕃露、清明、竹林之屬，復數十篇，十餘萬言，皆傳於後世。」

註　五：見漢書卷廿七（上）五行志。

註　六：廿五史中，列「五行志」之目者，除漢書以外，計有：後漢書、晉書、宋書、南齊書、隋書、舊唐書、新唐書、舊五代史、宋史、金史、元史、新元史、明史等十三史；此外，魏書稱爲靈徵志，清史稿則曰災異志。

註　七：詳本論文上篇第四章：志怪小說作者之身分。

註　八：見後漢書志卷十三五行志注引。

註　九：通行本搜神記卷六。

註一〇：見漢書五行志（上）、（中之上）引，亦見後漢書五行志（一）、晉書五行志（上）、宋書五行志（一）。

註一一：說見晉書五行志（上）、宋書五行志（一）。

註一二：此從漢書五行志（中之上）班固之解釋。

註一三：仝註一二。

註一四：見漢書五行志（上）、（中之上）引，亦見後漢書五行志（一）、晉書五行志（上）及（中）、宋書五行志（二）。

註一五：見漢書五行志（中之上）、晉書五行志（中）。

註一六：見晉書五行志（上）、宋書五行志（二）。

註一七：後漢書五行志（一）。

註一八：晉書五行志（中）、宋書五行志（二）。

註一九：仝註一八。

註二〇：郭氏洞林已佚，清代王謨、劉學寵、馬國翰、黃奭等，並有輯本。初學記卷廿九引洞林遺文，甚簡略。

註二一：見漢書五行志（中之上）。

註二二：晉書五行志（中）、宋書五行志（二）。

註二三：仝註二二。

註二四：仝註二一。

註二五：見漢書五行志（上）、（中之下）引，亦見後漢書五行志（二）、晉書五行志（中）、宋書五行志（二）。

註二六：見漢書五行志（中之下）、晉書五行志（中）。

註二七：晉書五行志（上）、宋書五行志（三）。

註二八：漢書五行志（中之下）。

註二九：晉書五行志（中）、宋書五行志（三）。

註三〇：漢書五行志（中之下）。

註三一：晉書五行志（中）、宋書五行志（三）。

註三二：「故其罰恒暘」五字，據宋書五行志（二）校補。

註三三：晉書五行志（上）、宋書五行志（三）。

註三四：見漢書五行志（中之下）。

註三五：見漢書五行志（上）、（中之下）引，亦見後漢書五行志（三）、晉書五行志（上）及（下）、宋書五行志（四）。

註三六：見漢書五行志（中之下）、後漢書五行志（三）、晉書五行志（下）、宋書五行志（四）。

註三七：晉書五行志（下）、宋書五行志（四）。

註三八：見晉書五行志（下）、宋書五行志（四）引。

註三九：見後漢書五行志（三）注引。

註四〇：見漢書五行志（上）、（下之上）引，亦見後漢書五行志（四）、晉書五行志（上）及（下）、宋書五行志（五）。

註四一：見漢書五行志（下之上）、後漢書五行志（四）、晉書五行志（下）、宋書五行志（五）。

註四二：見漢書五行志（下之上）。

註四三：晉書五行志（下）、宋書五行志（五）。

註四四：仝註四三。

註四五：仝註四三。

註四六：仝註四三。

註四七：見漢書五行志（下之上）引，亦見後漢書五行志（五）、晉書五行志（下）、宋書五行志（五）。

註四八：漢書五行志（下之上）。

註四九：晉書五行志（下）、宋書五行志（五）。

註五〇：見漢書五行志（下之上）。

註五一：仝註五〇。

註五二：仝註五〇。

註五三：仝註四九。

註五四：仝註五〇。

註五五：太平御覽卷八一引。

註五六：分見北堂書鈔卷八五、太平御覽卷五四二、文選卷二西京賦注。

註五七：見後漢書卷八二（上）、（下）。

註五八：阮氏原書已佚，七錄序及目錄，今載於廣弘明集卷三。

註五九：舊唐書經籍志、新唐書藝文志、明史藝文志，僅有五行類；崇文總目分爲五行、卜筮兩類，宋史藝文志則分爲五行類與蓍龜類。

註六〇：四庫全書著錄者，僅分數學、占侯、相宅相墓、占卜、命書相書、陰陽五行六子目，存目則多出雜技術一目。

註六一：周禮卷六春官宗伯（下）：「保章氏，……以五雲之物辨吉凶、水旱降豐荒之祲象。」

註六二：見漢書藝文志數術略形法（家）。

註六三：見隋書經籍志子部五行類五姓墓圖下之附注。

註六四：見太平御覽卷三四四引。

註六五：禮記卷三曲禮（下）云：「龜爲卜，筴爲筮。卜筮者，先聖王之所以使民信時日，敬鬼神，畏法令也；所以使民決嫌疑，定猶豫也。」

註六六：見史記卷一五帝本紀張守節正義引帝王世紀。

註六七：漢書藝文志數術略五行（家）：「黃帝長柳占夢十一卷。甘德長柳占夢二十卷。」隋書經籍志子部五行類：「占夢書三卷，京房撰。占夢書一卷，崔元撰。竭伽仙人占夢書一卷。占夢書一卷，周宣等撰。新撰占夢書十七卷并目錄。夢書十卷。解夢書二卷。雜占夢書一卷。」

註六八：事類賦注卷八引臧榮緒晉書，太平御覽卷一八〇、卷三五九、卷七二七引王隱晉書。

註六九：今本（逸）周書不載，遺文見藝文類聚卷七九，太平御覽卷三九七、卷五三三引。

註七〇：見太平御覽卷八四引。

註七一：見藝文類聚卷七九、太平御覽卷三九八引。

註七二：太平御覽卷三九九引東觀漢記，三國志魏書卷十八龐淯傳注引典略。

註七三：見左傳卷十八文公元年。

註七四：（逸）周書卷九太子晉篇。

註七五：見漢書藝文志數術略形法（家）。

註七六：見隋書經籍志子部五行類。

註七七：隋書經籍志卷三子部五行類，著錄破字要決一卷。姚振宗隋書經籍志考證，以爲其書卽後世拆字、相字之類也。姚氏說，見開明書店二十五史補編第四册，頁五六三。

註七八：太平御覽卷七一七。

註七九：見事類賦注卷二十引。

註八〇：說文解字第三篇（上）言部：「讖，驗也，有徵驗之書。」

註八一：北堂書鈔卷九六引異苑云：「太元末，有讖曰『修起會稽，受會稽二九』。及安皇肇建，既而孫恩叛據，盧脩繼寇十載。以二賊叛驗之。」內容較通行本詳細。「脩」、「循」二字形近，因而致誤也。

註八二：見藝文類聚卷八七、太平御覽卷九七八引。

第三章　民間信仰

古來迷信，經過長時期之流傳與衍變，逐漸定型，而爲大衆普遍信仰者，是爲民間信仰。民間信仰與正式宗教不同。蓋宗教有教義、教主、經典與教團，而民間信仰，旣無眞正教主，組織亦甚鬆散，然其源遠流長，影響國人之思想與行爲頗深。

中國尊崇天地與敬畏鬼神之風氣，自古已然。歲時祭拜，固是常事；遇有災禍、疾疫，亦每禱告天地神祇或祖靈，以求庇佑消災。是以國人旣重祠祀，而祈禳、厭勝之風亦盛。又平日行事，基於趨吉避凶之心理，乃設立諸多禁忌，用以免除招惹災禍之厄運。其他，諸如年中節令之習俗，託夢解夢之情況，亦甚受重視。本章所探究者，卽以祠祀、法術、厭勝、禁忌、節令習俗、託夢諸事爲主；至若純粹以鬼神爲敍述對象之屬，則留待次章再予詳論。

第一節　祠　祀

天地山川，莫不有神；人死魄散，其氣化爲鬼靈，正者爲神明，邪者爲鬼魅。神鬼既可福佑生人，亦可降災陽間。百姓爲祈求平安，免除疾厄，常有立祀拜祭之舉。按四時年節以饗神，固無不可；若日夜禱祀不止，甚至大事鋪張，招致淫祀之譏，則爲愚惑無知矣。（註一）例如：

㈠漢武徙南嶽之祭於廬江灊縣霍山之上，無水。廟有四鑊，可受四十斛。至祭時，水輒自滿，用之足了，事畢即空。塵土樹葉，莫之汚也。積五十歲，歲作四祭。後但作三祭，一鑊自敗。（通行本搜神記卷十三）

㈡上幸梁父，祠地主。上親拜，用樂焉，庶羞以遠方奇禽異獸及白雉白鳥之屬。（鈎沈本漢武故事）

按：以上兩事，分見史記封禪書、孝武本紀及漢書郊祀志，詳略不同。漢武帝崇祀嶽神之情形，由此可稍窺一二矣。禮記王制云：「天子祭天下名山大川。」是祀嶽神本爲古禮。

㈢上巡邊至朔方，還祭黃帝冢橋山。上曰：「吾聞黃帝不死，今有冢，何也？」公孫卿曰：「黃帝已仙，上天，群臣思慕，葬其衣冠。」上歎曰：「吾後升天，群臣亦當葬吾衣冠於東陵乎？」乃還甘泉，類祠太一。（漢武故事）

㈣上爲伐南越，告禱太一。爲太一鏠旗，命曰靈旗，畫日月北斗。太史奉以指所伐國。（仝前）

按：以上兩事，祠太一神也。其事亦載史記封禪書、孝武本紀與漢書郊祀志。太一乃天帝之別名，殆天神之最尊貴者，其佐曰五帝（註二）。祀之既可袪病延年，亦能卻敵致勝，其效用大矣！

㈤趙昞嘗臨水求渡，船人不許。昞乃張帷蓋，坐其中，長嘯呼風，亂流而濟。於是百姓敬服，從者如歸。章安令惡其惑衆，收殺之。民爲立祠於永康，至今蚊蚋不能入。（搜神記卷二）

㈥豫章有戴氏女，久病不差。見一小石，形像偶人。女謂曰：「爾有人形，豈神？能差我宿疾者，吾將重汝。」其夜，夢有人告之：「吾將祐汝。」自後疾漸差。遂爲立祠山下。戴氏爲巫，故名戴侯祠。（搜神記卷四）

按：以上兩事，記立祠之事。趙昞有神術，詳見後漢書卷八二（下）方術列傳徐登傳內。戴侯祠之設立，乃因石像顯靈，故豫章人祠祀之，其事亦見列異傳，唯文字稍略耳。

第二節　法術

巫者有通靈之術，能夠溝通人與鬼神之關係（註三），故祠祀、請禱、禳解等事，固須由巫者主持，咒詛、厭勝諸術，尤爲巫者專業。民間宗教活動中，巫覡實扮演極重要之角色。

與巫術相近者，道術是也。方士、道士之徒，多通曉法術，能畫符設禁，役使鬼物，或名之曰神術。更有以變幻之技巧，惑亂觀者之視線，則爲幻術矣。例如：

㈠吳孫峻殺朱主，埋於石子岡。歸命卽位，將欲改葬之。冢墓相亞，不可識別，而宮人頗識主亡時所著衣服。乃使兩巫各住一處，以伺其靈，使察鑒之，不得相近。久時，二人俱白：「見一女人，年可三十餘，上著青錦束頭，紫白帢裳，丹綈絲履，從石子岡上。半岡而以手抑膝，長太息。小住須臾，更進一冢上，便止。徘徊良久，奄然不見。」二人之言，不謀而合。於是開冢，衣服如之。（搜神記卷二）

按：此一事記巫者能見鬼。孫權女魯育公主，爲孫峻所殺。已而，孫晧卽位，欲改葬之，求其冢墓而無從識別，惟有借助巫者耳。

(二)義熙五年，宋武帝北討鮮卑，大勝，進圍廣固。軍中將佐乃遣使奉牲薦幣，謁岱嶽廟。有女巫秦氏，奉高人，同縣索氏之寡妻也，能降靈宣教，言無虛唱。使者設禱，因訪克捷之期。秦氏乃稱神教曰：「天授英輔，神魔所擬，有征無戰；蕞爾小虜，不足制也。到來年二月五日，當克。」如期而三齊定焉。（鈎沈本述異記）

按：此一事，記巫者因神靈附身，預言劉裕北伐鮮卑戰役之成敗也。

(三)宋高祖永初中，張春爲武昌太守時，人有嫁女，未及升車，忽便失性，出外毆擊人乘，云：「已不樂嫁人！」俗巫云是邪魅，乃將女至江際，擊鼓，以術祝治療。春以爲欺惑百姓，刻期須得妖魅。後有一青蛇來到巫所，卽以大釘釘頭。至日中，復見大龜從江來，伏前，更以赤朱書背作符，更遣去入江。至暮，有大白鼉從江中出，乍沈乍浮，向龜隨後催逼。鼉自分必死，冒來，先入幔，與女辭訣。女慟哭云：「失其姻好！」自此漸差。或問巫曰：「魅者歸於何物？」巫云：「蛇是傳通，龜是媒人，鼉是其對。所獲三物，悉是魅。」春始知靈驗。（鈎沈本幽明

錄）

按：此一事，敍巫者以符咒治邪魅。唐竇維鍌嘗取以編入廣古今五行記（註四）。

㈣魯少千者，得仙人符。楚王少女爲魅所病，請少千。少千未至數十里，止宿。夜有乘鼈蓋車，從數千騎來，自稱伯，敬侯少千。遂請納酒數榼，肴餤數案。臨別言：「楚王女病，是吾所爲。君若相爲一還，我謝君二十萬。」千受錢，卽爲還，從他道詣楚，爲治之。於女舍前，有排戶者，但聞云：「少千欺汝翁！」遂有風聲西北去，視處有血滿盆。女遂絕氣，夜半乃蘇。王使人尋風，於城西北得一死蛇，長數丈，小蛇千百，伏死其旁。（鈎沈本列異傳）

按：此一事，敍少千以符劾妖魅精怪。搜神記卷一云：「魯少千者，山陽人也。漢文帝嘗微服懷金過之，欲問其道。」蓋傳說爲得道方士，唯不見他書記載。

㈤欒大有方術，嘗於殿前樹旍數百枚。大令旍自相擊，繙繙竟庭中，去地十餘丈，觀者皆駭。（漢武故事）

㈥漢武帝時，幸李夫人。夫人卒後，帝思令不已。方士齊人李少翁，言能致其神。乃夜施帷帳，明燈燭，而令帝居他帳，遙望之。見美女居帳中，如李夫人之狀，還幄坐而步，不得就視之。（搜神記卷二）

按：以上兩事，記漢武帝時方士以法術使旍旗騰空相擊，或能招致亡者魂魄，令其現形也。鬥旗事，史記孝武本紀載之，唯史記封禪書與漢書郊祀志並云「鬥棋，棋自相觸擊。」蓋「旗」、「棋」

二字形體相近，故生歧異也。又夜致亡者形貌事，史記孝武本紀、封禪書，並屬之王夫人；漢書郊祀志則云李夫人，與漢武故事合。

(七)漢明帝時，尙書郎河東王喬爲葉令。喬有神術，每月朔，嘗自縣詣臺。帝怪其來數而不見車騎，密令太史候望之。言其臨至時，輒有雙鳧從東南飛來。因伏伺，見鳧，舉羅張之，但得一雙舃。使尙方識視，四年中所賜尙書官屬履也。（搜神記卷一）

按：王喬鳧履事，見應劭風俗通義正失篇；亦見後漢書卷八二（上）方術列傳。蓋爲後漢民間所盛傳者。後世或牽合仙人王子喬而不別，則失之誣矣。（註五）

(八)汝南有妖，常作太守服，詣府門椎鼓，郡患之。及費長房知是魅，乃呵之。卽解衣冠叩頭，乞自改，變爲老鼈，大如車輪。長房復就太守服作一札，勑葛陂君；叩頭流涕，持札去。視之，以札立陂邊，以頸繞之而死。（列異傳）

按：費長房擅長神術之事迹，詳見後漢書卷八二（下）方術列傳，蓋亦後漢家喻戶曉之術士也。

(九)吳猛，濮陽人。仕吳，爲西安令，因家分寧。遇至人丁義，授以神方，又得秘法神符，道術大行。……後將弟子回豫章，江水大急，人不得渡。猛乃以手中白羽扇畫江，水橫流，遂成陸路，徐行而過。過訖，水復。觀者駭異。（搜神記卷一）

按：此一則，記東晉初道士吳猛羽扇畫江，水爲橫流事，晉書卷九五藝術傳吳猛傳亦載之，文字較簡略，蓋卽據干寶所錄以撰成者也。

㈩（周成王）七年，南陲之南，有扶婁之國。其人善能機巧變化，易形改服，大則興雲起霧，小則入於纖毫之中。綴金玉毛羽為衣裳。能吐雲噴火，鼓腹則如雷霆之聲。或化為犀象、師子、龍蛇、犬馬之狀，或變為虎、兕，口中生人，或於掌中備百戲之樂，宛轉屈曲於指掌間。人形或長數分，或復數寸，神怪欻忽，衒麗於時。（拾遺記卷二）

（十一）（燕昭王）七年，沐胥之國來朝，則申毒國之一名也。有道術人名尸羅。問其年，云：「百三十歲。」荷錫持缾，云：「發其國五年，乃至燕都。」善衒惑之術。於其指端出浮屠十層，高三尺，及諸天神仙，巧麗特絕。人皆長五六分，列幢蓋，鼓舞，繞塔而行，歌唱之音，如眞人矣。尸羅噴水為雰霧，暗數里間。俄而復吹為疾風，雰霧皆止。又吹指上浮屠，漸入雲裏。又於左耳出青龍，右耳出白虎。始出之時，纔一二寸，稍至八九尺。俄而風至雲起，即以一手揮之，即龍虎皆入耳中。又張口向日，則見人乘羽蓋，駕螭、鵠，直入於口內。復以手抑胸上，而聞懷袖之中，轟轟雷聲。更張口，則向見羽蓋、螭、鵠，相隨從口中而出。……呪術衒惑，神怪無窮。（拾遺記卷四）

按：以上兩篇，並記中國南方外國人善幻術之事。又搜神記卷二「天竺胡人」篇載斷舌復續及吐火之舉，乃大類今日之魔術表演也。

第三節　厭勝

巫者爲人祛禍消災，每用符咒禁厭之術，方士亦然。已而，民間百姓倣效，亦多行厭勝方法以祛除災難也。如：

㈠吳猛，字世雲，有道術。狂風暴起，猛擲符屋上，便有一飛鳥接符去。須臾，風靜。人問之，答云：「南湖有遭此風者，兩舫人是道士，呼天求救，故以符止風。」（太平御覽卷七三六引搜神後記）

㈡鄒縣胡章與上虞管雙喜好干戈。雙死後，章夢見之，躍刃戲其前。覺，甚不樂。明日，以符帖壁。章欲近行，已泛舟理楫，忽見雙來，攀留之云：「夫人相知，情貫千載。昨夜就卿戲，值眠，吾卽去。今何故以符相厭？大丈夫不體天下之理，我畏符乎？」（幽明錄）

按：以上兩事，記用符厭風災及鬼物。吳猛擲符止風事，北堂書鈔卷一〇三引之，云出搜神記。今本搜神記卷一亦載之，文字較簡略。

㈢顓頊氏三子俱亡，處人宮室，善驚小兒。漢世以五營千騎，自端門傳炬送疫，棄洛水中。（鈎沈本玄中記）

按：此一事，乃行儺以驅鬼逐疫也。其事，漢書禮樂志及論衡訂鬼篇、解除篇，蔡邕獨斷卷上並輒之，文字稍詳。蓋顓頊氏三子死爲疫鬼之說，東漢人所習聞也。

㈣秦時，武都故道有怒特祠，祠上生梓樹。秦文公二十七年，使人伐之，輒有大風雨。樹創隨合，經日不斷。文公乃益發卒。持斧者至四十人，猶不斷。士疲還息。其一人傷足，不能行，臥樹下。聞鬼相與言：「勞乎？攻戰。」其一人曰：「何足爲勞？」又曰：「秦公必將不休，如之何？」答曰：「秦公其如予何？」又曰：「赭衣、灰坌，子如之何？」默然無言，臥者以告。於是令工皆衣赭，隨斫創，坌以灰。樹斷，中有一青牛出，走入豐水中。其後青牛出豐水，使騎擊之，不勝。有騎墮地，復上，髻解被髮，牛畏之，乃入水，不敢出。故秦自是置旄頭騎。

（搜神記卷十八）

按：本事亦見列異傳、玄中記及錄異傳，唯文字稍有出入。玄中記又云：「千歲樹精爲青羊，萬歲樹精爲青牛。」然則武都故道所見青牛，卽梓樹精所化；而赭衣、坌灰、披頭散髮，皆所以厭精魅，使其喪失魔力者也。

㈤淳于智，字叔平，濟北盧人也。性深沈，有思義。少爲書生，能易筮，善厭勝之術。高平劉柔夜臥，鼠嚙其左手中指，意甚惡之。以問智。智爲筮之，曰：「鼠本欲殺君而不能，當相爲，使其反死。」乃以朱書其手腕橫文後三寸，爲田字，可方一寸二分。使夜露手以臥，有大鼠伏死於前。（搜神記卷三）

㈥廣州刺史喪還。其大兒安吉，元嘉三年病死；第二兒，四年復病死。或敎以一雄雞置棺中。此

雞每至天欲曉，輒在棺裏鳴三聲，甚悲徹，不異棲中。鳴一月日後，不復聞聲。（鈎沈本齊諧記）

按：以上兩事，行厭勝之術以避禍也。淳于智事，亦見王隱晉書（註六）、晉書卷九五藝術傳，文字大同小異。

(七)顧長康在江陵，愛一女子。還家，長康思之不已，乃畫作女形，簪著壁上，簪處正刺心。女行十里，忽心痛如刺，不能進。（告於長康，拔去簪，乃愈。）（註七）（幽明錄）

(八)河間沐堅，字壁强。石勒時，監作水田，御下苛虐。百姓怨毒，乃爲堅形，以刄矛斫刺，咒令倒斃。堅尋得病，苦被捶割，於是遂殞。（異苑卷九）

按：以上兩事，施厭咒於人以達到愛恨之不同目的也。顧長康事，亦見晉書卷九二文苑傳顧愷之傳，文字較簡略。

第四節　禁　忌

說文解字示部云：「禁，吉凶之忌也。」禁忌之起源甚早。蓋初民智識淺陋，恒以爲天地間有一種精靈，無形無影，變幻莫測。彼既能主宰萬物之生死，亦能決定人事之吉凶。苟有觸犯者，小則個人受害，大則家族遭殃。因此，某些具有神聖或者神祕性質之事物，吾人必須規避遠離，以免冒犯觸怒而導致禍患發生。若有不愼觸犯者，當立卽聘請巫師代爲祈請禳解，庶可免除災厄。

自秦、漢以降，陰陽五行之說鼎盛，更與原有之禁忌觀念相結合，其勢力之大，可謂無遠弗屆。舉凡飲食、起居、生育、婚嫁、喪葬、祭祀等，莫不受其支配，逐漸形成禮俗之一部分，甚而演變爲法令矣（註八）。例如：

(一)居無近絕溪、群冢、狐蟲之所近。此則死氣陰匿之處也。（士禮居本博物志卷一）

按：此一事，有關住宅居室地理位置之選擇也。

(二)人食燕肉，不可入水，爲蛟龍所吞。（博物志卷四）

(三)人食落葵，爲狗所齧，作瘡則不差，或至死。（齊民要術卷三引博物志）

按：以上兩事，屬於飲食之禁忌。俗傳蜃蛟嗜食燕，故曰人食燕者，不可入水（註九）。又陶弘景名醫別錄云：「落葵，又名承露。性冷滑。人食之，爲狗所嚙作瘡者，終身不差。」（註一〇）

(四)婦人妊娠，不欲令見醜惡物、異鳥獸，食亦當避異常味；欲見熊、虎、豹、射、御，食牛心、白犬肉，鯉魚頭。正席而坐，割不正不食，聽誦詩書諷詠之音，不聽淫聲，不視邪色。（太平御覽卷三六〇引博物志）

(五)妊娠者，不可啖兔肉，又不可見兔，令兒脣缺；又不可啖生薑，令兒多指。（博物志卷十）

按：以上兩事，皆有關胎教之法。前者以外內感應爲說，後者則基於外形類似之聯想也。

(六)張寬，字叔文，漢時爲侍中。從祀於甘泉。至渭橋，有女子浴於渭水，乳長七尺。上怪其異，遺問之。女曰：「帝後第七車，知我所來！」時寬在第七車，對曰：「天星。主祭祀者，齋戒不嚴，卽女人星見。」（太平廣記卷一六一引漢武故事）

按：此一事，記祭祀前之禁忌也。其事亦見華陽國志卷十（上）及益部耆舊傳。華陽國志記載稍簡略，益部耆舊傳則文字完全相同。（註一一）

(七)石季倫母喪洛下，豪俊赴殯者傾都。王戎亦入。臨殯，便見鬼擐臂打搥鑿，甚惶惶。有一人當棺立，此鬼披胸陷之，此人卽應鑿而倒。人便舁去。得病，半日死。故世間相傳不宜當棺，由戎所見。（太平御覽卷三七一引志怪集）

(八)元嘉中，沛國武漂之妻林氏懷身，得病而死。俗忌含胎入柩中，要須割出。妻乳母傷痛之，乃撫尸而祝曰：「若天道有靈，無令死被擘裂！」須臾，尸面赧然上色。於是呼婢共扶之。俄頃，兒墮而尸倒。（異苑卷八）

按：以上兩事，屬於殮葬之禁忌也。王戎赴殯事，搜神後記卷六「異物如鳥」一篇，載之尤詳。赤衣鬼且戒王戎云：「凡人家殯殮葬送，苟非至親，不可急往。良不獲已，可乘青牛，令髯奴御之，及乘白馬，則可禳之。」

第五節　節令習俗

吾國自古卽以務農爲主。農業必須配合氣候狀況，春耕、夏耘、秋收、冬藏，乃成爲固定之公式。至若一年十二月、二十四節氣之訂定，則藉此以反映季節之變化，欲國人日常行事知所遵循耳。農業既爲生產之主體，一切風俗習慣，大抵由此形成，後世沿襲不改，傳統習俗因而奠立。然亦有方術之士，利用群衆趨吉避凶之心理，立節日以禳除邪惡，行之既久，遂成舊慣者。若夫地方傳說，逐漸散布全國，故事之主角成爲百姓祭拜信仰之對象，甚至設定節日以祠祀之，此亦舊有習俗成因之一也。例如：

㈠吳縣張成，夜起。忽見一婦人，立於宅東南角，舉手招成，成卽就之。婦人曰：「此地是君家蠶室，我卽是地之神。明年正月半，宜作白粥，泛膏於上，以祭我。當令君蠶桑百倍。」言絕，失之。成如言，爲作膏粥。自此後，年年大得蠶。今世人正月半作白膏粥，由此故也。（太平廣記卷二九三引續齊諧記）

按：此一事，解說世人正月半作膏粥禱蠶神之由來。蓋江南氣候溫暖，正月半卽行浴蠶，故須行祭禮也。歲時廣記卷十一引壺中贅錄云：「今人正月半作粥禱之，加以肉覆其上，〔登屋食之，〕呪云」：『登膏糜，挾鼠腦。欲來不來，待我三蠶老。』則以爲蠶禳鼠。」（註一二）然則，後世祭蠶室之義，已稍變矣。

㈡晉武帝問尙書郎摯仲治：「三月三日曲水，其義何指？」答曰：「漢章帝時，平原徐肇以三月初生三女，至三日而俱亡。一村以爲怪，乃相與至水濱盥洗，因流以泛觴。曲水之義蓋起此也。」帝曰：「若如所談，便非嘉事也。」尚書郎束皙進曰：「仲治小生，不足以知此，臣請說其始。昔周公城洛邑，因流水以泛酒。故逸詩云：『羽觴隨波。』又秦昭王三月上巳置酒河曲，見金人自淵而出，奉水心劍曰：『令君制有西夏。』及秦霸諸侯，乃因此處立爲曲水。二漢相緣，皆爲盛集。」帝曰：「善。」賜金五十斤，而左遷仲治爲陽城令。（太平廣記卷一九七引續齊諧記）

按：此論三月上巳日曲水流觴之起源也。摯虞、束皙之答語，雖有凶喪吉慶之不同，而實各得禊飲之一義。蓋暮春之月，氣溫回昇，古人以上巳日禊飲於水濱，既可洗濯祓除宿垢，亦藉之宴飲同樂也。晉、宋以下，乃用三月三日，遂成定俗矣（註一三）。其事，晉書卷五十一束皙傳亦載，文字較簡略。

(三)屈原五月五日投汨羅水，楚人哀之。至此日，以竹筒貯米，投水以祭之。漢建武中，長沙區曲，白日忽見一士人，自云三閭大夫。謂曲曰：「聞君當見祭，甚善。但常年所遺，恒爲蛟龍所竊。今若有惠，可以楝葉塞其上，以綵絲纏之。此二物，蛟龍所憚也。」曲依其言。今世人五月五日作粽，並帶楝葉及五色絲，皆汨羅水之遺風也。（太平廣記卷二九一引續齊諧記）

按：端午節作角粽，幷帶楝葉及五色絲之風俗，起源甚早。唯以粽爲祭屈原專用，則至南北朝始盛。

吳均所錄，殆採自齊、梁時期之民間傳說也。（註一四）

(四)桂陽成武丁有仙道，常在人間。忽謂其弟曰：「七月七日，織女當渡河，諸仙悉還宮。吾向已被召，不得停，與爾別矣。」弟問曰：「織女何事渡河？去當何還？」答曰：「織女暫詣牽牛；吾復三〔千〕（註一五）年當還。」明日失武丁所在。至今云織女嫁牽牛也。（通行本續齊諧記）

按：牛郎、織女故事，約萌芽於兩漢之際；建安時期，已逐漸定型（註一六）。晉、宋以後，七夕守夜乞願之風俗乃流傳各地（註一七）。若依吳均所記，成武丁係後漢時人，太平廣記卷十三嘗詳載其事迹（註一八），則牛郎、織女之傳說，亦當形成於後漢也。

第六節　託　夢

夢書云：「夢者，告也，告其形也。目無所見，耳無所聞，鼻不喘嚊，口不言也；魂出遊，身獨在，心所思念忘身也。」（註一九）既曰魂出遊，必將有所遇矣。其有人、物、神、鬼現形，且告言求請者，則世之所謂託夢是也。如：

㈠吳人費季，久客於楚。時道多劫，妻常憂之。季與同輩旅宿廬山下，各相問去家幾時。季曰：「吾去家已數年矣。臨來，與妻別，就求金釵以行，欲觀其志當與吾否耳。得釵，乃以著戶楣上。臨發，忘與道。此釵故當在戶上也。」爾夕，其妻夢季曰：「吾行遇盜，死已二年。若不信吾言，吾行時取汝釵，遂不以行，留在戶楣上。可往取之。」妻覺，揣釵，得之；家遂發喪。後一年餘，季乃歸還。（搜神記卷十七）

按：此事亦見錄異傳，文字較簡略。其記活人之魂魄入夢，所言眞假參半。妻覺，既得金釵，謂所夢非虛，遂爲發喪。年餘，費季生還，未知其家人將何以自處耶？

（二）鄧艾廟在京口新城，有一草屋，毀已久。晉安北將軍司馬恬於病中，夢見一老翁曰：「我鄧公也。屋舍傾壞，君爲治之！」後訪之，乃知鄧艾廟，爲立瓦屋。（異苑卷七）

按：此事亦見幽明錄；文末增「隆安中，有人與女子會於神座上」一段，與託夢無關。鄧艾爲義陽人，生平與京口亦無任何關係，晉時爲立廟之故，頗令人費解。

（三）某郡張甲者，與司徒蔡謨有親，僑住謨家。暫數宿行，過期不反。謨晝眠，夢甲云：「暫行，忽暴病。患心腹脹滿，不得吐痢。某時死，主人殯殮。」謨悲涕相對。又云：「我病名乾霍亂，自可治也。但人莫知其藥，故今死耳！」謨曰：「何以治之？」甲曰：「取蜘蛛，生斷去脚而吞之，則愈。」謨覺，使人往甲行所驗之，果死。問主人病與時日，皆與夢符。後有患乾霍亂者，謨試用，輒差。（幽明錄）

（四）哀平畢衆寶，家在彭城。有一驄馬甚快，常乘出入，至所愛惜。宋大明六年，衆寶夜夢，見其亡兄衆慶曰：「吾有戎役，方置艱危，而無得快馬。汝可以驄馬見與。」衆寶許諾。既覺，呼同宿客說所夢始畢，仍聞馬倒聲。遣人視之，裁餘氣息，狀如中惡。衆寶心知其故，爲試治療。向晨馬死，衆寶還臥如欲眠，聞衆慶語云：「向聊求馬，汝治護備至，將不惜之。今以相還，別更覓也。」至曉馬活，食時復常。（述異記）

按：以上兩事，記鬼魂託夢也。張甲身亡，猶告親舊治乾霍亂之偏方——生蜘蛛（註二〇），以免後世患者莫知治法而枉死，可謂仁義之舉。至若畢衆寶，因愛惜騾馬，乃棄夢中之許諾而不顧，友悌之情，亦云薄矣。

㈤宗淵，字叔林，南陽人。晉太元中，爲尋陽太守。有數十頭龜，付廚，勑曰且以二頭作臛。便著潘汁，甕中養之。其暮，夢有十丈夫，並著烏布袴褶，自反縛，向宗淵叩頭苦求哀。明日，廚人宰二龜。其暮，復夢八人，求哀如初。宗淵方悟，令勿殺。明夜，還夢見八人來，跪謝恩，於是驚覺。明朝，自入廬山放之，遂不復食龜。（太平御覽卷三九八引搜神後記）

按：龜者，傳說中之靈物也。雖不免作爲羹臛之災，猶數見夢，祈請放生，遂償所願。此蓋受佛教因果報應說之影響而撰成者。

㈥將道支於水側見一浮楂，取爲硯，製形象魚。有道家符讖及紙，皆內魚硯中，常以自隨。二十餘年，忽失之。夢人云：「吾暫遊湘水，過湘君廟，爲二妃所留。今復還，可於水際見尋也。」道支詰旦至水側，見罾者得一鯉魚。買剖之，得先時符讖及紙，方悟是所夢人，棄之。俄而雷雨，屋上有五色氣，直上入雲。後有人過湘君廟，見此魚硯在二妃側。（異苑卷七）

按：俗云物老則成精。此魚硯之出游及見夢諸事，蓋亦然乎！

【附註】

註一：按：淫祀者，濫行祭祀，不該祭而祭之也。禮記卷一曲禮下云：「凡祭，有其廢之，莫敢擧也；有其擧之，莫敢廢也。非其所祭而祭之，名曰淫祀。淫祀，無福。」

註二：按：「太一」一詞，早見於楚辭九歌，意即天帝也。史記孝武本紀索隱云：「按樂汁徵圖云：『紫微宮、北極、天一、泰一。』宋均以爲天一、泰一，北極之別名。」又正義云：「五帝，五天帝也。國語注云：『蒼帝靈威仰，赤帝赤熛怒，白帝白招矩，黑帝叶光紀，黃帝含樞紐。』尚書帝命驗云：『蒼帝名靈威仰，赤帝名文祖，黃帝名神協，白帝名顯紀，黑帝名玄矩。』」

註三：說文解字第五篇（上）巫部：「巫，巫祝也。女能事無形，以舞降神者也。」

註四：原書今佚，遺文見太平廣記卷四六八。

註五：說見風俗通義卷二正失篇「葉令祠」條。

註六：太平御覽卷三七〇、卷七二七引。

註七：「告於長康」一句，據張彥遠歷代名畫記卷五引文補入。

註八：後漢禁忌之說甚多，故王充論衡有四諱、調時、譏日、難歲等篇；應劭風俗通義，亦列釋忌一篇。至若隋書經籍志子部五行類，著錄雜忌曆、五姓歲月禁忌、擧百事要、婚家書、生產符儀、雜產圖、沐浴書……等十餘種，亦可反映魏、晉、南北朝時期禁忌觀念流行之一斑也。

註九：本草綱目卷四十八：燕，肉酸平，有毒。陶弘景曰：「燕肉不可食，損人神氣，入水爲蛟龍所呑；亦不宜殺之。」時珍曰：「淮南子言燕入水爲蜃蛤，故高誘注謂蛟龍嗜燕，人食燕者，不可入水，而祈禱家用燕召龍。」

註一〇：重修政和證類本草卷廿九引。

註一一：原書今佚，遺文見太平御覽卷五二六。

註一二：「登屋食之，咒云」六字，據太平御覽卷三十引荊楚歲時記注文補入。

註一三：宋書卷十五禮志二：「史臣案：周禮女巫掌歲時祓除釁浴，如今三月上巳如水上之類也。釁浴，謂以香薰草藥沐浴也。……自魏以後，但用三日，不以巳也。」

註一四：太平御覽卷卅一引周處風土記云：「仲夏端五。端，初也；俗重五日。與夏至同。先節一日，又以菰葉裹粘米粟棗，以灰汁煮令熟，節日啖。……粘米，一名糉，一曰角黍。蓋取陰陽尚包裹未（散）之象也。」重修政和證類本草卷十四引陶弘景名醫別錄云：「楝處處有。俗人五月五日，皆取葉佩之，云辟惡。」藝文類聚卷四引風俗通云：「五月五日，以五綵絲繫臂，名長命縷，一名續命縷，一名辟兵繒，一名五色縷，一名朱索，辟兵及鬼，令人不病溫。」至於有關以糉作爲祭屈原之傳說，詳黃石端午禮俗史第一章：端午的時食。

註一五：「千」字依草堂詩箋卷廿九、卷卅四及歲時廣記卷廿六引文補。

註一六：說詳王孝廉牽牛織女的傳說一文，民國六十三年，幼獅月刊四六卷一期。

註一七：詳鍾敬文七夕風俗考略，民國十七年，國立中山大學語言歷史研究所周刊十一、十二期合刊。

註一八：廣記引文末，注云出神仙傳；全文又見通行本神仙傳卷九。

註一九：太平御覽卷三九七引。

註二〇：重修政和證類本草卷廿二引陶弘景名醫別錄云：「蜘蛛類數十種，爾雅止載七八種爾。今此用懸網狀如魚罾者，亦名蚰蝥。及蜈蚣螫人，取置肉上，則能吸毒；又以斷瘧及乾嘔霍亂。術家取其網，著衣領中，辟忘。」本草綱目卷四十「蜘蛛」條，李時珍引幽明錄「張甲」篇，其按語云：「此說雖怪，正合唐註（本草）治嘔逆霍亂之文，當亦不謬。蓋蜘蛛服之，能令人利也。」

第四章　鬼神世界

邃古之初，百姓知識淺陋，外物情狀，概非所知。不特動物，卽植物、礦物，亦皆以爲有神靈而敬畏之。墨子明鬼篇云：「古之今之爲鬼，非他也。有天鬼，亦有山水鬼神者，亦有人死而爲鬼者。」（註一）可見凡物皆有神靈矣。其爲物不可見也，則設想以爲極微之氣。微則輕，輕則浮游自如，無所不在焉。禮記祭義云：「宰我曰：『吾聞鬼神之名，不知其所謂。』子曰：『氣也者，神之盛也；魄也者，鬼之盛也。合鬼與神，教之至也。』衆生必死，死必歸土，此之謂鬼。骨肉斃于下，陰爲野土；其氣發揚于上，爲昭明，焄蒿悽愴，此百物之精也，神之著也。」（註二）此先秦鬼神之說，質樸而精粹者也。

迨乎秦漢以下，鬼神之論寖雜，人人各是其是，各非其非。志怪小說旣興，鬼神充斥其間，稍見形相之描述矣；且其智慧性情，可得而聞，食色欲望，亦如生人也。意者，時人以爲天道並非玄遠，神鬼亦可相狎昵乎！又佛教漸興，天堂地獄之說流布民間，生人入夢或暫時死亡，魂魄脫離軀殼，神遊冥界而復返，其事往往有之。雖曰信徒欲自神其教，亦由文士嗜奇搜異，遂廣見流傳矣。

第一節　存在之肯定

志怪小說既然以記載鬼神事跡爲大宗，則首要之務，乃在肯定鬼神之存在。庶幾證明鬼神原非空談揑造，讀者勢必接受而無疑。此類事例，尤以早期志怪較爲常見。蓋時代稍早，世人每半信半疑，作者遂不得不極力舉證說服之也。例如：

㈠文王以太公望爲灌壇令，期年，風不鳴條。文王夢見有一婦人甚麗，當道而哭。問其故。婦人言曰：「我東海泰山神女，嫁爲西海〔神〕婦。欲東歸，灌壇令當吾道。太公有德，吾不敢以暴風疾雨過也。」文王夢覺，明日召太公。三日三夕，果有疾風驟雨去者，皆西來也。文王乃拜太公爲大司馬。（太平廣記卷二九一引博物志）

按：此載東海神女見夢，以太公望有德，當其道而不敢過，因其行必有疾風驟雨也。文王既召太公，神女遂得東歸。是泰山有神，且嘗嫁女於西海矣。

㈡漢靈帝光和元年，遼西太守黃翻上書：海邊有流屍，露冠絳衣，體貌完全。翻感夢云：「我伯夷之弟孤竹君子也。海水壞吾棺槨，求見掩藏。」民嗤視之，皆無病而死。（太平廣記卷二九二引博物志）

按：此言鬼魂托夢，百姓苟有嗤笑探視其屍者，並無病而卒。頗具嚇阻之效。此事亦見通行本搜神記卷十六文字稍異。

㈢吳興施續爲尋陽都，能言論。有門生，亦有意理，常秉無鬼論。忽有一黑衣白帢客來，與共語，遂及鬼神。移日，客辭屈，乃曰：「君辭巧，理不足。僕卽是鬼，何以云無？」問：「鬼何以來？」答曰：「受使來取君，期盡明日食時。」門生請乞酸苦。鬼問：「有人似君者否？」門生云：「施續帳下都督，與僕相似。」便與俱往，與都督對坐。鬼手中出一鐵鑿，可尺餘，安著都督頭，便擧推打之。都督云：「頭覺微痛。」向來轉劇，食頃便亡。（通行本搜神記卷十六）

按：本事亦見太平御覽卷三九六、卷八八四引續搜神記。此以鬼靈現身說理，並取人性命，竟破無鬼論，威逼之效大矣。

㈣阮瞻素秉無鬼論，世莫能難；每自謂理足，可以辨正幽明。忽有一鬼，通姓名作客詣阮。寒溫畢，卽談名理。客甚有才情，末及鬼神事，反覆甚苦。遂屈。乃作色曰：「鬼神，古今聖賢所共傳，君何獨言無耶？僕便是鬼。」於是忽變爲異形，須臾消滅。阮默然，意色大惡。後年餘，病死。

（鈎沈本幽明錄）

按：此與「施續門生」事，機杼不殊，惟受害者係執無鬼論之本人耳。其事亦載晉書卷四九阮瞻傳，蓋卽根據幽明錄而撰成者。

㈤晉孝武帝於殿中北窗下淸暑。忽見一人，著白夾黃綵單衣，擧身沾濡。自稱華林園中池水神，名曰淋涔君也。若善見待，當相福祐。時帝飲已醉，取常所佩刀擲之。刀空過無礙。神忿曰：「不以佳事垂接，當令知所以。」居少時而帝崩，皆呼此靈爲禍也。（仝前）

按：本篇言神靈可以福祐人，亦可爲祟禍。順者生，逆者亡，豈能不敬事之耶？

第二節　形相之描述

韓非子外儲說左上云：「客有爲齊王畫者，齊王問曰：『畫孰最難者？』曰：『犬馬最難。』『孰易者？』曰：『鬼魅最易。』夫犬馬，人所知也，旦暮罄於前，不可類之，故難。鬼魅，無形者，不罄於前，故易之也。」（註三）此論頗能切中畫事之難易。雖然，志怪小說作者，亦有簡略數筆，描摹鬼神之衣著形狀，唯不至於鬚眉畢露，遂頓失其神秘性耳。例如：

㈠廣道施乘車出行，忽有一人着烏衣，逕來上車，云：「令寄載十許里耳！」道施試視此人，頭上有光，口皆赤，面悉是毛。異之。始時既不敢遣，行十里中，如言而去。臨別，語道施曰：「我是驅除大將軍，感汝相容。」贈銀鐸一雙而滅。（通行本異苑卷五）

按：本則言驅除大將軍試探廣道施之爲人。「着烏衣」、「頭上有光，口皆赤，面悉是毛」，乃勾勒此神之衣飾形貌也。

㈡阮德如嘗於厠見一鬼，長丈餘，色黑而眼大，著皀單衣，平上幘，去之咫尺。德如心安氣定，

徐笑語之曰：「人言鬼可憎，果然！」鬼卽赧愧而退。（幽明錄）

㈢黃州治下有黃父鬼，出則爲祟。所著衣袷皆黃。至人家，張口而笑，必得疫癘。長短無定，隨籬高下。自不出已十餘年，土俗畏怖，惶恐不絕。（異苑卷六）

㈣平原陳皐於義熙中從廣陵樊梁後乘船出。忽有一赤鬼，長可丈許，首戴降冠，形如鹿角，就皐求載，倏爾上船。皐素能禁氣，因歌俗家南地之曲，鬼乃吐舌張眼。以杖竿擲之，卽四散成火，照於野。皐無幾而死。（鈎沈本靈鬼志）

㈤廬陵人郭慶之有家生婢，名採薇，年少有色。宋孝建中，忽有一人，自稱「山靈」，裸身，長丈餘，臂腦皆有黃色，膚貌端潔，言音周正，土俗呼爲黃父鬼，來通此婢。婢云：「意事如人。」鬼遂數來，常隱其身。時或露形，形變無常，乍大乍小。或似烟氣，或爲石；或作小兒，或婦人；或如鳥如獸，足跡如人，長二尺許；或似鵝，迹掌大如盤。開戶閉牖，其入如神，與婢戲笑如人。（鈎沈本述異記）

按：以上四事，並描述鬼魅之衣著，形狀，兼其變化也。大體言之，鬼物率面目醜惡，身材高大，若「廬陵黃父鬼」之膚貌端潔者，殆不多見。

㈥晉夏侯玄，字太初，以當時才望，爲司馬景王所忌而殺之。宗族爲之設祭，見玄來靈坐上，脫頭置其旁，悉取果食魚肉之屬以納頸中，畢，還自安其頭。旣而言曰：「吾得訴於上帝矣，司馬子元無嗣也。」（異苑卷六）

(七)鄴縣故尉趙吉常在田陌間。昔日有一蹇人死，埋在陌邊。後二十餘年，有一遠方人過趙所門外。遠方人行十餘步，忽作蹇。趙怪問其故，遠人笑曰：「前有一蹇鬼，故傚以戲耳！」（幽明錄）

按：以上兩事，皆謂人臨終時之模樣如何，大抵死後變鬼，亦將保留原狀。推而廣之，生前有難治疾病，亡故之後，症狀仍不易消除，乃成病鬼矣。（註四）

第三節　賢愚善惡

人因稟性之異，遂有智愚賢不肖之分；因立身行事不同，乃有善惡之別。鬼神世界，雖幽明殊途，其稟性行事則如生人，形形色色，不一而足，蓋陽世之翻版耳。例如：

(一)陳敏，孫皓之世爲江夏太守。自建業赴職，聞宮亭廟驗，過乞在任安穩，當上銀杖一枚。年限既滿，作杖，擬以還廟。撫捶鐵以爲幹，以銀塗之。尋徵爲散騎常侍。往宮亭，送杖於廟中，訖，即進路。日晚，降神巫宣教曰：「陳敏許我銀杖，今以塗杖見與。便投水中，當送以還之，欺蔑之罪，不可容也。」於是取杖看之。剖視，中見鐵幹，乃置之湖中。杖浮在水上，其疾如飛；遙到敏船前，敏舟遂覆也。（鈎沈本神異記）

按：宮亭廟神識破陳敏還願所獻假銀杖，本無特異之處，蓋神能洞悉幽隱耳。唯其賞罰嚴明，不

稍假借　方爲難得。此事又見北堂書鈔一三三引述異記、太平廣記卷二九三引神鬼傳。

(二)義熙四年，盧循在廣州陰規逆謀，潛遣人到南康廟祈請。既奠牲奏鼓，使者獨見一人，武冠朱衣，中筵而坐，曰：「盧征虜若起事，至此當以水相送。」六年春，循遂率衆直造長沙；遣徐道覆踰嶺至南康。裝艦十二，艟樓十餘丈。舟裝始辦，大雨一日一夜，水起四丈。道覆凌波而下，與循會巴陵，至都，而循戰敗。不意神速其誅，洪潦之降，使之自送也。（鈎沈本述異記）

按：南康廟，在今江西省南康縣西北廬山之下，亦即宮亭廟。魏、晉、南北朝志怪小說，記載其神異事跡頗多（註五）。本文敘其表面答應祐助盧循，已而降大雨，水暴漲，促其迅速敗亡。蓋嚴於忠奸之辨，不肯助長叛逆者也。

(三)南陽宗定伯，年少時，夜行逢鬼。問曰：「誰？」鬼曰：「鬼也。」鬼曰：「卿復誰？」定伯欺之言：「我亦鬼也。」鬼問：「欲至何所？」答曰：「欲至宛市。」鬼言：「我亦欲至宛市。」共行數里，鬼言：「步行太亟，可共迭相擔也。」定伯曰：「大善。」鬼便先擔定伯數里。鬼言：「卿太重，將非鬼也？」定伯言：「我新死，故重耳！」定伯因復擔鬼，鬼略無重。如是再三。定伯復言：「我新死，不知鬼悉何所畏忌？」鬼答曰：「唯不喜人唾。」於是共道遇水，定伯因命鬼先渡；聽之了無聲。定伯自渡，漕漕作聲。鬼復言：「何以作聲？」定伯曰：「新死，不習渡水耳。勿怪！」行欲至宛市，定伯便擔鬼至頭上，急持之。鬼大呼，聲咋咋，索下，不復聽之。徑至宛市中，著地化爲一羊，便賣之。恐其變化，乃唾之。得錢千百五，乃去。於時言：

「定伯賣鬼，得錢千百五。」（鈎沈本列異傳）

按：本事亦見通行本搜神記卷十六，文字稍有出入。宗定伯欺誑之言，鬼乃一一相信而不疑有他，可謂單純近乎癡愚矣。意者，此文撰者並非篤信鬼神之徒，故有此恢詭之趣。

（四）王瑤，宋大明三年，在都病亡。瑤亡後，有一鬼細長黑色，袒，著犢鼻褌，恒來其家；或歌嘯，或學人語，常以糞穢投人食中。又於東鄰庾家犯觸人，不異王家時。庾語鬼：「以土石投我，了非所畏。若以錢見擲，此眞見困。」鬼便以新錢數十，正擲庾額。庾復言：「新錢不能令痛，唯畏烏錢耳！」鬼以烏錢擲之，前後六七過，合得百餘錢。（鈎沈本述異記）

按：鬼既以糞穢投人，庾氏乃戲言畏以錢見擲耳。鬼遂以新錢、烏錢擲之，非唯不痛，適足以濟助庾家，誠所謂君子可欺之以方矣。

（五）餘杭人沈縱，家素貧。與父同入山，還，未至家。見一人，左右導從四百許，前車輜重，馬鞭夾道，鹵簿，如二千石。遙見縱父子，便喚住，就縱手中然火。縱因問是何貴人？答曰：「是鬥山王，在餘杭南。」縱知是神，叩頭云：「願見祐助！」後入山，得一玉㹠。從此，所向如意，田蠶並收，家遂富。（幽明錄）

按：本事亦見鈎沈本齊諧記。鬥山王既受懇求，便祐祝沈縱如意致富，亦不求酬報，可謂慈善財神，惜其聲名湮沒無聞矣。

（六）吳興張牧，字君林，居東鄉楊里。隆安中，忽有鬼來助驅使。林原有舊藏器物中破甑，已無所用。鬼使撞甕底穿爲甑；比家人起，飯已熟。此鬼無他須，唯啖甘蔗。自稱：「高褐」，主人因呼：「阿褐」。或云：「此鬼爲反〔語〕」，高褐者，葛號。」丘壠累積，尤多古冢，疑此物是其鬼也。林〔母〕獨見之，形如少女，年可十七八，面青黑色，遍身青衣。乃令林家取一白甕，盛水半，以絹覆頭。明旦視之，有物在中。林家素貧，因此遂富。嘗語：「毋惡我，〔年〕月盡，自去。」後果去。（鈎沈本甄異傳）（註六）

(七)宋襄城李頤，其父爲人不信妖邪。有一宅，由來凶不可居，居者輒死。父便買居之，多年安吉，子孫昌熾。爲二千石，當徙家之官。臨去，請會內外親戚。酒食既行，父乃言曰：「天下竟有吉凶否？此宅由來言凶。自吾居之，多年安吉，乃得遷官，鬼爲何在？自今已後，便爲吉宅。居者住止，心無所嫌也。」語訖如厠。須臾，見壁中有一物，如卷席大，高五尺許，正白。便還取刀斫之，中斷，化爲兩人；復橫斫之，又成四人。便奪取刀，反斫殺李。持至坐上，斫殺其子弟。凡姓李者必死，惟異姓無他。頤尚幼，在抱。家內知變，乳母抱出後門，藏他家。止其一身獲免。頤字景眞，位至湘東太守。（通行本搜神後記卷七）

按：以上兩事，所記述對象皆爲鬼物。前者祐助張氏，無微不至；後者斫殺主人，竟及無辜。鬼之性情乃懸殊如是，怪哉！

(八)秣陵人趙伯倫，曾往襄陽。船人以猪豕爲禱；及祭，但㹠肩而已。爾夕，倫等夢見一翁一姥，鬢首蒼素，皆著布衣，手持橈檝，怒之。明發，輒觸沙衝石，皆非人力所禁。更施厚饌，即獲

流通。（幽明錄）

㈨夏侯綜爲〔庾〕安西參軍，常見鬼〔乘車〕騎馬滿道，與人無異。嘗與人載行，忽牽人語，指道上一小兒云：「此兒正須大病。」須臾，此兒果病，殆死。其母聞之，詰綜。綜云：「無他。此兒向於道中擲塗，誤中一鬼脚。鬼怒，故病汝兒爾。得以酒飯遺鬼，卽差。」母如言而愈。（註七）（搜神後記卷六）

按：以上兩事，乃言鬼神不可欺誑冒犯，否則必受懲罰。若見祟災，宜急禱謝，當可獲免。大概論之，鬼神俱通達情理，不至逼人太甚也。

第四節　塵念嗜欲

禮記禮運云：「何謂人情？喜、怒、哀、懼、愛、惡、欲，七者弗學而能。」（註八）佛家亦有七情六欲之說（註九），蓋人既爲血肉之軀，自不能免於因物念慮，觸發天賦情性也。鬼神固非實體，然經由人類之想像，乃情欲俱備，亦墜塵網而無所逃矣。例如：

㈠漢中有鬼神欒侯，常在承塵上，喜食鮓菜，能知吉凶。甘露中，大蝗起，所經處，禾稼輒盡。太守遣使告欒侯，祀以鮓菜。侯謂吏曰：「蝗蟲小事，輒當除之。」言訖，翕然飛出。吏髣髴其狀類鳩，聲如水鳥。吏還，具白太守。果有衆鳥億萬，來食蝗蟲，須臾皆盡。（列異傳）

按：此則記鬼神欒侯嗜食鮓菜，漢中太守投其所好，復告以蝗災。欒侯乃率衆鳥食蝗蟲，盡滅之。受人餽遺，與人消災是也。

㈡宋元嘉十四年，廣陵盛道兒亡，託孤女於婦弟申翼之。服闋，翼之以其女嫁北鄉嚴齊息，寒門也。豐其禮賂，始成婚。道兒忽空中怒曰：「吾喘唾乏氣，擧門戶以相託。如何昧利忘義，結婚微族？」翼之乃大惶愧。（搜神後記卷六）

㈢呂順喪婦，更娶妻之從妹。因作三墓。構累垂就，輒無成。一日，順晝臥，見其婦來就，同衾，體冷如冰。順以死生之隔，語使去。後婦又見其妹，怒曰：「天下男子獨何限？汝乃與我共一婿！作冢不成，我使然也。」俄而夫婦俱殪。（幽明錄）

按：以上兩事，並言鬼怒。盛道兒因女兒嫁與寒門子弟，而對婦弟大感不滿。呂順婦乃爲其堂妹嫁順作繼室，妬火中燒，旣毀墓穴，又索二人性命，何怒之甚也？

㈣陳虞，字君度，婦廬江杜氏，常事鬼子母，羅女樂以娛神。後一夕復會，絃管無聲，歌者悽「沮」。杜氏嘗夢鬼子母，遑遽涕泗云：「兇人將來！」婢先與外人通，以梯布垣登之。入，將神被服剝奪畢，加取影象，焚剉而後去。（異苑卷五）

㈤謝邈之爲吳興郡。帳下給使鄒覽，乘樵船在部伍後。至平望亭，夜雨，前部伍頓住。覽露船無所庇宿，顧見塘下有人家燈火，便往投之。至，有一茅屋，中有一男子，年可五十，夜織薄。別牀有小兒，年十歲。覽求寄宿，此人欣然相許。小兒啼泣歔欷，此人喻止之，不住，啼遂至曉。覽問何意？曰：「是僕兒。其母當嫁，悲戀，故啼耳。」將曉，覽去。顧視，不見向屋，唯有兩冢，草莽湛深。行還，一女子乘船，謂覽曰：「此中非人所行，君何故從中出？」覽具以所見告之。女子曰：「此是我兒。實欲改適，故來辭墓。」因哽咽至冢，號咷，不復嫁。（錄異傳）

按：以上兩則，記神鬼之悲哀事。鬼子母，一名歡喜母，爲佛祖護法神（註一〇）。旣遭婢女出賣，遂至遑遽涕泗，不知所措，未知對方果係何等惡神耶？鄒覽所見雖怪異，乃頗近人情，宜乎冢中小兒之母，聞後哽咽號咷，打消改嫁念頭矣。

㈥嵇中散神情高邁，任心遊憩。嘗行西南遊，去洛數十里，有亭名華陽。投宿，夜了無人，獨在亭中。此亭由來殺人，宿者多凶。中散心神蕭散，了無懼意。至一更中操琴，先作諸弄，雅聲逸奏，空中稱善。中散撫琴而呼之：「君是何人？」答云：「身是古人，幽沒於此數千年矣。聞君彈琴，音曲清和，昔所好，故來聽耳！身不幸非理就終，形體殘毀，不宜接見君子。然愛君之琴，要當相見，君勿怪惡之。君可更作數曲。」中散復爲撫琴，擊節。曰：「夜已久，何不來也？形骸之間，復何足計？」乃手挈其頭曰：「聞君奏琴，不覺心神開悟，怳若蹔生。」遂與共論音聲之趣，辭甚清辯。謂中散曰：「君試以琴見與。」於是中散以琴授之。旣彈衆曲，亦不出常，唯廣陵散，聲調絕倫。中散纔從受之，半夕悉得。先所受引，殊不及。與中散誓，不得教人，又不得言其姓。天明，語中散：「相與雖一遇於今夕，可以遠同千載。於此長絕，

能不悵然！」（靈鬼志）

(七)會稽賀思令善彈琴。嘗夜在月中坐，臨風撫奏。忽有一人，形器甚偉，著械，有慘色。至其中庭，稱善。便與共語。自云是嵇中散，謂賀云：「卿下手極快，但於古法未合。」因授以廣陵散。賀因得之，於今不絕。（幽明錄）

按：以上兩事，並言鬼好音樂。嵇康生前既好琴藝，亡後猶樂擅之，人鬼遞授名曲，此廣陵散所以不致湮沒無聞也。

(八)臨海樂安章沈，年二十餘，死經數日，將斂而蘇，云：被錄到天曹，天曹主者是其外兄，斷理得免。初到時，有少年女子同被錄送，立住門外。女子見沈事散，知有力助，因泣涕脫金釧一隻及臂上雜寶，託沈與主者，求見救濟。沈即爲之請，并進釧物。良久，出語沈：「已論秋英，亦同遣去。」秋英，卽此女之名也。於是俱去。……遂並活。（異苑卷八）

按：此事亦見鈎沈本甄異傳，文字稍簡略。天曹亦如人間官府，亡魂得以財賂免死罪乎！

(九)襄陽李除，中時氣死。其婦守尸。至於三更，崛然起坐，搏婦臂上金釧甚遽。婦因助脫。既手執之，還死。婦伺察之，至曉，心中更煖，漸漸得蘇。既活，云：「爲吏將去，比伴甚多。見有行貨得免者，乃許吏金釧。吏令還，故歸取以與吏。吏得釧，便放令還。見吏取釧去。」後數日，不知猶在婦衣內。婦不敢復著，依事咒埋。（搜神後記卷四）

按：此記鬼吏受賄賂，遂放還拘繫之亡魂。蓋陰間已傚陽世貪官汚吏所爲，故然耳。

㈩永嘉中，泰山巢氏先爲相縣令，居在晉陵。家婢採薪，忽有一人追之，如相問訊，遂共通情。隨婢還家，仍住不復去。巢恐爲禍，夜輒出婢。聞與婢謳歌言語，大小悉聞。不使人見，見形者唯婢而已。每與婢宴飲，輒吹笛而歌。歌云：「閑夜寂已清，長笛亮且鳴；若欲知我者，姓郭名長生。」（幽明錄）

㈩一有貴人亡後，永興令王奉先，夢與之相對如平生。奉先問：「還有情色乎？」答云：「某日至其家問婢。」後覺，問其婢，云：「此日魘夢郎君來。」（仝前）

按：以上兩事，並言鬼亦有色情之欲。意者，此乃人性之反映耳。

第五節　幽明姻緣

易序卦云：「有天地，然後有萬物；有萬物，然後有男女；有男女，然後有夫婦；有夫婦，然後有父子；有父子，然後有君臣；有君臣，然後有上下。有上下，然後禮義有所錯。」（註一二）男女夫婦，蓋社會組織之礎石，人類藉以繁衍不息者也。

聖人既定婚姻制度，嫁娶自有成規。雖歷代社會組織迭有變遷，禮制之不容廢棄，乃無疑義。唯此法則，僅適用於人世，至若人神，人鬼之往來，每有逾越禮法而結姻好者，蓋不可以常理約束矣。論其結果，則不外分離、死亡兩途也。例如：

㈠漢時太山黃原，平旦開門，忽有一青犬在門外伏守，備如家養。原紲犬，隨鄰里獵。日垂夕，見一鹿，便放犬。犬行甚遲，原絕力逐，終不及。行數里，至一穴，入百餘步，忽有平衢，槐柳列植，行牆迴匝。原隨犬入門，列房櫳戶，可有數十間。皆女子，姿容妍媚，衣裳鮮麗。或撫琴瑟，或執博棋。至北閣，有三間屋，二人侍直，若有所伺。見原，相視而笑云：「此青犬所致妙音婿也！」一人留，一人入閣。須臾，有四婢出，稱：太眞夫人白黃郎：「有一女，年已弱笄；冥數應爲君婦。」既暮，引原入內。內有南向堂，堂前有池，池中有臺，臺四角有徑尺穴，穴中有光，照映帷席。妙音容色婉妙，侍婢亦美。交禮既畢，宴寢如舊。經數日，原欲暫還報家。妙音曰：「人神異道，本非久勢。」至明日，解珮分袂，臨階涕泗。後會無期，深加愛敬。「若能相思，至三月旦，可修齋潔。」四婢送出門，半日至家。情念恍惚。每至其期，常見空中有軿車，髣髴若飛。（幽明錄）

按：此文所載乃人神幽冥姻緣典型之一。據葛洪抱朴子，太眞夫人乃西王母小女（註一二），則妙音應是西王母外孫。黃氏以一介小民，闖入仙境，被招爲女婿，享受數日夫妻恩愛生活，已足以令人畢生難忘。若青犬者，蓋太眞夫人所使喚，用以引致黃原前往也。其他故事，或以獐，或以羊爲誘因，不一而足。（註一三）

㈡晉太元中，謝家沙門竺曇遂，年二十餘，白皙端正，流俗沙門。嘗行經青溪廟前過，因入廟中看。暮歸，夢一婦人來，語云：「君當來作我廟中神，不復久。」曇遂問婦人是誰？婦人云：

「我是青溪廟中姑。」如此一月許，便卒。臨死，謂同學年少曰：「我無福，亦無大罪，死乃當作青溪廟神，諸君行便，可見看之。」既死後，諸年少道人詣其廟。既至，便靈語相勞問。聲音如昔時。臨去，云：「久不聞唄聲，甚思之。」其伴慧觀，便爲作唄。訖，其神猶唱讚。語云：「歧路之訣，尙有悽愴；況此之乖，形神分散；窈冥之歎，情何可言？」既而歔欷不自勝，諸道人等皆爲流涕。（搜神後記卷五）（註一四）

按：此則記青溪小姑愛慕白晳年少，遂召竺曇遂作廟中神事。青溪小姑，傳係廣陵蔣子文第三妹，蓋風流女神也。（註一五）

㈢會稽趙文韶爲東宮扶侍，〔廨在〕青溪中橋。與尙書王叔卿家隔一巷，相去二百步許。秋夜嘉月，悵然思歸，依門唱西烏夜飛，其聲甚哀怨。忽有青衣婢，年十五六，前曰：「王家娘子白扶侍，聞君歌聲，有悅人者。逐月遊戲，故遣相聞耳。」時未息，文韶不之疑，委曲答之，亟邀相過。須臾，女到，年十八九，行步容色可憐，猶將兩婢自隨。問：「家在何處？」舉手指王尙書宅，曰：「是聞君歌聲，故來相詣，豈能爲一曲邪？」文韶卽爲歌草生盤石〔下〕。音韻清暢，又深會女心，乃曰：「但令有瓶，何患不得水？」顧謂婢子，還取箜篌，爲扶侍鼓之。須臾至，女爲酌兩三彈，泠泠更增楚絕。乃令婢子歌繁霜，自解裙帶纍箜篌腰，叩之以倚歌，歌曰：「日暮風吹，葉落依枝；丹心寸意，愁君未知。歌〔繁〕霜，〔繁〕霜侵曉幕。何意空相守，坐待繁霜落。」歌闋，夜已久，遂相佇燕寢。竟四更，別去，脫金簪以贈文韶。文韶亦答以銀碗、白琉璃七各一枚。既明，文韶出，偶至青溪廟歇。神座上見碗，甚疑而委悉，之屏風後，則琉璃七在焉，箜篌帶縛如故。祠廟中，惟女姑神像，青衣婢立在前。細視之，皆夜所見者，於是遂絕。（顧氏文房小說本續齊諧記）（註一六）

按：此則亦載青溪小姑戀愛風流事，唯手法較前一篇高明甚多。

㈣鍾繇嘗數月不朝會，意性異常。或問其故。云：「常有好婦來，美麗非凡。」問者曰：「必是鬼物，可殺之。」婦人後往，不即前，止戶外。繇問何以？曰：「公有相殺意。」繇曰：「無此。」乃勤勤呼之，乃入。繇意恨恨，有不忍之心，然猶斫之，傷髀。婦人即出，以新綿拭血竟路。明日，使人尋迹之，至一大冢，木中有好婦人，形體如生人，著白練衫，丹繡裲襠，傷左髀，以裲襠中綿拭血。（鈎沈本陸氏異林）

按：此事亦見幽明錄，蓋即劉義慶自異林轉載者，末云：「自此便絕」。人鬼相戀，罕能圓滿結束，此但其一耳。

㈤談生者，年四十，無婦。常感激讀書，忽夜半，有女子，可年十五六，姿顏服飾，天下無雙，來就生爲夫婦。乃言：「我與人不同，勿以火照我也。三年之後，方可照。」爲夫妻，生一兒，已二歲。不能忍，夜伺其寢後，盜照視之。其腰已上，生肉如人，腰下但有枯骨。婦覺，遂言曰：「君負我。我垂生矣，何不能忍一歲而竟相照也？」生辭謝。涕泣不可復止，云：「與君雖大義永離，然顧念我兒。若貧不能自偕活者，暫隨我去，方遺君物。」生隨之去，入華堂，室宇器物不凡。以一珠袍與之，曰：「可以自給。」裂取生衣裾，留之而去。後生持袍詣市，睢陽王家買之，得錢千萬。王識之曰：「是我女袍，此必發墓。」乃取拷之。生具以實對，王猶不信。乃視女冢，冢完如故。發視之，果棺蓋下得衣裾。呼其兒，正類王女。王乃信之。即召談生，復賜遺衣，以爲主婿。表其兒以爲侍中。（太平廣記卷三一六引列異傳）

按：此則記人鬼爲夫婦，生子。談生因不能忍其好奇之心，遂成仳離。鬼妻顧念幼兒生活，乃邀談生至墓穴，取殉葬珠袍相贈，並裂取生衣裾，以爲日後驗證之用。既富愛心，亦且細心周到，甚爲難得。

第六節　冥間遊行

據早期文獻記載，人死後，魂大抵歸之於天，魄則歸於地（註一七）。其後，則有魂魄並歸蒿里及泰山獄之說。樂府詩集卷廿七蒿里古辭云：「蒿里誰家地，聚斂魂魄無賢愚。鬼伯一何相催促，人命不得少踟躕。」又卷四一怨詩行古辭云：「天德悠且長，人命一何促？百年未幾時，奄若風吹燭。嘉賓難再遇，人命不可續。齊度遊四方，各繫太山錄。人間樂未央，忽然歸東嶽。當須盪中情，遊心恣所欲。」由此可見秦、漢及三國時期觀念之一斑。（註一八）

及佛教傳入中國，其地獄觀念亦見流行。此後，又有道教之酆都地獄跟進（註一九），說法更形複雜。

志怪小說，每借恍惚入夢、死者復生等模式，描述地獄諸種奇異景像，用以警世，或自神其教也。如：

㈠臨淄蔡支者，爲縣吏。嘗奉書謁太守。忽迷路，至岱宗山下。見如城郭，遂入致書。見一官，儀衞甚嚴，具如太守。乃盛設酒殽，畢，付一書，謂曰：「掾爲我致此書與外孫也。」吏答曰：「明府外孫爲誰？」答曰：「吾太山神也。外孫，天帝也。」吏方驚，乃知所至非人間耳。掾出門，乘馬所之。有頃，忽達天帝座太微宮殿。左右侍臣，具如天子。支致書訖，帝命坐，賜酒食，仍勞問之曰：「掾家屬幾人？」對：「父母妻皆已物故，尚未再娶。」帝曰：「君欲見之否？」支曰：「恩唯天帝！」帝卽命戶曹尚書，敕司命輟蔡支婦籍於生錄中。遂命與支相隨而去。乃蘇，歸家。因發妻冢，視其形骸，果有生驗。須臾起坐，語遂如舊。（列異傳）

按：本篇記蔡支迷路，遂至泰山地府，並爲送信至天庭。已而帶妻子魂魄轉回人間，其妻乃復活。然則，人死之後，先經泰山獄審判，再送往天帝處作終結乎？

㈡會稽賀瑀，字彥琚。曾得疾，不知人，惟心下溫，死三日，復蘇。云：「吏人將上天，見官府。入曲房，房中有層架。其上層有印，中層有劍，使瑀惟意所取；而短不及上層，取劍以出。門吏問：『何得？』云：『得劍。』曰：『恨不得印，可策百神；劍，惟得使社公耳。』」疾愈，果有鬼來，稱社公。（搜神記卷十五）

按：此事亦見鈎沈本錄異傳。賀氏魂魄出竅，上天庭，得劍而返，自是有鬼來白事。蓋經此次神遊冥界之後，賀氏已成術士，能驅使衆鬼矣。

㈢琅邪人，姓王，忘名，居錢塘。妻朱氏，以太元九年病亡。有二孤兒。王復以其年四月暴死，三日而心下猶暖，經七日方蘇。說：初死時，有二十餘人，皆烏衣見錄。錄去，到朱門白壁，狀如宮殿。吏朱衣素帶，玄冠介幘。或所被著，悉珠玉相連結，非世中儀服。復前，見一人長大，所著衣，狀如雲氣。王向叩頭，自說：「婦已亡，餘孤兒尚小，無奈何？」便流涕。此人爲之動容，云：「汝命自應來。以汝孤兒，特與三年之期。」王又曰：「三年不足活兒！」左右有一人語云：「俗尸何癡？此間三年，是世中三十年。」因便送出。又三十年，王果卒。（幽明錄）

按：此則未言亡魂所至之處，爲天上，抑地下。此鬼王頗富人情味，故能延王氏三十年壽命，用撫遺孤也。

㈣趙泰字文和，清河貝丘人。公府辟不就。精進典籍，鄉黨稱名。年三十五。宋太始五年七月十三日夜半，忽心痛而死。心上微煖，身體屈伸。停屍十日，氣從咽喉如雷鳴。眼開，索水飲，飲訖便起。說初死時，有二人乘黃馬，從兵二人，但言捉將去。二人扶兩腋東行，不知幾里，便見大城，如錫鐵崔嵬。從城西門入，見官府舍，有二重黑門，數十梁瓦屋，男女當五六十。主吏著皀單衫，將泰名在第三十。須臾將入，府君西坐，斷勘姓名。復將南入黑門。一人絳衣，坐大屋下，以次呼名前，問：「生時所行事。有何罪過？行功德？作何善行？」言者各各不同。主者言：「許汝等辭。恒遣六師督錄使者，常在人間，疏記人所作善惡，以相檢校。人死有三惡道，殺生禱祠最重；奉佛持五戒十善，慈心布施，生在福舍，安穩無爲。」泰答：「一無所爲，上不犯惡。」斷問都竟，使爲水官監作吏。將千餘人，接沙著岸上，晝夜勤苦啼泣。悔言：「生時不作善，今墮在此處。」後轉水官都督，總知諸獄事。給馬，東到地獄按行，復到泥犁地獄，男子六千人。有火樹，縱廣五十餘步，高千丈，四邊皆有劍，樹上然火。其下十十五五，墮火劍上，貫其身體。云：「此人呪詛罵詈，奪人財物，假傷良善。」泰見父母及一弟，在此獄中涕泣。見二人賫文書來，敕獄吏。言：「有三人，其家事佛，爲有寺中懸幡燒香，轉法華經呪願，救解生時罪過。」出就福舍，已見自然衣服。往詣一門，云開光大舍。有三重黑門，皆白壁赤柱。此三人卽入門。見大殿，珍寶耀日。堂前有二獅子併伏，負一金玉牀。云名獅子之座。見一大人，身可長丈餘，姿顏金色，項有日光，坐此牀上，沙門立侍甚衆。四坐名眞人菩薩。見泰山府君來作禮。泰問吏：「何人？」吏曰：「此名佛。天上天下度人之師。」便聞佛言：「今欲度此惡道中及諸地獄人皆令出。」應時云有萬九千人，一時得出，地獄卽空。見呼十人，當上生天。有車馬迎之，升虛空而去。復見一城。云，縱廣二百餘里。名爲受變形城。云：「生來不聞道法，而地獄考治已畢者，當於此城，受更變報。」入北門，見數千百土屋。中央有大瓦屋，廣五十餘步，下有五百餘吏，對錄人民，作善惡事狀，受是變身形之路。從其所趣去，殺者云當作蜉蝣蟲，朝生夕死；若爲人，常短命。偸盜者作豬羊身，屠肉償人。淫逸者作鵠鶩蛇身。惡舌者作鴟梟鵂鶹，惡聲，人聞皆呪令死。抵債者爲驢馬牛魚鱉之屬。大屋下有地房北向，一戶南向。呼從北戶，又出南戶者，皆變身形作鳥獸。又見一城，縱廣百里，其瓦屋安居快樂。云：「生時不作惡，亦不爲善，當在鬼趣千歲，得出爲人。」又見一城，廣有五千餘步，名爲地中。罰謫者，不堪苦痛。歸家索代，家爲解謫，皆在此城中。男女五六萬，皆裸形無服，飢困相扶。見泰叩頭啼哭。泰按行畢還。主者問：「地獄如法否？卿無罪，故相挽爲水官都督。不爾，與獄中人無異。」泰問：「人生何以爲樂？」主者言：「唯奉佛弟子，精進不犯禁戒爲樂耳。」又問：「未奉佛時，罪過山積。今奉佛法，其過得除否？」曰：「皆除。」主者又召都錄使者，問趙泰何故死來？使開縢檢年紀之籍。云：「有算三十年，橫爲惡鬼所取。今遣還家。」由是大小發意奉佛。爲祖及弟，懸旛蓋，誦法華經作福也。（太平廣記卷一〇九引幽明錄）

按：趙泰遊地獄事，乃現存志怪小說中，詳細描述地獄景況較早之文獻資料。其用意，不外勸人爲善，並信受佛法也。其後，王琰冥祥記又收錄之。文字稍加潤飾，且添入「時有太中大夫武城孫豐、關內侯常山郝伯平等十人，同集泰舍，款曲尋問。莫不懼然，皆卽奉法」一段。蓋佛教應驗錄，每交代聞見出處之常習也。

㈤巴丘縣有巫師舒禮，晉永昌元年病死，土地神將送詣太山。俗人謂巫師爲道人。路過冥司福舍前，土地神問吏：「此是何等舍？」吏曰：「道人舍。」土地神曰：「是人亦道人，便以相付。」禮入門，見數千間瓦屋，皆懸竹簾，自然牀榻，男女異處。有誦經者、唄偈者，自然飲食者，快樂不可言。禮文書名已到太山門，而身不至，推問土地神。神云：「道見數千間瓦屋，卽問吏，言是道人，卽以付之。」於是遣神更錄取。禮觀未徧，見有一人，八手四眼，提金杵，逐，欲撞之。便怖走，還出門。神已在門迎，捉送太山。太山府君問禮：「卿在世間，皆何所爲？」禮曰：「事三萬六千神，爲人解除祠祀，或殺牛犢猪羊雞鴨。」府君曰：「汝佞神殺生，其罪應上熱熬。」使吏牽著熬所，見一物，牛頭人身，捉鐵叉，叉禮著熬上宛轉，身體焦爛，求死不得。已經一宿二日，備極寃楚。府君問主者：「禮壽命應盡？爲頓奪其命？」校祿籍，餘算八年。府君曰：「錄來！」牛首人復以鐵叉叉著熬邊。府君曰：「今遣卿歸，終畢餘算。勿復殺生淫祀。」禮忽還活，遂不復做巫師。（幽明錄）

按：本則記巫師舒禮遊歷冥界之事。誦經、唄偈之道人，可不經太山府君問訊，卽可送入福舍。牛頭人身之鬼卒，在太山獄執行叉死者上熱熬之任務。佛教之勢力，已侵入土俗信仰。太山府君似屈於佛祖之下，聽其指揮矣（註二〇）。

【附　註】

註　一：墨子閒詁卷八明鬼篇。

註　二：禮記卷十四，祭義第二十四。

註　三：見韓非子卷十一。

註　四：續齊諧記「徐秋夫」云：「錢塘徐秋夫善治病，宅在湖溝橋東。夜聞空中呻吟，聲甚苦。秋夫起，至呻吟處，問曰：『汝是鬼邪？何爲如此？饑寒須衣食邪？抱病須治療邪？』鬼曰：『我是東陽人，姓斛斯，名僧平。昔爲樂游（苑）吏，患腰痛死。今在湖北。雖爲鬼，苦亦如生。爲君善醫，故來相告。』秋夫曰：『但汝無形，何由治？』鬼曰：『但縛茅作人，按穴鍼之，訖，棄流水中可也。』秋夫作茅人，爲鍼腰、目二處，并復薄祭。遣人送後湖中。及暝，夢鬼曰：『已差。并承惠食，感君厚意。』」此事可爲因病而亡，死後痼疾猶存之例證也。

註　五：通行本搜神記卷四、異苑卷五、古小說鈎沈本幽明錄並載其靈驗事跡。

註　六：「語」、「母」、「年」三字，並據太平廣記校勘記卷二二二增入。

註　七：「庾」、「乘車」，據太平御覽卷七五五引續搜神記增補。

註　八：禮記卷七，禮運第九。

註　九：廣弘明集卷廿七上引淨住子滌除三業門：「書云：檢七情，務九思。思無邪，動必正。七情者，喜、怒、憂、懼、愓、愛、惡、欲者也。」大智度論卷廿一，則謂人有色欲、形貌欲、威儀姿態欲、語言音聲欲、細滑欲、人相欲六項，難以袪除。

註一〇：事詳唐，義淨譯根本說一切有部毘奈耶雜事卷卅一。

註一一：周易卷九。

註一二：見三洞群仙錄卷十八引抱朴子，今本抱朴子不載此事。

註一三：通行本搜神後記卷二「剡縣赤城」一則，以山羊引袁相、根碩；卷六「崔少府」以獐引盧充，皆顯而易見者。

註一四：本文嘗據法苑珠林卷一〇八、太平廣記卷二九四引文，校改數字。

註一五：通行本異苑卷三：「青溪小姑廟，云是蔣侯第三妹。」

註一六：本篇據樂府詩集卷四七引文校補。

註一七：禮記卷八郊特牲云：「魂氣歸于天，形魄歸于地。故祭求諸陰陽之義也。」淮南子主術云：「天氣爲魂，地氣爲魄。」

註一八：據漢書卷六武帝紀：「太初元年十二月，禪高里，祠后土。」後漢伏儼曰：「高里，山名，在泰山下。」顏師古注，力辯「高里」、「蒿里」之異。然後世學者，猶多以爲二者實一也。說見聞一多樂府詩箋蒿里解題。又泰山獄之說，顧炎武日知錄卷三十、趙翼陔餘叢考卷卅五、郝懿行證俗文卷十一並有專篇論及，可參閱。

註一九：酆都之說，見陶弘景眞誥卷十、卷十五及洞玄靈寶眞靈位業圖。

註二〇：日本前野直彬教授撰冥界遊行一文，論魏、晉、南北朝志怪小說有關魂遊冥界事，甚精詳。原文刊載一九六一年中國文學報第十四、十五輯。前田一惠漢譯，載民國七十一年，聯經出版公司，中國古典小說研究專集4。

第五章　變化現象

變化思想源於上古原始社會。近代人類學家分析各種神話類型，其中之一卽爲變化神話。變化神話專指人類與動物或他物之互相變化，意義較爲狹窄；實則其他類型，諸如：定期性自然變遷、反常性自然現象、鬼靈存在狀況，以及妖怪變異等神話，亦多與變化觀念有密切關係。（註一）

吾國變化之說，迨戰國時期已稍具體系，周易繫辭則最具代表性者也（註二）。漢世學者多以氣化理論解說陰陽二氣及天地正變諸現象，劉安淮南子精神訓、王充論衡無形篇、王符潛夫論本訓篇，猶可見其大概（註三）。魏、晉文士，乃承襲舊說而推衍之，葛洪抱朴子內篇（註四）、干寶搜神記妖怪論、變化論等（註五），體系頗爲齊整，蓋爲當時變化思想之總結。

今依據魏、晉、南北朝志怪小說資料而析分之，可歸納其變化現象爲：自然變化、反常變化、異徵變化、鬼神變化、精怪變化、神通變化、法術變化等項。經由奇特物象，預示休咎之異徵變化，已見本篇第二章：五行與數術；因其形質不定，隨處改易面貌之鬼神變化，亦略見本篇第四章：鬼神世界，玆不贅述。

第一節　自然變化

宇宙萬物，或經由接觸而有氣易、形變之現象；亦有因時間或環境之影響，形性逐漸變易者。凡此，皆爲正常之變化，亦卽自然變化也。干寶云：

> 天有五氣（木、火、金、水、土），萬物化成。……五氣盡純，聖德備也。……五氣盡濁，民之下也。中土多聖人，和氣所交也；絕域多怪物，異氣所產也。苟稟此氣，必有此形；苟有此形，必生此性。……千歲之雉，入海爲蜃；百年之雀，入海爲蛤；千歲龜黿，能與人語；千歲之狐，起爲美女；千歲之蛇，斷而復續；百年之鼠，而能相卜：數之至也。春分之日，鷹變爲鳩；秋分之日，鳩變爲鷹：時之化也。故腐草之爲螢也，朽葦之爲蛬也，稻之爲蛪也，麥之爲蝴蝶也，羽翼生焉，眼目成焉，心智在焉：此自無知化爲有知，而氣易也。鶴之爲麞也，蛬之爲蝦也：不失其血氣而形性變也。若此之類，不可勝論。應變而動，是爲順常；苟錯其方，則爲妖眚。故下體生於上，上體生於下，氣之反者也；人生獸，獸生人，氣之亂者也；男化爲女，女化爲男，氣之貿者也。（搜神記卷十二）

按：此蓋依據生物觀察及民間傳說，然後以陰陽五行之氣化理論，解釋諸種變化現象。凡陽氣、清氣爲正；陰氣、濁氣爲變。和氣所交，數至而變，應時而化，是爲正常之自然變化。至若異氣所產，形狀殊別，本性乖違者，乃成反常變化矣。如：

㈠五月五日，埋蜻蜓頭於西向戶下。埋至三日，不食，則化成青（眞）珠。又云：埋於正中門。（士禮居本博物志卷二）

按：此事與太平御覽卷九五〇引莊子佚文：「童子埋蜻蜓頭而化爲珠」之說法相近。蓋因蜻蜓青色而大眼，遂有此種聯想，是否行而有驗，不可得知。

㈡鬥戰死亡之處，有人馬血，積年化爲燐。燐著地及草木，如霜露，略不可見。人行或有觸者，著人體便有光，拂拭，便分散無數，愈甚，有細吒聲如沙豆，唯靜住良久乃滅。（太平御覽卷三七五引博物志）

按：燐火，係燐質遇空氣，發光燃燒，作青色，忽隱忽現。古人皆以爲由血化成。淮南子氾論訓、論衡論死篇、說文解字並主此說也（註六）。

㈢仙傳云：松柏脂入地，千年化爲茯苓，茯苓化爲琥珀。（博物志卷七）

按：淮南子說山訓：「千年之松，下有茯苓，上有兔絲。」高誘注云：「茯苓，千歲松脂也。」夷考其實，茯苓乃寄生於松根之芝菌。至若琥珀者，則樹脂之化石。松脂入地千年，所化者爲琥珀，固與茯苓無關，不宜相混。古人以二者皆與千年老松地緣相近，故有此聯想耳。（註七）。

㈣燒鉛錫，成胡粉，猶類也；燒丹朱，成水銀，則不類。（仝前）

按：此礦物加熱，遂引起化學變化。蓋術士煉丹所見，一者形質雖變，猶是固體，一者乃化爲液體，故曰不類。唯煅燒朱砂，必先除去夾雜之硫黃，始可取得游離之水銀，不可不知也。

(五)晉義熙五年，盧循自廣州下，泊船江西，衆多疫死。事平之後，人往蔡州，見死人髮變而爲鱣。今上鎮西參軍，與府司馬張逝瞻河際，有一棺，棺頭有鱣衆，試令撥看，都是髮，亦有未卽化者。（通行本異苑卷三）

按：鱣，通作鱓，外觀似鰻，黃質黑文，生水岸泥窟中。前人偶見淺水窟穴之內，鱣魚與人髮同聚一處，遂謂髮變爲鱣。就生物演變而論，則無此理。（註八）

第二節　反常變化

數至而變，應時而化，乃正常現象。苟違此道，則為反常變化。論衡無形篇云：「天地不變，日月不易，星辰不沒，正也。人受正氣，故體不變。時或男化為女，女化爲男，由高岸爲谷，深谷爲陵也；應政爲變，爲政變，非常性也。」王充所謂「男化爲女，女化爲男」，卽反常變化。取之以附會人事休咎，國運災祥，則又爲異徵變化矣。如：

(一)魏黃初中，清河宋士宗母，夏天於浴室裏浴，遣家中大小悉出，獨在室中。良久，家人不解其意，於壁穿中窺之。不見人體，見盆水中有一大黿。遂開戶，大小悉入，了不與人相承。嘗先著銀釵，猶在頭上。相與守之，啼泣，無可奈何！意欲求去，永不可留。視之積日，轉解，自捉出戶外。其去甚駛，逐之不及，遂便入水。後數日，忽還，巡行宅舍如平生，了無所言而去。

（搜神記卷十四）

㈡吳孫晧寶鼎元年六月晦，丹陽宣騫母，年八十矣，因洗浴化爲黿。……騫兄弟四人，閉戶衞之，掘堂上作大坎，瀉水其中。黿入坎遊戲，一二日間，恒延頸外望。伺戶小開，便輪轉，自躍入於深淵，遂不復還。（仝前）

按：以上兩事，記婦人化爲黿鼈之屬。此係反常變化，而晉書、宋書五行志，歸之於人痾（註九）。

㈢太元元年，江夏郡安陸縣薛道詢年二十二。少來了了，忽得時行病，差後發狂，百治救不痊。乃服散狂走，猶多劇，忽失蹤跡，遂變作虎，食人不可復數。……經一年還家，復爲人。（鈎沈本齊諧記）

㈣晉義熙四年，東陽郡太末縣吳道宗，少失父，單與母居，未有婦。道宗賃不在家，鄰人聞其屋中碰磕之聲，闚不見其母，但有烏斑虎在其屋中。鄉里驚怛，恐虎入其家食其母，便鳴鼓會人，共往救之。圍宅突進，不見有虎，但見其母，語如平常。不解其意。兒還，母語之曰：「宿罪見譴，當有變化事。」後一月日，便失其母。縣界內，虎災屢起，皆云母烏斑虎，百姓患之。發人格擊之，殺數人後，人射虎中膺，幷戟刺中其腹，然不能卽得。經數日後，虎還其家故床上，不能復人形，伏牀上而死。其兒號泣，如葬其母法，朝哺哭臨之。（仝前）

按：以上兩則，敍人化虎事。薛道詢因病劇，遂變作虎，經年復還爲人；吳道宗母則因宿罪見譴，乃化作烏斑虎，後爲縣人格殺。至若祖冲之述異記，載黃苗過宮亭廟許願，已而違約他遁，遂爲廟神所譴，謫爲老虎。既取三十人，數已足，仍還爲人形（註一〇），尤不可思議。

㈤元嘉三年，邵陵高平黃秀，無故入山，經日不還。其兒根生尋覓，見秀蹲空樹中，從頭至腰，毛色如熊。問其何故？答云：「天謫我如此，汝但自去。」兒哀慟而歸。踰年，伐山人見之，其形盡爲熊矣。（異苑卷八）

按：本則記高平人黃秀化爲熊，問其故，云係遭天謫所致。佛經有輪迴之說，變形城之設，其效驗猶須死亡之後始見；今乃生前即遭謫罰，變爲猛獸，報應之速，固可指日而待矣。

㈥斲木，本是雷公採藥使，化爲鳥。（鈎沈本古異傳）

按：此事甚簡略，變化之原因不詳。疑是採藥不勤快，或隨意破壞植物，遂謫爲斲木鳥，將功補過也。

㈦獨角者，巴郡人也，年可數百歲，俗失其名，頂上生一角，故謂之獨角。或忽去積載，或累旬不語，即有所說，則旨趣精微，咸莫能測焉。所居獨以德化，亦頗有訓導。一旦與家辭，因入舍前江中，變爲鯉魚，角尚在首。後時時暫還，容狀如平生，與子孫飲讌，數日輒去。（鈎沈本述異記）

按：此則所記獨角事，頗爲奇特。頂上生角，已是反常現象；其後乃化爲鯉魚入江，而角尚存。偶而還家，又成人形。疑其已成精怪，變易形狀，誠非難事耳。

第三節　精怪變化

物老成精，或稱之曰魅（註一一）。舉凡動物、植物之老壽者，則可變易形體，甚而可變化成人。故論衡訂鬼篇云：「物之老者，其精爲人；亦有未老，性能變化，象人之形。」抱朴子登涉篇亦云：「萬物之老者，其精悉能假託人形，以眩惑人目。」此蓋與泛靈信仰有關。如：

(一)魏景初中，咸陽縣吏家有怪。每夜，無故聞拍手相呼，伺，無所見。其母夜作，倦，就枕寢息。有頃，復聞竈下有呼聲曰：「文約何以不來？」頭下枕應曰：「我見枕，不能往。汝可來就我飲。」至明，乃飯臿也。卽聚燒之。其怪遂絕。（搜神記卷十八）

(二)宋中山劉玄，居越城。日暮，忽見一人，著烏袴褶來。取火照之，面首無七孔，面莽儻然。乃請師筮之。師曰：「此是君家先世物，久則爲魅，殺人。及其未有眼目，可早除之！」劉因執縛，刀斫數下，變爲一枕，乃是其先祖時枕也。（鈎沈本集異記）

按：以上兩則，記家中用具，日久成精魅，或作人語，或成人形。宜速除之，以免害人。

(三)司空南陽來季德，停喪在殯，忽然見形，坐祭牀上。顏色、服飾、聲氣，熟是也。孫兒婦女，以次敎戒，事有條貫。鞭朴奴婢，皆得其過。飲食既飽，辭訣而去。家人大小，哀割斷絕。如是數年，家益厭苦。其後飲酒過多，醉而形露，但得老狗，便共打殺。因推問之，則里中沽酒

家狗也。（太平廣記卷四八三引搜神記）

㈣晉太元中，瓦官寺佛圖前淳于矜，年少潔白。送客至石頭城南，逢一女子，美姿容。矜悅之，因訪問。二情既和，將入城北角，共盡欣好，便各分別。期更剋集，便欲結爲伉儷。女曰：「婿如君，死何恨？我兄弟多，父母並在，當問我父母。」矜便令女婢問其父母，父母亦懸許之。女因敕婢取銀百斤，絹百匹，助矜成婚。經久，養兩兒，當作秘書監。明，果騶卒來召，車馬導從，前後部鼓吹。經少日，有獵者過覓矜，將數十狗，徑突入，咋婦及兒，並成狸；絹帛、金銀，並是草及死人骨蛇魅等。（鈎沈本幽明錄）

按：以上兩事，敘動物成妖魅，化爲人形。酤酒家狗因醉而形露；狐狸精則遇獵犬，遂被咋殺。

來季德事，又見風俗通義卷九怪神篇云。

㈤彭城有男子娶婦，不悅之，在外宿月餘日。婦曰：「何故不復入？」男曰：「汝夜輒出，我故不入。」婦曰：「我初不出。」婿驚。婦云：「君自有異志，當爲他所惑耳！後有至者，君便抱留之，索火照視之，爲何物？」後所願還至，故作其婦，前却未入，有一人從後推令前。既上床，婿捉之曰：「夜夜出何爲？」婦曰：「君與東舍女往來，而驚欲託鬼魅，以前約相掩耳！」婿放之，與共臥，夜半心悟，乃計曰：「魅迷人，非我婦也。」乃向前攬捉，大呼求火。稍稍縮小，發而視之，得一鯉魚，長二尺。（鈎沈本列異傳）

㈥會稽吏謝宗赴假吳中，獨在船。忽有女子，姿性妖婉，來入船。問宗：「有佳絲否？欲市之。」

宗因與戲。女漸相容，留在船宿歡宴。既曉，因求宗寄載，宗便許之。自爾，船人恒夕但聞言笑，兼芬馥氣。至一年，往來同宿；密伺之，不見有人，方知是邪魅，遂共掩之。良久，得一物，大如枕；須臾，得二物，並小如拳。以火視之，乃是三龜。宗悲思數日，方悟。自說：「此女子一歲生二男，大者名道愍，小者名道興。」既爲龜，送之於江。（鈎沈本孔氏志怪）

按：以上兩則，記魚鼈之屬化爲好女子以惑人，後被窺破，擧火照視，乃現其原形。

(七)晉懷帝永嘉中，徐奭出行田。見一女子，姿色鮮白，就奭言調。女因吟曰：「疇昔聆好音，日月心延佇；如何遇良人，中懷邈無緒。」奭情既諧，欣然延至一屋。女設施飲食，而多魚，遂經日不返。兄弟追覓至湖邊，見與女相對坐。兄以藤杖擊女，卽化成白鶴，翻然高飛。奭恍惚，年餘乃差。（異苑卷八）

按：此則，記禽鳥變成女子，迷惑男人。

(八)徐邈，晉孝武帝時爲中書侍郎。在省直，左右入恒覺邈獨在帳內，以與人共語。有舊門生，一夕宿之，無所見。天時微有光，始開窗，瞥覩一物從屏風裏飛出，直入鐵鑊中。仍逐視之，無餘物，唯見鑊中聚菖蒲根，下有大青蚱蜢。雖疑此爲魅，而古來未聞，但摘除其兩翼。至夜，遂入邈夢云：「爲君門生所困，往來道絕；相去雖近，有若山河。」邈得夢，甚悽慘。門生知其意，乃微發其端。邈初時疑，不卽道。語之曰：「我始來直者，便見一青衣女子從前度，猶作兩髻，姿色甚美。聊試挑謔，卽來就己。且愛之，仍溺情。亦不知其從何而至此。」兼告夢。

門生因具以狀白，亦不復追殺蚱蜢。（鈎沈本續異記）

按：此則，記昆蟲變成青衣女子，與人談情說愛；旣爲第三者窺破，摘除其雙翼，行動受困，遂絕往來矣。

(九)吳聶友，字文悌，豫章新淦人。少時貧賤，常好射獵。夜照見一白鹿，射中之。明尋縱，血旣盡，不知所在，且已飢困，便臥一梓樹下。仰見射箭著樹枝上，視之，乃是昨所射箭。怪其如此，於是還家，賫糧，率子弟持斧以伐之。樹微有血，遂裁截爲板二枚，牽著陂塘中。板常沈沒，然時復浮出。出，家輒有吉慶。每欲迎賓客，常乘此板。忽於中流欲沒，客大懼，友呵之，還復浮出。仕宦大如願，位至丹陽太守。在郡經年，板忽隨至石頭。外司白云：「濤中板入石頭來。」友驚曰：「板來必有意。」卽解職歸家。下船便閉戶，二板夾兩邊，一日卽至豫章。爾後，板出，便反爲凶禍，家大轗軻。（通行本搜神後記卷八）

(十)騫保至壇丘塢，上北樓宿。暮鼓二中，有人著黃練單衣白帢，將人持炬火上樓。保懼，藏壁中。須臾，有三婢上帳，使迎一女子上，與白帢人入帳中宿。未明，白帢人輒先去。如此四五宿。後向晨，白帢人纔去，保因入帳中，問侍女子：「向去者誰？」答曰：「桐郎。道東廟樹是。」至暮鼓二中，桐郎復來，保乃斫取之，縛著樓柱。明日視之，形如人，長三尺餘。檻送詣丞相。渡江未半，風浪起，桐郎得投入水，風波乃息。（鈎沈本祖氏志怪）

按：以上兩則，記植物成魅怪，或爲鹿，或爲人。聶友一則，兼示吉凶之兆；樹精桐郎乃具色欲，尤爲奇特。

(十一)魏郡張奮者，家巨富。後暴衰，遂賣宅與黎陽程家。程入居，死病相繼，轉賣與鄴人何文。文日暮，乃持刀上北堂中梁上坐。至二更，忽見一人，長丈餘，高冠黃衣，升堂，呼問：「細腰，舍中何以有生人氣也？」答曰：「無之。」須臾，有一高冠青衣者；次之，又有高冠白衣者，問答並如前。及將曙，文乃下堂中，如向法呼之。問曰：「黃衣者誰也？」曰：「金也。在堂西壁下。」「青衣者誰也？」曰：「錢也。在堂前井邊五步。」「白衣者誰也？」曰：「銀也。在牆東北角柱下。」「汝誰也？」曰：「我杵也。在竈下。」及曉，文按次掘之，得金、銀各五百斤，錢千餘萬，仍取杵焚之，宅遂清安。（列異傳）

(十二)永康王曠井上有洗石，時見赤氣。後有二胡人寄宿，忽求買之。曠怪所以，未及度錢。子婦孫氏覩二黃鳥鬥于石上，疾往掩取，變成黃金。胡人不知，索市愈急。既得，撞破，內空段有二鳥處。（異苑卷二）

(十三)江巖常到吳採藥，及富春縣清泉山南，遙見一美女，紫衣，獨踞石而歌，聲有碉石之音。巖往來及數十步，女輒去，惟所見踞石耳。如此數四，巖乃擊破石。從石中得一紫玉，長一尺。後不復見女。（鈎沈本錄異傳）

按：以上三則，記金玉成精。江巖事，亦見鈎沈本列異傳，文字稍簡略。

第四節　神通變化

道流修鍊，可獲致神通，隱形分身，禁制變幻，無所不能。修道者經由齋戒、視鏡、存星辰，則可見神而靈通，不畏鬼怪（註一二）。服食丹藥，可以延年益壽，上者乃能飛昇成仙，變化自如（註一三）。至若符籙禱祝，乃有烝禁、幻化之效（註一四），眩惑俗衆，尤聳聽聞，細察之，實可歸入法術變化也。例如：

㈠崔文子者，泰山人也。學仙于王子喬。子喬化爲白蜺，而持藥與文子。文子驚怪，引戈擊蜺，中之，因墮其藥。俯而視之，王子喬之尸也。置之室中，覆以敝筐。須臾，化爲大鳥。開而視之，翻然飛去。（搜神記卷一）

按：王子喬、崔文子，並見列仙傳；唯書中不言其有師徒關係。子喬既化爲白蜺，後又化爲大鳥，形質不定，變幻無窮焉。其事又見楚辭天問王逸注云。

㈡介琰者，不知何許人也。住建安方山。從其師白羊公（杜）受玄一無爲之道，能變化隱形。嘗往來東海，暫過秣陵，與吳主相聞。吳主留琰，爲架宮廟，一日之中，數遣人往問起居。琰或爲童子，或爲老翁，無所食啖，不受餉遺。吳主欲學其術，琰以吳主多內御，積月不教。吳主怒，敕縛琰，著甲士引弩射之。弩發，而繩縛猶存，不知琰之所之。（搜神記卷一）

按：本則乃言介琰受玄一無爲之道，得仙，遂能隱形變化。介琰事亦見眞誥卷十三，又見道學傳、洞仙傳（註一五）。

㈢丁令威，本遼東人，學道於靈虛山。後化鶴歸遼，集城門華表柱。時有少年舉弓欲射之，鶴乃飛，徘徊空中而言曰：「有鳥有鳥丁令威，去家千年今始歸；城郭如故人民非，何不學仙冢纍纍？」遂高上沖天。今遼東諸丁云：「其先世有升仙者，但不知名耳！」（搜神後記卷一）

㈣巴東有道士，忘其姓名，事道精進。入屋燒香，忽有風雨至。家人見一白鷺從屋中飛出，雨住，遂失所在。（幽明錄）

按：以上兩則，記學道者化鶴或變爲白鷺。丁令威化鶴事，流傳頗廣（註一六）；葛洪神仙傳，亦載蘇仙公化鶴（註一七）。鶴乃成爲神仙之象徵矣。

㈤扶桑在碧海之中，地方萬里。上有太帝宮，太眞東王父所治處。地多林木，葉皆如桑，又有椹樹，長者數千丈，大二千餘圍。樹兩兩同根偶生，更相依倚，是以名爲扶桑。仙人食其椹，而一體皆作金光色，飛翔空玄。其樹雖大，其葉、椹故如中夏之桑也。但椹稀而色赤，九千歲一生實耳。味絕甘，香美。……眞仙靈官，變化萬端，蓋無常形，亦有能分形爲百身十丈者也。（顧氏文房小說本十洲記）

按：此則，言仙人服食桑椹，遂體作金光，變化萬端。

㈥謝允從武當山還，在桓宣武座。有言及左元放爲曹公致鱸魚者，允便云：「此可得爾。」求大甕盛水，朱書符投水中。俄有一鯉魚，鼓鬐水中。（搜神後記卷二）

按：此以符籙致鯉魚，屬於法術變化。魏、晉時期，神仙之說，甚囂塵土。得道之士，若左慈、葛玄等，並有神通。移形易貌，噴飯成蜂，幻化之術，無所不能，蔚爲奇觀。（註一八）

㈦魏時，尋陽縣北山中蠻人有術，能使人化作虎，毛色爪牙，悉如眞虎。鄉人周眕有一奴，使入山伐薪。奴有婦及妹，亦與俱行。既至山，奴語二人云：「汝且上高樹，視我所爲。」如其言。既而入草，須臾，見一大黃斑虎從草中出，奮迅吼喚，甚可畏怖，二人大駭。良久，還草中，少時復還爲人。語二人云：「歸家愼勿道。」後遂向等輩說之。周尋得知，乃以醇酒飲之，令熟醉。使人解其衣服及身體，事事詳悉，了無他異；唯於髻髮中得一紙，畫作大虎，虎邊有符。周密取錄之。奴既醒，喚問之。見事已露，遂具說本末。云：「先嘗于蠻中告糴，有蠻師云有此術，乃以三尺布，數升米糈，一赤雄雞，一升酒，授得此法。」（搜神後記卷四）

按：本則屬於法術變化。原始民族，確信人類能利用法術之力量，影響宇宙間各種現象。此處所用蓋爲同類相生原則。（註一九）

㈧上虞縣溪奴，多諸幻伎。元嘉初，叛入建安治中。後出民間，破宿瘤辟，遙徹腹內，而令不痛；治人風頭，流血滂沱，嘘之便斷，創又即斂。虎傷蛇噬，煩毒垂死，禁護皆差。向空長嘯，則群雀來萃。夜咒蚊宝，悉死於側。至十三年，於長山爲本主所得。知有禁術，慮必亡叛，的縛枷鎖，極爲重複。少日，已失所在。（法苑珠林卷七六引異苑）

按：本則言南方土著，多能行幻術。療疾、呼引鳥雀、咒殺蚊宝，至於分身遁形，殆無所不能也。

【附註】

註一：見林惠祥文化人類學第五篇第十二章：神話

註二：周易繫辭「變化」一詞，共出現八次；單言「變」或「化」者，約有二十餘處。所論固以陰陽、剛柔、動靜、開闔等抽象觀念之推移變動爲多，然天地、日月、寒暑等自然界變化，與夫男女、萬物化生之道，亦包含其中也。

註三：淮南子卷七精神訓云：「古未有天地之時，惟像無形。窈窈冥冥，芒芒漠閔，鴻濛鴻洞，莫知其門。有二神混生，經天營地，孔乎莫知其所終極，滔乎莫知其所止息。於是乃別爲陰陽，離爲八極，剛柔相成，萬物乃形。煩氣爲蟲，精氣爲人。」論衡卷二無形篇云：「物之變，隨氣，若應政治有所象爲。……遭時變化，非天之正氣，人所受之眞性也。天地不變，日月不易，星辰不沒，正也。人受正氣，故體不變；時或男化爲女，女化爲男，由高岸爲谷，深谷爲陵也。應政爲變爲政變，非常性也。」潛夫論卷八本訓篇云：「道德之用，莫大於氣。道者，氣之根也；氣者，道之使也。必有其根，其氣乃生；必有其使，變化乃成。……四時五行，鬼神人民，億兆醜類，變異吉凶，何非氣然？及其乖戾，天之尊也氣裂之，地之大也氣動之，山之重也氣徙之，水之流也氣絕之，日月神也氣蝕之，星辰虛也氣隕之，旦有晝晦，宵有（夜明），大風飛車拔樹，僨電爲冰，温泉成湯，麟龍鸞鳳，蝥蠈蝝蝗，莫不氣之所爲也。」

註四：見卷二論仙篇及卷三對俗篇。

註五：見通行本搜神記卷六、卷十二。

註六：淮南子卷十三氾論訓云：「老槐生火，久血爲燐，人弗怪也。」高誘注：「血精在地，暴露百日，則爲燐，遙望炯炯，若火燃也。」論衡卷二十論死篇云：「人之兵死也，世言其血爲燐。」說文解字第十篇（上）炎部：「粦，兵死及牛馬之血爲粦。粦，鬼火也。」

註　七：琥珀非茯苓所化，宋陳承撰本草別說，已能辨之；明李時珍亦謂「茯苓千年化琥珀」之說，乃誤傳也。兩家議論，並見本草綱目卷卅七「琥珀」條。

註　八：重修政和證類本草卷二十「鱓魚」條引陶弘景名醫別錄云：「鱓是荇芩根化作之，又云是人髮所化。今其腹中自有子，不必盡是變化也。」陶氏自覩察所得，知鱓（鱣）乃卵生，故不信其由荇芩根或人髮所化。

註　九：見晉書卷廿九、宋書卷卅四。

註一〇：「黃苗」篇，見古小說鉤沈頁一七一。

註一一：說文解字第九篇（上）鬼部：「鬽，老物精。从鬼彡。魅，或从未。」

註一二：參考李豐楙魏晉南北朝文士與道教關係之研究，第七章第二節：魏晉南北朝仙道變化說。

註一三：抱朴子內篇卷四金丹篇、卷十一仙藥篇、卷十六黃白篇。

註一四：抱朴子內篇卷三對俗篇、卷五至理篇、卷十七登涉篇。

註一五：太平御覽卷六六三引道學傳；雲笈七籤卷一一〇洞仙傳。

註一六：洞仙傳、逍遙墟經卷一、仙苑編珠卷上、三洞群仙錄卷三、歷世眞仙體道通鑑卷十一，並載丁令威事，內容詳略不一。

註一七：見太平廣記卷十四引神仙傳，亦見通行本神仙傳卷九。

註一八：左慈、葛玄，並見搜神記卷一；又見通行本神仙傳卷五及卷七。

註一九：參考林惠祥文化人類學，第五篇第九章：魔術禁忌及占卜。

第六章　殊方異物

中國幅員廣大，物產衆多，學者欲遍識草木、鳥獸、蟲魚之名，已非易事。漢、魏以下，與西域及海外鄰邦之交通貿易，更形發達，奇花異果、珍禽怪獸、珠玉寶石等，源源輸入而不絕。復有方術之士，援引荒渺之境，刻意編造渲染，新鮮物品，乃琳琅滿目，不可計數矣。

第一節　動物之類

周禮大司徒云：「（大司徒）以土會之法，辨五地之物。」所列舉動物，有毛、鱗、羽、介、贏五種。一般而論，蟲、魚、鱗、介、鳥、獸之屬，均可名之曰動物。志怪小說所述者，大抵以奇蟲異獸爲主。例如：

㈠寒青之國，其國人皆以鳥爲衣，其地多霜雪陰翳。忽見日從南方出，則百獸皆鳴，國俗以爲祥異。有蠶色青，長一丈，亦曰青蠶。績其絲，大如指，一絲可羈絆牛馬。國人常以十丈充黃門

之廐以拘馬也。巨象、師子，帝令以此一絲繫之。（太平御覽卷八二五引洞冥記）

按：此則敍寒青國各種奇事，尤以青蠶最稱特異。其體長一丈，績絲大如指，一絲足以羈絆牛、馬、獅、象諸獸，殆如巨人國之寓言。以地理氣候推之，其國蓋近北極地區也。

㈡漢元封五年，勒畢國貢細鳥，以方尺玉籠盛數百頭。大如蠅，其狀如鸚鵡，聲聞數里，如黃鵠之音。國人常以此鳥候時，亦名曰候蟲。上得之，放於宮內，旬日之間，不知所止。惜甚，求不復得。明年，此鳥復來集於帷幄之上，或入衣袖，因更名曰「巢衣」鳥（註一）。宮人婕好等皆悅之。但有此鳥集於衣上者，輒蒙愛幸。武帝末，稍稍自死。人尤愛其皮。服其皮者，多爲男子「所」媚也（註二）。（太平廣記卷四六三引洞冥記）

按：此則所言細鳥，蓋卽鳴蟬之別種，唯聲音、形狀稍異，且有預示歡愛之作用。又服其皮殼，可增進女性之魅力，爲男子所憐愛也。

㈢東方之東海，有大魚焉。行海者，一日逢魚頭，七日逢魚尾；其產，則三百里爲血。（鈎沈本玄中記）

按：本則所言，殆卽鯨魚，又誇大之。莊子逍遙遊、列子湯問篇之鯤魚，差可比擬焉。

㈣北方荒中有石湖，方千里，岸深五丈餘。恆冰，唯夏至左右五六十日解耳。湖有橫公魚，長七八尺，形如鯉而赤。晝在水中，夜化爲人；刺之不入，煮之不死。以烏梅二枚煮之則死。食之可止邪病。其湖無凸凹，平滿，無高下。（神異經北荒經）

按：凡四時不正之氣，傷人致病者曰邪；又妖異怪戾之事，亦曰邪（註三）。本則所述之橫公魚，能變化爲人，唯烏梅煮之乃熟，蓋非常魚。太平御覽卷九四〇引之，末有雙行夾注云：「玄黃經曰：『橫公魚，不可殺，唯加烏梅，其氣乃滅。』」（註四）

(五)（魏）明帝卽位二年，起靈禽之園，遠方國所獻異鳥殊獸，皆畜此園也。昆明國貢嗽金鳥。國人云：「其地去燃洲九千里，出此鳥，形如雀而色黃，羽毛柔密，常翱翔海上，羅者得之，以爲至祥。聞大魏之德，被於荒遠，故越山航海，來獻大國。」帝得此鳥，畜於靈禽之園，飴以眞珠，飲以龜腦。鳥常吐金屑如粟，鑄之可以爲器。昔漢武帝時，有人獻神雀，蓋此類也。此鳥畏霜雪，乃起小屋處之，名曰辟寒臺，皆用水精爲戶牖，使內外通光。宮人爭以鳥吐之金用飾釵珮，謂之「辟寒金」。故宮人相嘲曰：「不服辟寒金，那得帝王心？」於是媚惑者，亂爭此寶金爲身飾，及行臥皆懷挾以要寵幸也。魏氏喪滅，池臺鞠爲煨燼，嗽金之鳥，亦自翱翔矣。

（拾遺記卷七）

按：本則記嗽金鳥能吐金，唯畏霜雪，蓋產自熱帶赤道附近。其事亦載任昉（？）述異記卷下，文字較簡略。

(六)（吳）黃龍元年，始都武昌。時越嶲之南，獻背明鳥，形如鶴，止不向明，巢常對北，多肉少毛，聲音百變，聞鐘磬笙竽之聲，則奮翅搖頭。時人以爲吉祥。是歲遷都建業，殊方多貢珍奇。吳人語訛，呼背明爲背亡鳥。國中以爲大妖，不及百年，當有喪亂背叛滅亡之事，散逸奔逃，

墟無煙火。果如斯言。後此鳥不知所在。（拾遺記卷八）

按：背明鳥本係吉祥之物，因吳人語訛「背亡」，遂謂後日必有喪亂背叛滅亡之事。蓋附會東晉成帝時蘇峻叛亂燒殺都城，乃有此言。

(七)西域有鼠王國。鼠之大者如狗，中者如兔，小者如常。大鼠頭悉已白，然帶金環枷。商估有經過其國，不先祈祀者，則囓人衣裳也。得沙門呪願，更獲無他。釋道安昔至西方，親見如此。俗諺云：「鼠得死人目睛則爲王。」（通行本異苑卷三）

按：釋道安嘗據西域僧徒所傳述事，撰西域志（註五）。本文殆卽轉錄其書。又此事述異記卷上亦載之，文字較簡略。

(八)南荒之外有火山，長四十里，廣五十里，其中皆生不燼之木；晝夜火燃，得暴風不猛，猛雨不滅。火中有鼠，重千斤，毛長二尺餘，細如絲，可以作布。恆居火中，而毛色或赤或白；時時出外，以水逐而沃之卽死。人紡績其毛，織以爲布，用之若有垢涴，以火燒之則淨。（神異經南荒經）

(九)炎洲……有火林山。山中有火光獸，大如鼠，毛長三四寸，或赤、或白。山可三百里許，晦夜卽見此山林，乃是此獸光照，狀如火光相似。取其獸毛，以緝爲布，時人號爲火浣布，此是也。國人衣服垢汚，以灰汁浣之，終無潔淨；唯火燒此衣服，兩盤飯間，振擺，其垢自落，潔白如雪。亦多仙家。（道藏本十洲記）

按：以上兩則，載火浣布之產地及作用，屬於火山傳說。火浣布之來源有二：一是緝木皮所作，詳下文；一是績鼠毛而成，卽前引者。張華博物志引周書云：「西域獻火浣布，昆吾獻切玉刀。」（註六）是周代已知有火浣布，但未能確定係由何種原料織成耳。

(十)越雋國有牛，稍割取肉，牛不死，經日，肉生如故。（士禮居本博物志卷三）

(十一)大月氏及西胡，有牛名爲日反。今日割取其肉三四斤，明日其肉已復，創卽愈也。漢人入此國，見牛，不知，以爲珍異。（鈎沈本玄中記）

(十二)南方有獸，似鹿而豕首，有牙，善依人求五穀，名「無損之獸」。人割取其肉，不病，肉復自復。其肉惟可作鮓，使瀋肥美，而鮓肉不壞，呑之不入。瀋盡更添肉，使復以作鮓如初，愈乃美，名曰「不盡鮓」是也。（神異經南荒經）

按：以上三則，並言世有割肉而不病之獸。人類希求不虞匱乏之願望，由此可見一斑。

(十三)畢勒國有小馬，如駒，日行千里，毛垂至地。東王公常騎此馬，朝發湯泉，夕飲虞淵，一日一夕，往返七八度。亦言馬毛長，於空中自放則吹之，或東或西也。（太平御覽卷八九七引洞冥記）

按：本則言畢勒國小馬，毛甚長，可隨風吹而飛行，或東或西，來去自如，與今日飛機之任意翺翔天際，殆有異曲同工之妙。

(十四)翕韓國獻飛骸獸，狀如鹿，青色，以寒青之絲爲繩繫之。及死，帝惜之而不瘞，掛於苑門。皮

毛皆爛朽，惟骨色猶青。時人咸知其神異，更以繩繫其足，往視之，唯見所繫處存，而頭尾及骨皆飛去。（顧氏文房小說本洞冥記）

㈤炎洲在南海中，地方二千里，去北岸九萬里。上有風生獸，似豹，青色，大如貍。張網取之，積薪數車以燒之，薪盡而獸不然，灰中而立，毛亦不燋；斫刺不入，打之如灰囊，以鐵鎚鍛其頭數十下，乃死；而張口向風，須臾復活。以石上菖蒲塞其鼻，即死。取其腦和菊花服之，盡十斤，得壽五百年。（十洲記）

按：以上兩事，並記色青而有神異力量之獸類。蓋青色，位當東方，生命力特別旺盛，故道教中人尤重之。風生獸事，亦見述異記卷上，文字較為簡略。

第二節　植物之類

周禮大司徒所列植物，計為：皁物、膏物、覈物、莢物、叢物五種，蓋以其枝葉果實外形而區分之。鄭司農注云：「植物、根生之實。」後世所謂植物，大別為草、木、蔬、穀、果、蓏等類。志怪小說所述者，多為珍異之物。如：

㈠東海滄浪之洲生彊木焉，洲人多用作舟楫，其上多以珠玉為戲，物終無所負。其木方一寸，可載百許斤，縱石鎮之，不能沒。（神異經東荒經）

按：此則言東海有木，浮力甚大，載重不沈，因得彊木之名。

㈡太初二年，東方朔從西那汗國歸。得聲風木十枝獻帝。長九尺，大如指。此木臨因桓之水，則禹貢所謂因桓是也。其源出甜波。樹上有紫燕黃鵠集其間，實如油麻，風吹枝如玉聲，因以爲名。帝以枝遍賜尊臣。臣有凶者，枝則汗；臣有死者，枝則折。（洞冥記卷二）

按：尚書禹貢云：「華陽黑水惟梁州。岷、嶓既藝，沱、潛既道，蔡、蒙旅平，和夷底績。……西傾因桓是來，浮于潛，逾于沔，入於渭，亂於河。」桓者，水名。水經注云：「桓水，出蜀郡蜀山，西南行羌中，入于南海。」（註七）殆即今之大渡河也。洞冥記撰者乃將「因桓」連讀，誤作水名，其書係採之道聽塗說，任意附會而成，由此可見一斑。

㈢南方有炎火山焉。在扶南國之東，加營國之北，諸薄國之西。山從四月而火生；十二月火滅；正月二月三月火不然，山上但出雲氣，而草木生葉枝條；至四月火然，草木葉落，如中國寒時草木葉落也。行人以正月、二月、三月行過此山下，取柴以爲薪，然之無盡時；取其皮績之，以爲火浣布。（鈎沈本玄中記）

按：本則所述火浣布，乃取炎火山之樹皮績成者。其事又見述異記卷上，文字較簡略。

㈣薰木，鮮祗所獻，色如玉而質輕，泛之昆盧池爲舟，爛則沈矣。碎其屑，氣聞數百里。氣之所至，毒疫皆除。（太平御覽卷九八二引洞冥記）

按：此則謂薰木屑之氣味可以除疫，殆有強烈之消毒作用。

㈤南方大荒之中有樹焉，名曰柤稼櫨。柤者柤梨也，稼者株稼也，櫨者親暱也。三千歲作華，九千歲作實；其花藥紫色，其實赤色。其高百丈，或千丈也。敷張自輔，東西南北方枝，各近五十丈，葉長七尺，廣五尺。色如綠青木，皮如梓樹，理如甘草，味飴。實長九尺，圍如其長，而無瓤核。以竹刀剖之如凝蜜；得食，復見實，即滅矣。（神異經南荒經）

㈥北方荒中有棗林焉，其高五十丈，敷張枝條數里餘。疾風不能偃，雷電不能摧。其子長六七寸，圍過其長，熟赤如朱，乾之不縮，氣味甘潤，殊於常棗。食之可以安軀益氣，故方書稱之云：「此棗枝條盛於常棗，亦益氣安軀。」赤松子云：「北方大棗味有殊，既可益氣又安軀。」（神異經北荒經）

按：以上兩則，並記八荒之異果。「柤稼櫨」篇末，原註云：「言復見後實熟者，壽一萬二千歲。」謂食柤稼櫨之果實者，可享壽一萬二千年，故得再見此樹結果，方死亡也。

㈦波祇國亦名波弋國，獻神精香草，亦名荃蘭，亦名春蕪。一根百條，其間如竹節，柔軟，其皮如紘，可爲布，所謂春蕪布，亦名香荃布，堅密如紈冰也。握一片，滿室皆香，婦人帶之，彌有芬馥。（洞冥記卷一）

按：本則言波祇國所獻香草，既可佩帶，亦能緝作布料。

㈧瑤琨去玉門九萬里，有碧草如麥，割之以釀酒則味如醇酎。飲一合三旬不醒，但飲甜水，隨飲而醒。（洞冥記卷二）

按：本則言瑤琨有碧草，其狀如麥，可釀醇酒，飲之易醉難醒，唯甜溪之水，能即時解醒。據云甜溪去虞淵八千里，其水味如蜜，東方朔嘗遊此水，還取數斛以獻漢武帝（註八）。

(九)天漢二年，帝昇蒼龍閣，思仙術。召諸方士，言遠國遐方之事。唯東方朔下席，操筆跪而進。帝曰：「大夫爲朕言乎！」朔曰：「臣遊北極，至鍾火之山，日月所不照，有青龍啣燭火，以照山之四極；亦有園圃池苑，皆植異木異草。有明莖草，夜如金燈，折枝爲炬，照見鬼物之形。仙人甯封常服此草，於夜暝時，輒見腹光通外，亦名洞冥草。」帝令剉此草爲泥，以塗明雲之館。夜坐此館，不加燈燭。亦名照魅草。採以藉足，履水不沈。（洞冥記卷三）

按：本則之前段，謂北極有青龍啣燭火以照鍾火之山，蓋仿自山海經海外北經及大荒北經之燭陰（燭龍）故事。後段記洞冥草事，太平廣記卷六引作「洞腹草」。疑通行本因其書既名曰洞冥記，遂改字以附和之。

(十)祖洲近在東海之中，地方五百里，去西岸七萬里，上有不死之草。草形如菰，苗長三四尺，人已死三日者，以草覆之，皆當時活也。服之令人長生。昔秦始皇大苑中多枉死者橫道，有鳥如烏狀，銜此草覆死人面，當時起坐而自活也。有司聞奏，始皇遣使者賫草以問北郭鬼谷先生。鬼谷先生云：「此草是東海祖洲上有不死之草，生瓊田中，或名爲養神芝。其葉似菰，苗叢生，一株可活一人。」始皇於是慨然言曰：「可採得否？」乃使使者徐福，發童男童女五百人，率攝樓船等，入海尋祖洲，遂不返。福，道士也，字君房，後亦得道云。（十洲記）

按：長生不死，人類之共同願望也。生前得服不死之藥，固爲佳事；否則死後復活，亦云幸矣。此祖洲養神芝產生之背景乎！

（十一）（漢）宣帝地節元年，樂浪之東，有背明之國，來貢其方物。言其鄉在扶桑之東，見日出於西方。其國昏昏常暗，宜種百穀，名曰「融澤」，方三千里。五穀皆良，食之後天而死。有浹日之稻，種之十旬而熟；有翻形稻，言食者死而更生，夭而有壽；有明淸稻，食者延年也；淸腸稻，食一粒歷年不飢。有搖枝粟，其枝長而弱，無風常搖，食之益髓；有鳳冠粟，似鳳鳥之冠，食者多力；有遊龍粟，葉屈曲似遊龍也；有瓊膏粟，白如銀，食此二粟，令人骨輕。有繞明豆，其莖弱，自相縈纏；有挾劍豆，其莢形似人挾劍，橫斜而生；有傾離豆，言其豆見日，葉垂覆地，食者不老不疾。有延精麥，延壽益氣；有昆和麥，調暢六府；有輕心麥，食者體輕；有醇和麥，爲麴以釀酒，一醉累月，食之凌冬可袒；有含露麥，穟中有露，味甘如飴。有紫沉麻，其實不浮；有雲冰麻，實冷而有光，宜爲油澤；有通明麻，食者夜行不持燭，是苣藤也，食之延壽，後天而老。其北有草，名虹草，枝長一丈，葉如車輪，根大如轂，花似朝虹之色。昔齊桓公伐山戎，國人獻其種，乃植於庭，云霸者之瑞也。有宵明草，夜視如列燭，晝則無光，自消滅也。有紫菊，謂之日精，一莖一蔓，延及數畝，味甘，食者至死不飢渴。有焦茅，高五丈，燃之成灰，以水灌之，復成茅也，謂之靈茅。有黃渠草，映日如火，其堅韌若金，食者焚身不熱；有夢草，葉如蒲，莖如著，採之以占吉凶，萬不遺一；又有聞遐草，服者耳聰，香如桂，

莖如蘭。其國獻之，多不生實，葉多萎黃，詔並除焉。（拾遺記卷六）

按：誠如本則所述，背明國之五穀，皆非人間凡品，食之已飢，兼可延年益壽，與天地同老。復有宵明草可以照夜，食紫菊永不飢渴，食黃渠草則焚身不熱，夢草既足以占吉凶禍福，服聞遐草乃使耳聰。生活所需，大抵具備，又能長生不死，實爲神仙樂土，令人羨慕不已。

第三節 礦物之類

說文第九篇（下）石部云：「磺，銅鐵樸石也。」磺字，通行作礦。意指蘊藏銅鐵而未經冶煉者。今則稱金、玉、石、鹵等一切無機物質爲礦物。志怪小說所述，大抵係外國所貢寶物。例如：

㈠西方白宮之外有山焉，其長十餘里，廣二三里，高百餘丈，皆大黃之金，其色殊美，不雜土石，不登草木。上有金人，高五丈餘，皆純金，名曰「金犀」守之。入山下一丈有銀，又入一丈有錫，又入一丈有鉛，又入一丈有丹陽銅。丹陽銅似金，可鍛以作錯塗之器。（神異經西荒經）

按：此則記西方白宮外有山，產金、銀、錫、鉛等金屬礦，並皆天然生成，不必經人工採煉也。

㈡（漢武帝）元封元年，浮忻國貢蘭金之泥。此金出湯泉，盛夏之時，水常沸湧，有若湯火，飛鳥不能過。國人常見水邊有人冶此金爲器。金狀混混若泥，如紫磨之色；百鑄，其色變白，有光如銀，即「銀燭」是也。常以此泥封諸函匣及諸宮門，鬼魅不敢干。（拾遺記卷五）

按：金泥爲古代封秘函及誥命所需，通常以膠和金粉製成。若此則所記，乃天然之物，極爲貴重罕見者。「浮忻」，太平御覽卷六〇六、太平廣記卷四八〇引俱作「浮折」，即岱輿山之別名。（註九）

㈢董偃常臥延清之室，以畫石爲牀，文如錦也。石體甚輕，出郅支國。上設紫瑠璃帳，火齊屏風，列靈麻之燭，以紫玉爲盤，如屈龍，皆用雜寶飾之。侍者於戶外扇偃。偃曰：「玉石豈須扇而後涼耶？」侍者乃却扇，以手摸，方知有屏風。又以玉精爲盤，貯冰於膝前。玉精與冰同其潔徹。侍者謂冰之無盤，必融濕席，乃合玉盤拂之，落階下，冰玉俱碎，偃以爲樂。此玉精千塗國所貢也。武帝以此賜偃。哀、平之世，民家猶有此器，而多殘破。及王莽之世，不復知其所在。（拾遺記卷五）

按：本則雜記異域所貢寶物，漢武帝取以賜弄臣董偃者。雖誇其豪奢，亦刺其得寵也。

㈣有丹丘之國，獻碼磠甕，以盛甘露。帝德所洽，被於殊方，以露充於厨也。碼磠，石類也，南方者爲之勝。今善別馬者，死則破其腦視之，其色如血者，則日行萬里，能騰空飛；腦色黃者，日行千里；腦色青者，嘶聞數百里；腦色黑者，入水毛鬣不濡，日行五百里；腦色白者，多力而怒。今爲器多用赤色，若是人工所制者，多不成器，亦殊朴拙。其國人聽馬鳴則別其腦色。丹丘之地，有夜叉駒跋之鬼，能以赤馬腦爲瓶、盂及樂器，皆精妙輕麗。中國人有用者，則魑魅不能逢之。一說云，馬腦者，言是惡鬼之血，凝成此物。昔黃帝除蚩尤及四方羣凶，并諸妖魅，塡川滿谷，積血成淵，聚骨如岳。數年中，血凝如石，骨白如灰，膏流成泉。故南方有肥泉之水，有白雲之山，望之峩峩，如霜雪矣。又有丹丘，千年一燒，黃河，千年一清，至聖之君，以爲大瑞。丹丘之野多鬼血，化爲丹石，則碼碯也。不可斫削彫琢，乃可鑄以爲器也。（拾遺記卷一）

按：瑪瑙，一名文石，乃由蛋白石、玉髓、石英在岩石之空隙中漸次沈澱而成。其中，玉髓或由紅、黃、白、灰諸色累累而成，故常呈現各種色彩之美麗文理也。拾遺記之說，李時珍本草綱目已力辨其誤矣。（註一〇）

(五)漢武帝元鼎五年郅支國貢馬肝石百斤，常以水銀養之，內玉櫃中，金泥封其上。國人長四尺，惟餌此石而已。半青半白，如今之馬肝，舂碎以和九轉之丹，服之彌年不饑渴也。以之拂髮，白者皆黑。帝坐羣臣於甘泉殿，有髮白者，以石拂之，應手皆黑。是時公卿語曰：「不用作方伯，惟須馬肝石。」此石酷烈，不和丹砂，不可近髮。（洞冥記卷二）

按：馬肝石未知果何物也？以其粉末和九轉丹服之，經年不飢渴；取之以抹髮，白者變黑，妙用無窮。疑係方士憑空揑造者。

(六)西域使至，王暢說：石流黃出且彌山，去高昌八百里。有石流黃，高數十丈，縱廣五六畝。有取流黃孔穴。晝視其孔上，狀如青煙，常高數尺；夜視，皆如燃燈光明，高尺餘。暢所親視見也。且彌人言：是時氣不和，皆往保此山，毒氣自滅。（太平御覽卷九八七引博物志）

按：硫黃可入藥，生用治疥癬，鍊服可長飢膚，益氣力；術士則用以煉丹，或行黃白術。故古人甚重之，研治方法亦甚講究也（註一一）。

(七)流洲在西海中，地方三千里，去東岸十九萬里。上多山川積石，名爲昆吾。治其石成鐵，作劍，光明洞照如水精狀，割玉物如割泥。亦饒仙家。（十洲記）

(八)周穆王時，西胡獻昆吾割玉刀及夜光常滿盃。刀長一尺，盃受三升。刀切玉如切泥。盃是白玉之精，光明夜照。冥夕出盃於中庭以向天，比明而水汁已滿於盃中也。汁甘而香美，斯實靈人之器。秦始皇時，西胡獻切玉刀，無復常滿盃耳。（十洲記）

(九)金鋼出天竺、大秦國，一名削玉刀。削玉如鐵刀削木。大者長尺許，小者如稻米。欲刻玉時，當作大金鐶，著手指間，開其背如月，以割玉刀內鐶中，以刻玉。（鈎沈本玄中記）

按：以上三則，並載削玉刀事；玄中記所述較平實。金鋼，俗稱金鋼鑽或鑽石，乃碳之同素異形物，殆因碳在岩石間受強壓而成，爲礦物中最硬者，故可取以切割玉石。昔時皆云出自昆吾國與大秦等地，今則南非第一矣。

第四節　雜物之類

遠方異域所進貢，除動、植、礦等產品之外，尙有布匹、香料、膠劑，不一而足。其製作所用原料，頗爲特殊，無從區分，今統名之曰雜物。如：

㈠晉太康元年，白雲起於灞水，三日而滅。有司奏云：「天下應太平。」帝問其故，曰：「昔舜時黃雲興於郊野，夏代白雲蔽於都邑，殷代玄雲覆於林藪，斯皆應世之休徵，殊鄉絕域應有貢其方物也。」果有羽山之民獻火浣布萬疋。其國人稱：「羽山之上，有文石，生火，煙色以隨四時而見，名爲『淨火』。有不潔之衣，投於火石之上，雖滯汙漬湼，皆如新浣。」當虞舜時，其國獻黃布；漢末獻赤布，梁冀製爲衣，謂之「丹衣」。史家云：「單衣」。今縫掖也。字異聲同，未知孰是？（拾遺記卷九）

按：山海經南山經有羽山。郭璞注謂東海祝其縣西南有羽山，卽鯀所殛處；又云計其道里不相應，似非南山經所指者。實則神話傳說中之地名，往往無法確指也。本則所記火浣布，未知由何物所緝？且篇中所述乃不潔之衣，可投羽山淨火之中，汙漬皆盡如新，亦與火浣布不相應也。

㈡漢武帝時，弱水西國有人乘毛車以渡弱水來獻香者。帝謂是常香，非中國之所乏，不禮其使。留久之，帝幸上林苑，西使干乘輿聞，并奏其香。帝取之，看大如燕卵，三枚，與棗相似。帝不悅，以付外庫。後長安中大疫，宮中皆疫病。帝不舉樂，西使乞見，請燒所貢香一枚，以辟疫氣。帝不得已聽之，宮中病者登日並差。長安中百里咸聞香氣，芳積九月餘日，香猶不歇。帝乃厚禮發遣餞送。（博物志卷三）

按：本則記弱水西國所獻香丸，非常物也。惜乎漢武帝不能識，必待疾疫大行，始驗其效。其作用殆與前引鮮祇國所獻薰木之屑相似。

(三)都夷香如棗核，食一片則歷月不飢。以粒如粟米許，投水中，俄而滿大盂也。（洞冥記卷一）

按：都夷，不詳。以其香如粟米大小，投入水中，即滿大盂，宜乎食一片，可歷月不飢矣。

(四)漢武帝時，西海國有獻膠五兩者，帝以付外庫。餘膠半兩，西使佩以自隨。後從武帝射於甘泉宮，帝弓弦斷，從者欲更張弦，西使乃進，乞以所送餘香膠續之，座上左右莫不怪。西使乃以口濡膠爲水，注斷弦兩頭，相連注弦，遂相著。帝乃使力士各引其一頭，終不相離。西使曰：「可以射。」終日不斷，帝大怪，左右稱奇，因名曰續弦膠。（博物志卷二）

(五)鳳麟洲在西海之中央，地方一千五百里。洲四面有弱水繞之，鴻毛不浮，不可越也。洲上多鳳麟，數萬各爲羣，又有山川池澤，及神藥百種，亦多仙家。煮鳳喙及麟角，合煎作膏，名之爲續絃膠，或名連金泥。此膠能續弓弩。已斷之弦、刀、劍，斷折之金，更以膠連續之，使力士掣之，他處乃斷，所續之際終無斷也。武帝天漢三年，帝幸北海，祠恒山。四月，西國王使至，獻此膠四兩，吉光毛裘。武帝受以付外庫，不知膠、裘二物之妙用也。以爲西國雖遠，而上貢者不奇，稽留使者未遣。又時武帝幸華林園射虎，而弩弦斷，使者時從駕，又上膠一分，使口濡以續弩弦。帝驚曰：「異物也。」乃使武士數人共對掣引之，終日不脫，如未續時也。膠色青如碧玉。吉光毛裘，黃色，蓋神馬之類也。裘入水數日不沉，入火不燋。帝於是乃悟。厚謝使者而遣去，賜以牡桂、乾薑等諸物，是西方國之所無者，又益思東方朔之遠見。（十洲記）

按：以上兩則，並記續弦神膠事。博物志未交代此膠如何製成，十洲記乃云係由鳳喙及麟角合煎所作。

【附　註】

註一：原作「蟬烏」，今據太平御覽卷九二四引文校改。

註二：「所」字據太平御覽卷九二四引文增補。

註三：素問卷十九五運行大論云：「東方生風，……南方生熱……中央生濕，……西方生燥，……北方生寒，……五氣更立，各有所先，非其位則邪，當其位則正。」又同卷六微旨大論云：「帝曰：『寒濕相遘，燥熱相臨，風火相值，其有間乎？』岐伯曰：『氣有勝復，勝復之作，有德有化，有用有變，變則邪氣居之。』」廣韻卷二：「邪鬼病。」

註四：玄黃經乃道家之經典，原書不傳，內容未詳。

註五：見僧祐出三藏記集卷五著錄。太平御覽卷九一一鼠部引西域諸國志，即載鼠王國事。

註六：見士禮居叢書本卷三，稗海本卷二。

註七：水經注卷卅六。

註八：說見通行本洞冥記卷二。

註九：岱輿山，一名浮折，見藝文類聚卷八九、太平御覽卷九五七引拾遺記。

註一〇：見本草綱目卷八「馬腦」條。

註一一：詳本草綱目卷十一「石硫黃」條。

第七章　服食修鍊及仙境説

神仙之説，戰國末季甚盛。齊威王、宣王、燕昭王，以及稍後之秦始皇，皆嘗使人入海求仙藥。漢代，武帝頗篤信術士，封禪祠祀之舉，四時不絕；成帝末年，亦好鬼神，時多上書言祭祀、方術者。其時，仙道理論約包括：金丹、存思、服食、輕舉、變化等項（註一）。降及魏、晉、南北朝，道教中人，頗重修養之法，舉凡虛心養性、食炁辟穀、導引胎息、房中寶精、餌丹服藥等，並繼承前代方士修鍊之説，更加系統化矣。

仙境乃神仙傳説中之樂園意象，象徵長壽、逸樂，人類得以免除世間之煩憂與生命之無常，獲致豐盈完美之理想境界。仙境傳説係魏、晉、南北朝志怪小説之重要題材，既存留古代神話之遺跡，又深受神仙道教之影響，故兼具雙重色彩。

第一節　養生與辟穀

一、養生寶精

養生者，養形且養性也。神仙道教之養生思想，以愛氣寶精爲主。蓋氣之多寡，關係年壽之長短；精之盈虛，又左右氣之盛衰也。養精氣之基本原則，乃在恬淡寡欲，言動適中耳。如：

㈠皇甫隆遇青牛道士，姓封名君達，其餘養性法卽可施用。大略云：「體欲常少勞無過虛，食去肥濃，節酸鹹，減思慮，捐喜怒，除馳逐，愼房室。春夏泄瀉，秋冬閉藏。」（士禮居本博物志卷七）

㈡仙（者）傳曰：「〔雜〕食者，百病妖邪之所鍾。所食逾少，心逾開，年逾益；所食逾多，心逾塞，年逾損焉。」（註二）（仝前）

按：以上兩則，言養生之法，精神肉體並重，唯皆以避免傷損爲主。其說與葛洪相近。抱朴子至理篇云：「人之所以死者，諸欲所損也，老也，百病所害也，毒惡所中也，邪氣所傷也，風冷所犯也。今道引行氣，還精補腦，飲食有度，興居有節，將服藥物，思神守一，柱天禁戒，帶佩符印，傷生之徒一切遠之。如此則通，可以免此六害。」

㈢（典論）云：「王仲統云：甘始、左元放、東郭延年，行容成御婦人法，並爲丞相所錄問；行其術，亦得其驗。」（仝前）

按：容成御婦人法，卽採陰補陽之術。列仙傳云：「容成公者，自稱黃帝師，見於周穆王，能善補導之事，取精於玄牝。其要：谷神不死，守生養氣者也。髮白更黑，齒落更生。」（註三）甘始、左慈二人事蹟，今載通行本神仙傳及後漢書方術傳（下）；東郭延（年），見道藏本漢武帝外傳。

二、辟穀行炁

方士辟穀之法，乃基於三尸信仰（註四）。常食穀物，九蟲三尸，滋生害人，故需斷穀絕鮮。抱朴子微旨篇云：「身中有三尸。三尸之爲物，雖無形而實魂靈鬼神之屬也。欲使人早死，此尸當得作鬼，自放縱遊行，享人祭酹。」欲服食丹藥，導引服氣，必先辟穀，意在去三尸也。

又人類見龜鶴長壽，因模倣其動作，祈求遐齡，遂有導引行炁之法。經由吐故納新，內外交流之導引過程，吾人得以汲清除濁，收袪疾養生之效。唯行炁之最終目的，乃在回復胎息狀態，如嬰兒在胞胎之中，不必以鼻口噓吸大氣也。如：

(一)陳思王曹植辯道論云：「世有〔方士〕，吾王悉招至之。甘陵有甘始，廬江有左慈，陽城有郄儉。始能行氣導引，慈曉房中之術，儉善辟穀，悉號三百歲人。……〔余〕嘗試郄儉，絕穀百日，躬與寢處，行步起居自若也。」（註五）（博物志卷七）

(二)魏文典論云：「議郎李覃學郄儉辟穀食茯苓，飲水中寒，洩痢殆至殞命；軍祭酒宏農董芬學甘始鴟視狼顧，呼吸吐納，爲之過差，氣閉不通，良久乃蘇。」（仝前）

按：曹氏父子三人，聰明蓋世。然對待方術之士，雖頗加調笑，又不能疑其全爲虛誕，復問行其術。蓋追求長生之欲望，乃人類所共有，曹氏父子，亦非能齊死生者。自以上兩則，可見其議論之一斑也。

㈢人有山行墮深澗者，無出路，饑餓欲死。左右見龜蛇甚多，朝暮引頸向東方，人因伏地學之，遂不饑，體殊輕便，能登巖岸。經數年後，竦身舉臂，遂超山澗上，卽得還家。顏色悅懌，頗更黠慧勝故。（博物志卷二）

㈣漢末大亂，潁川有人將避地他郡。有女七八歲，不能涉遠，勢不兩全。道邊有古塚穿敗，以繩繫女下之。經年餘還，於冢尋覓，欲更殯葬。忽見女尙存，父大驚，問女得活意，女云：「冢中有一物，於晨暮輒徐伸頭翕氣，爲試效之，果覺不復飢渴。」家人於冢尋索此物，乃是大龜。（鈎沈本幽明錄）

按：以上兩則，並記有人學龜蛇引頸呑氣，遂不覺飢渴，得保性命。「潁川女子」一則，始見陳實異聞記，葛洪抱朴子對俗篇嘗引之，用以證明龜有不死之法，爲道者效之，得與龜同年也。

第二節　餌丹與昇仙

一、餌丹服藥

修治養生、行氣之法，可以延年；服草木之藥，亦能治病强身，要皆不免於死。故求道之士，必以餌食金丹，或尋訪靈藥，修成神仙，長壽無窮爲最後目標。惟能如願者，寥寥無幾。如：

㈠神農經曰：「上藥養命，爲五石之練形，六芝之延年也。中藥養性，合歡蠲忿，萱草忘憂。下藥治病，謂大黃除實，當歸止痛。夫命之所以延，性之所以和，病之所以愈，當其藥應以痛也。違其藥，失其應，卽怨天尤人，設鬼神矣。」（博物志卷七）

按：本則乃泛論藥品及其效用。唯有服食上藥，乃能修鍊形體，延年益壽，餘者但能養性治病耳。

㈡赤松子者，神農時雨師也，服水玉，以敎神農，能入火自燒。至崑崙山，常入西王母石室中，隨風雨上下。炎帝少女追之，亦得仙，俱去。至高辛時，復爲雨師，遊人間。今之雨師本是焉。（通行本搜神記卷一）

按：「水玉」，原作「冰玉散」；「自燒」作「不燒」，今據法苑珠林卷七九引文校改。赤松子，見列仙傳卷上，干寶轉錄其文。抱朴子仙藥篇云：「赤松子以玄蟲血漬玉爲水而服之，故能乘烟上下。」卽述此事也。

㈢昔有人發廬山採松，聞人語云：「此未可取。」此人尋聲而上，見一異華，形甚可愛，其香非常，知是神異，因掇而服之，得壽三百歲也。（鈎沈本述異記）

按：松華，一名松黃，有潤心肺、益氣、除風、止血之效，亦可釀酒（註六）。此則所述乃神異者，故服之能長壽。

(四)偓佺者，槐山採藥父也。好食松實。形體生毛，長七寸。兩目更方。能飛行逐走馬。以松子遺堯，堯不暇服。松者，簡松也。時受服者，皆三百歲。（搜神記卷一）

按：簡者，橌之借字，謂大也（註七）。李時珍本草綱目著錄海松子，出自遼東及雲南，五鬣叢，結子大如巴豆。時珍且謂列仙傳載偓佺、犢子、赤須子等所食，並皆海松子云（註八）。

(五)漢末大亂。宮人小黃門上墓樹上避兵，食松柏實，遂不復飢。舉體生毛，長尺許。亂離既平，魏武聞而收養。還食穀，齒落頭白。（通行本異苑卷八）

按：本則言小黃門食松柏實，遂不飢，體復生毛，長尺許，與列仙傳及搜神記所載偓佺相似，蓋即將得仙者，惜其未能竟功也。

(六)南方大荒有樹焉，名曰如何。三百歲作華，九百歲作實，華色朱，其實正黃。高五十丈，敷張如蓋；葉長一丈，廣二尺餘，似菅苧，色青，厚五分。可以絮，如厚朴，材理如支。九子，味如飴。實有核，形如棗子。長五尺，圍如長，金刀剖之則酸，蘆刀剖之則辛；食之者地仙，不畏水火，不畏白刃。（神異經南荒經）

按：太平御覽卷三四五引神異經云：「金刀割之則飴，木刀割之則辛」；又卷九六一引，作「金刀割之則飴，非則辛。」今通行本作「酸」字，殆誤。如何之樹，恐係憑空捏造，並無其物；唯晉顧愷之啟蒙記，已有「如何隨刀而改味」之說（註九），其引爲故實則甚早。

(七)東方有樹焉，高百丈，敷張自輔，葉長一丈，廣六尺，其名曰梨。如今之樝梨，但樹大耳。其子徑三尺，

剖之，（少）瓤，白如素，和羹食之，為地仙。衣服不敗，辟穀。可以入水火。（神異經東荒經）

按：本則言東荒中有梨樹，食其實，可成地仙，遊行人間，入水火不熱。藝文類聚卷八六引之，無「如今之樝梨，但樹大耳」及「衣服不敗，辟穀」兩句，當係注文竄入本經者（註一〇）。

二、尸解昇仙

魏、晉時期，神仙之說既盛，仙眞得道之術及棲遊之地不同，乃有品第之分。抱朴子論仙篇引仙經云：「上士擧形昇虛，謂之天仙；中士遊於名山，謂之地仙；下士先死後蛻，謂之尸解仙。」仙傳所載仙人，三品並具，若志怪小說之所記述，則以尸解仙最爲常見也。如：

㈠甯封子，黃帝時人也。世傳爲黃帝陶正。有異人過之，爲其掌火。能出〔入〕五色烟。久則以敎封子。封子積火自燒，而隨烟氣上下。視其灰燼，猶有其骨。時人其葬之甯北山中，故謂之甯封子。（搜神記卷一）

按：此事，今見列仙傳卷上，干寶轉錄之。五色烟，疑與五行觀念有關。

㈡上巡狩過河間，見有青紫氣自地屬天。望氣者以爲其下有奇女，必天子之祥。求之，見一女子在空館中，姿貌殊絕，兩手皆拳。上令開其手，數百人擘莫能開，上自披，手卽申。由是得幸，爲拳夫人。進爲婕妤，居鉤弋宮。解〔黃〕帝、素女之術，大有寵。有身，十四月產昭帝。上曰：「堯十四月而生，鉤弋亦然。」乃命其門曰堯母門。從上至甘泉，因幸告上曰：「妾相運正應爲陛下生一男，七歲妾當死，今年必死。宮中多蠱氣，必傷聖體。」言終而臥，遂卒。既殯，香聞十里餘，因葬雲陵。上哀悼，又疑非常人，發冢，空棺無尸，唯衣履存焉。起通靈臺於甘泉，常有一青鳥集臺上往來，至宣帝時乃止。（鉤沈本漢武故事）

按：鉤弋夫人事，亦見列仙傳及搜神記（註一一），唯敍述較簡略。本則乃交代其解黃帝、素女之術（註一二），遂得尸解成仙。

㈢蔡經與神交，神將去，家人見經詣井上飲水，上馬而去。視井上，俱見經皮如蛇蛻，遂不還。（鉤沈本列異傳）

按：蔡經與神仙王方平交往之事，詳見今本神仙傳卷二王遠傳。傳云蔡氏骨相當仙，故方平往往其家；其後，經忽身體發熱如火，舉家汲水灌之，纔卽消盡，遂入室以被自覆，忽然失之，唯有皮，具如蟬蛻云。其說與本則稍異。

㈣武陵宗超之奉經好道，宋元嘉中亡。將葬，猶未闔棺。其從兄簡之來會葬，啟蓋視之，但見雙屐在棺中云。（異苑卷五）

按：此亦言尸解事，原文自北堂書鈔卷一三六錄出，殆經刪削，故情節甚簡略也。

第三節　仙境觀念

上古樂園意象爲道家隱逸一派之政治理想，乃屬於一種原始共同體之理想社會，或稱之曰樂土、樂郊（註一三），或標擧爲至德之世，建德之國（註一四）。其時也，天地渾沌未分，神人得以相互交通，個個生命力豐富旺盛，生活無憂無慮。神仙道教之徒，遠承此種樂園思想而加以神奇化，乃創建神仙樂園，做爲宗教、政治之理想境地。

秦、漢之時，方士爲神仙思想主要傳遞者。其仙境之說，或以西方崑崙山爲中心，或以東方海上仙山爲根據。崑崙樂園意象原係神話時期之產物，淵源遠古，以山海經及屈原作品爲主。至於海島樂園說，遲至戰國末期，方由鄒衍之徒及燕、齊方士集團盛倡之。魏、晉以降，仙境說或繼承以上兩種傳統說法，或者混雜崑崙、海島系統而變爲「聯合仙山」說（註一五）。前者以張華博物志爲代表，後者以王嘉拾遺記及題名東方朔撰之海內十洲記爲主流。

一、崑崙仙境說

㈠地祇之位，起形高大者，有崑崙山。〔從〕廣萬里，高萬一千里。神物之所生，聖人、仙人之所集也。出五色雲氣、五色流水。其〔白水東〕南流入中國，名曰河也。其山中應于天，最居

中，八十城布繞之。中國東南隅居其一分，是好城也（註一六）。（博物志卷一）

按：崑崙居中說，出於山海經、緯書等神話傳說系統。西次三經云：「（槐江之山）西南四百里，曰昆侖之丘，寔惟帝之下都，神陸吾司之。……河水出焉而南流，東注于無達；赤水出焉，而東南流注于氾天之山；洋水出焉，而西南流注于醜塗之水；黑水出焉，而西流于大札。」海內西經之說，大致相近。河圖括地象云：「崑崙之山爲地首，上爲握契，滿爲四瀆，橫爲地軸，上爲天鎭，立爲八柱。」龍魚河圖云：「崑崙山，天中柱也。」（註一七）凡此，皆以崑崙山爲宇宙之中心也。

㈡崑崙之山，有銅柱焉，其高入天，所謂天柱也。圍三千里，周圓如削，下有回屋，方百丈，仙人九府治。……九府玉童玉女，與天地同休息。男女無爲匹配，而仙道自成。（神異經中荒經）

按：崑崙爲宇宙大山，且居中央，乃天帝之下都；天柱卽世界之柱，群巫由此得以通天。此世界大山、神人交通諸說，實係南北美、北亞細亞、中央亞細亞諸民族普遍存在之觀念，近世之人類學家名之爲薩滿（Shaman）宇宙觀（註一八）。「仙人九府治」一句，太平御覽卷六七四引，作「仙曹九府治所」；說郛卷六五則作「神仙府治」。此事與玉童玉女，均屬於神仙道教傳說。

二、海島仙境說

㈠史記封禪書云：齊宣、燕昭遣人乘舟入海——有蓬萊、方丈、瀛洲三神山，神人所集——欲採仙藥。蓋言先有至之者。其鳥獸皆白，金銀爲宮闕，悉在渤海中，去人不遠也（註一九）。（博

物志卷一）

按：此一則節引史記封禪書所載三神山之說。漢武在位，求丹採藥甚急，燕、齊濱海方士乃擷取舊時仙山傳聞而增飾之。史記所述，蓋當時諸種傳說之一耳。與三神山說相近者，則爲列子湯問篇所記：岱輿、員嶠、方壺、瀛州、蓬萊五神山說。

(二)東南之大者，巨鼇焉：以背負蓬萊山，周迴千里。巨鼇，巨龜也。（鈎沈本玄中記）

按：此則言巨鼇負仙山，當本於列子。列子一書，固嘗爲魏、晉間人所竄亂，其資料則大抵可信。東晉初，張湛註解是書，流傳文士之間。玄中記撰者乃採湯問篇之巨鼇負山傳說，以强調東南海中有背部周迴千里之大物。蓋其著重點在於巨龜，而非仙山傳聞也。

三、聯合仙山說

(一)崑崙山有昆陵之地，其高出日月之上。山有九層，每層相去萬里。有雲氣（五色）（註二〇），從下望之，如城闕之象。四面有風，群仙常駕龍乘鶴，遊戲其間。……（拾遺記卷十）

(二)蓬萊山，亦名防丘，亦名雲來，高二萬里，廣七萬里。水淺，有細石如金玉，得之，不加陶冶，自然光淨，仙者服之。……有浮筠之管，葉青莖紫，子如大珠，有青鸞集其上。下有沙磧，細如粉，暴風至，竹條翻起，拂細沙如雪霰。仙者來觀而戲焉（註二一）。（仝前）

(三)方丈之山，一名巒雉山（註二二）。東有龍場，地方千里，玉瑤爲林，雲色如紫。……山西有

照石，去石十里，視人物之影如鏡焉。……莎蘿草細大如髮，一莖百尋，柔軟香滑，群仙以爲龍、鵠之轡。（仝前）

(四)瀛洲，一名魂洲，亦曰環洲。……有樹名影木，日中視之如列星，萬歲一實，實如瓜，青皮黑瓤，食之骨輕。上如華蓋，群仙以避風雨。有金巒之觀，飾以衆環，直上干雲。……有鳥如鳳，身紺翼丹，名曰藏珠。每鳴翔而吐雜珠累斛，仙人常以其珠飾仙裳，蓋輕而燿於日月也。（仝前）

(五)員嶠山，一名環丘。上有方湖，周迴千里。多大鵲，高一丈，銜不周之粟。……其粟，食之，歷月不飢。……南有池移國，人長三尺，壽萬歲。以茅爲衣服，皆長裾大袖，因風以昇烟霞，若鳥用羽毛也。人皆雙瞳，修眉長耳，飡九天之正氣，死而復生。於億刼之內，見五岳再成塵；扶桑萬歲一枯，其人視之如旦暮也。（仝前）

(六)岱輿山，〔一名浮折〕（註二三），東有員淵千里，常沸騰，以金石投之，則爛如土矣。……西有烏玉山，其石五色而輕，或似履舄之狀，光澤可愛，有類人工。其黑色者爲勝，衆仙所用焉。北有玉梁千丈，駕玄流之上，紫苔覆漫，味甘而柔滑，食者千歲不飢。……有遙香草，……其花葉俱香，扇馥數里，故名遙香草。其子如薏中實，甘香，食之累月不飢渴，體如草之香，久食延齡萬歲。仙人常採食之。（仝前）

(七)洞庭山浮於水上，其下有金堂數百間，帝女居之。四時聞金石絲竹之聲，徹於山頂。……其山

又有靈洞，入中，常如有燭於前。中有異香芬馥，泉石明朗。……（仝前）

按：以上數則，並王嘉拾遺記卷十之文。宋代以後，此卷曾別刻行世，題曰名山記（註二四）。崑崙屬於西方仙山系統，蓬萊、方丈、瀛洲、員嶠、岱輿五神山，則屬於東方系統，洞庭山乃後起之神山仙境。蓋子年有意滙集諸種資料，形成綜合仙山之說。其舖敍仙境氣象及殊方異物，華彩縟麗，與秦、漢時期單純而樸素之仙境說，大異其趣，宜乎後人每以詭怪虛誕目之也（註二五）。

(八)王母曰：「昔上皇清虛元年，三天太上道君下觀六合。瞻河海之短長，察邱嶽之高卑，立天柱而安於地理，植五嶽而擬諸鎮輔，貴昆陵以舍靈山，尊蓬邱以館眞人，安水神乎極陰之源，棲太帝于博桑之墟。於是方丈之阜，爲理命之室；滄浪海島，養九老之堂；祖、瀛、玄、炎、長、元、流、生、鳳麟、聚窟，各爲洲名，並在滄流元津之中。水則碧黑俱流，波則振蕩群精，諸仙玉女，聚於滄溟，其名難測，其實分明。……（守山閣本漢武帝內傳）

按：以上一段，乃西王母爲漢武帝解說五嶽眞形圖之由來，舉出崑崙山、方丈山及三島（蓬邱、博桑、滄海）十洲諸仙境。其後，海內十洲記乃本之而增飾描繪焉。從此，道教徒之語仙境者，大抵以十洲三島爲主，舊有崑崙、海島兩系之傳統說法轉晦矣。

第四節　仙境説

仙境說之主旨，在於表現「他界」觀念（註二六）。近代學者歸納分析魏、晉、南北朝志怪小說資料，獲知其基本構成形式，大約是：一曰山中或者海上；二曰洞穴；三曰仙藥與食物；四曰美女與婚姻；五曰道術與贈物；六曰懷鄉與思歸；七曰時間；八曰再歸或不能回歸（註二七）。依據此一深層結構（基型），再配合時代及社會文化背景之差異，仙境小說乃形成各種不同之類型。

一、服食仙藥類型

凡人既服食仙境之珍奇藥物，則可獲致仙人之變化能力，或者昇天。如：

(一)漢時，洛下有一洞穴，其深不測。有一婦人欲殺夫，謂夫曰：「未嘗見此穴。」夫自逆視之，至穴，婦遂推下，經多時至底。婦於後擲飯物，如欲祭之。此人當時顚墜恍忽，良久乃蘇，得飯食之，氣力小彊。周皇覓路，仍得一穴，便匍匐從就，崎嶇反側。行數十里，穴寬，亦有微明，遂得寬平廣遠之地。步行百餘里，覺所踐如塵，而聞粉米香，啖之，芬美過於充飢，卽裹以爲糧，緣穴行而食此物，既盡，復過如泥者，味似向塵，復齎以去。所歷幽遠，里數難詳。就明廣，食所齎，盡，便入一都，郛郭修整，宮館壯麗，臺榭房宇，悉以金魄爲飾，雖無日月而明踰三光；人皆長三丈，被羽衣，奏奇樂，非世間所聞；便告求哀，長人語令前去，從命前進。凡過如此者九處。最後所至，苦飢餒，長人指中庭一大柏樹近百圍，下有一羊，令跪捋羊鬚；初得一珠，長人取之，次捋亦取，後捋令啖，卽得療飢。請問九處之名；求停不去。答曰：

「君命不得停，還問張華，當悉此閒。」人便隨穴而行，遂得出交郡。往還六七年間，即歸洛，問華，以所得二物視之。華云：「如塵者是黃河下龍涎，泥是崑山下泥，九處地仙名九館大夫，羊爲癡龍，其初一珠，食之與天地等壽，次者延年，後者充飢而已。」（幽明錄）

按：仙境頗具神秘性，誤入者苟非宿福深厚，往往不得久留。此則所述洛下人氏，被推落極深洞穴，覓路前行，沿途服食秔米香塵泥以止飢，遂見以金魄爲飾之宮館，並見被羽衣之長人。既苦飢餒，長人令取羊鬚下珠啖食。其後出穴，歸洛，以所聞見問諸張華云。全文以「入穴——奇遇——出穴——解謎」之結構進行，與今本搜神後記卷一「仙館玉漿」之情節，極爲類似（註二八）。

(二)西域苟夷國，山上有石駱駝，腹下出水。以金錢及手承取，即便對過，唯瓠蘆盛之者，則得。飲之，令人身體香淨而昇仙。其國神秘，不可數遇。（異苑卷二）

按：瓠蘆爲神仙造型重要形象之一；飲石駱駝腹下水，殆有淨化身心之作用。經由生理變形及心理昇華等過程，乃可脫胎換骨而成仙。

二、仙境觀棋類型

觀棋傳說源自古仙人博戲之傳統。蓋棋局雖小，而其變化莫測，以此隱喻世事如觀棋。故自漢、魏以下，棋戲已成爲神仙洞徹世事之象徵。宋劉敬叔嘗錄一則傳說：

△昔有人乘馬山行，遙望岫裏有二老翁相對樗蒲，遂下馬造焉。以策注地而觀之，自謂俄頃，視

其馬鞭，摧然已爛，顧瞻其馬，鞍骸枯朽。既還至家，無復親屬，一慟而絕。（異苑卷五）

按：樗蒲者，擲五木觀其彩色以賭勝負，乃古博戲之一。觀樗蒲與觀棋，其意義略同。今本任昉（？）述異記卷上亦載有晉王質至信安郡石室山伐木，見童子數人棋而歌，質因駐足觀聽，俄頃，斧柯盡爛。既歸，無復時人之故事。兩則均强調仙界與人世之時間不同。仙境經歷既於俄頃間完成，當其重返現實世界，目睹人事全非，世變日亟之滄桑感油然生焉。

三、人神戀愛類型

上古之巫女形象與宗教儀式密切結合，人神戀愛遂爲神話重要主題之一。其後，民間傳說中漸有人間性之人神戀愛情節，女巫角色亦爲神化之玉女所取代。此種戀愛事件，除保存原始宗教儀式之遺迹外，更具有潛意識心理之意義。蓋現實世界禮教之禁制，理智之壓抑，均可在遊仙歷程中獲得滿足，故漢世以下，邂逅女神之傳說，流布日廣也。例如：

㈠會稽剡縣民袁相、根碩二人，獵經深山，重嶺甚多。見一群山羊六七頭，逐之。經一石橋，甚狹而峻。羊去，根等亦隨，渡向絕崖；崖正赤壁立，名曰赤城。上有水流下，廣狹如匹布，剡人謂之瀑布。羊徑有山穴如門，豁然而過。既入內，甚平敞，草木皆香。有一小屋，二女子住其中，年皆十五六，容色甚美，著青衣。一名瑩珠，一名□□。見二人至，忻然云：「早望汝來。」遂爲室家。忽二女出行，云：「復有得壻者，往慶之。」曳履於絕巖上行，琅琅然。二人思歸，潛去。歸路，二女已知，追還。乃謂曰：「自可去。」乃以一腕囊與根等，語曰：「愼勿開也。」於是乃歸。後出行，家人開視其囊。囊如蓮花，一重去，復一重，至五，盡；中有小青鳥，飛去。根還，知此，悵然而已。後根於田中耕，家依常餉之，見在田中不動；就視，但有殼如蟬蛻也。（通行本搜神後記卷一）

按：自楚辭離騷、遠遊巫系文學起始，及繼之而發展形成之遊仙文學，均以遊歷爲主題。魏晉南北朝仙境傳說，亦以遊歷爲母題，且大抵遵循：出發——歷程——回歸之基型結構進行。本則故事，主角行獵，入深山，經石橋，過山穴，屬於出發階段；既入穴中，邂逅玉女，遂爲室家，係遂願階段；其後，思歸、贈物，重返人間，則爲回歸階段。及至玉女所贈腕囊中之青鳥飛去，根碩蟬蛻尸解，似可視爲再出發也。（註二九）

(二)漢明帝永平五年，剡縣劉晨、阮肇共入天台山取穀皮，迷不得返。經十三日，糧食乏盡，飢餒殆死。遙望山上有一桃樹，大有子實，而絕巖邃澗，永無登路。攀援藤葛，乃得至上。各噉數枚，而飢止體充。復下山，持杯取水，欲盥漱，見蕪菁葉從山腹流出，甚鮮新，復一杯流出，有胡麻飯糝，相謂曰：「此知去人徑不遠。」便共沒水，逆流二三里，得度山。出一大溪，溪邊有二女子，姿質妙絕，見二人持杯出，便笑曰：「劉、阮二郎，捉向所失流杯來。」晨、肇既不識之，緣二女便呼其姓，如似有舊，乃相見忻喜。問：「來何晚邪？」因邀還家。其家銅瓦屋，南壁及東壁下各有一大牀，皆施絳羅帳，帳角懸鈴，金銀交錯。牀頭各有十侍婢，敕云：

「劉、阮二郎，經涉山岨，向雖得瓊實，猶尚虛弊，可速作食。」食胡麻飯、山羊脯、牛肉，甚甘美。食畢行酒，有一群女來，各持五三桃子，笑而言：「賀汝壻來。」酒酣作樂，劉、阮忻怖交幷。至暮，令各就一帳宿，女往就之，言聲清婉，令人忘憂。十日後欲求還去，女云：「君已來是，宿福所牽，何復欲還邪？」遂停半年。氣候草木是春時，百鳥啼鳴，更懷悲思，求歸甚苦。女曰：「罪牽君，當可如何？」遂呼前來女子，有三四十人，集會奏樂，共送劉、阮，指示還路。既出，親舊零落，邑屋改異，無復相識。問訊得七世孫，傳聞上世入山，迷不得歸。至晉太元八年，忽復去，不知何所。（幽明錄）

按：有關仙境艷遇之情節，此則所描繪較「袁相、根碩」更爲細緻。其時間定於漢明帝永平之世，地點在天台山，劉晨、阮肇之入山動機爲取穀皮。二人因迷途誤入仙境，服食仙桃與胡麻飯糝之後，乃逆流渡溪，見絕妙女子，此爲出發階段。已而女色、富貴、佳餚、美景供其享受，則爲遂願過程。思歸之後，還鄉，「見親舊零落，邑屋改異，無復相識」。作者採用「山中一日，世中百年」之時間觀念，說明回歸情境，將啟示契機作合乎情理之誇張，種下再出發——「忽復去，不知何所」之結局，益顯出飄渺玄虛之情致矣。

四、遁隱思想類型

隱遁類型作品，係仿照仙境傳說之形式而寫成，日本小川環樹教授稱之爲「變種之仙鄉譚」（註三〇）。作者結合仙境傳說、隱遁思想及當時社會現象，形成一種屬於遊歷性質之傳說。此類傳說，尤其盛行於晉、宋時期。例如：

㈠滎陽人，姓何，忘其名，有名聞士也。荆州辟爲別駕，不就，隱遁養志。常至田舍收穫。在場上，忽有一人長丈餘，黃疏單衣、角巾來詣之。翩翩舉其兩手，並舞而來，語何云：「君曾見韶舞否？此是韶舞。」且舞且去，何尋逐徑向一山，山有穴，纔容人。其人卽入穴，何亦隨之入。初甚急，前，輒開曠，便失人。見有良田數十頃，何遂墾作，以爲世業，子孫至今賴之（註三一）。（搜神後記卷一）

按：本篇以黃疏單衣之異人引導爲始，以現實世界之理想境地作結。其表層結構疑卽魏晉南北朝塢堡制度之反映，乃當時遭逢戰亂，百姓避居山塢以求自給自足之特殊景象。其情節與陶淵明之桃花源記相較，實有異曲同工之妙（註三二）。

㈡長沙醴陵縣有小水（一處，名梅花泉）（註三三）。有二人乘船取樵，見崖下土穴中水流出，有新斫木片逐水流，上有深山，有人跡，異之。乃相謂曰：「可試入水中，看何由爾！」一人便以笠自障入穴，穴纔容人；行數十步，便開明朗然，不異世間（註三四）（仝前）

按：本則情節不夠完整，疑經刪削使然（註三五）。以新斫木片爲入境動機，與「劉晨、阮肇」一篇之水流杯子均屬同一機杼。

【附　註】

註一：漢書卷廿五郊祀志（下）谷永諫成帝書云：「臣聞明於天地之性，不可惑以神怪；知萬物之情，不可罔以非類。諸背仁義之正道，不尊五經之法言，而盛稱奇怪鬼神，廣崇祭祀之方，求報無福之祠，及言世有僊人服食不終之藥，遙興輕舉，登遐倒景，覽觀縣圃，浮遊蓬萊，耕耘五德，朝種暮獲，與山石無極，黃冶變化，堅冰淖溺，化色五倉之術者，皆姦人惑衆，挾左道，懷詐僞以欺罔世主。」其所指斥，已包含金丹、存思、服食、輕舉、變化諸事。

註二：原文誤字脫字頗多，今據陶弘景養性延命錄卷上教誡篇校改。

註三：見道藏本列仙傳卷上。

註四：三尸之說，蓋後漢已見流傳，故列仙傳朱璜傳有眞人阮丘投藥，爲璜除腹中三尸之記載。南宋張君房編雲笈七籤，嘗集道教經訣之言三尸者甚詳。七籤卷八三中山玉櫃經服氣消三蟲訣注云：「蟲有三名，伐人三命，亦號三尸。一名青姑，號上尸，伐人眼。……二名白姑，號中尸，伐人腹。……三名血姑，號下尸，伐人之腎。……三尸毒流噬嗑胎魂，欲人之心，務其速死，是謂邪魔生也。……常以甲寅、庚申日，上白天曹，下訟地府，告人罪狀，述人過惡。」又同卷「說三尸」云：「眞人云：上尸名彭倨，好寶物；中尸名彭質，好五味；下尸名彭矯，好色慾。」故三尸又稱三彭。

註五：本文據魏書方技傳華陀傳裴注引辯道論校補。

註六：說見本草綱目卷卅四。

註七：爾雅卷一釋詁云：「簡，大也。」說文解字第六篇（上）木部云：「橺，大木皃。」說詳朱駿聲說文通訓定聲乾部第十四「簡」字條。

註　八：見本草綱目卷卅一。

註　九：見太平御覽卷九六一引。

註一〇：齊民要術卷十引，無「如今之樝梨，但樹大耳」一句；太平御覽卷九六九引，至「食之，爲地仙」而止，末云：「張華注曰：是故今梨，樹大耳。」

註一一：見道藏本列仙傳卷下、通行本搜神記卷一。

註一二：文選思玄賦注引淮南子云：「素女，黃帝時方術之女也。」抱朴子極言篇云：「黃帝……論導養則資玄、素二女，……著體珍則受雷、岐。」雲笈七籤卷一百軒轅本記云：「黃帝合符瑞於釜山，得不死之道，奉事太一元君。受要記修道養生之法於玄女、素女，受房中之術，能御三百女。」

註一三：詩經魏風碩鼠云：「碩鼠碩鼠，無食我黍；三歲貫女，莫我肯顧。逝將去女，適彼樂土。樂土樂土，爰得我所。……逝將去女，適彼樂國。……逝將去女，適彼樂郊。」鄭玄箋：「樂土，有德之國。」

註一四：莊子馬蹄篇：「夫至德之世，同與禽獸居，族與萬物並，惡乎知君子、小人哉？同乎無知，其德不離；同乎無欲，是謂素樸。素樸而民性得矣。」又山木篇：「南越有邑焉，名爲建德之國。其民愚而朴，少私而寡欲，知作而不知藏，與而不求其報。不知義之所適，不知禮之所將，猖狂妄行，乃蹈乎大方。其生可樂，其死可葬。」其說與老子第八十章言小國寡民事相呼應。

註一五：「聯合仙山」一詞，見杜而未崑崙文化與不死觀念第二編第二章。杜氏據王嘉拾遺記有關聯合仙山與仙者之記載，以便爲崑崙文化與不死觀念之連鎖關係作證。李豐楙魏晉南北朝文士與道教之關係第六章，則借之以指混合崑崙、海島兩系統之新仙境說。此處暫時襲用李氏說法。

註一六：本則文字，據白氏六帖卷五、太平御覽卷卅六、卷卅八、事類賦注卷七引文校補。

註一七：見太平御覽卷卅八引。

註一八：薩滿（Shaman），原指盛行亞洲北部及北美印地安人所信奉原始宗教之巫覡。李約瑟以爲卽史記、漢書所稱之「羨門」，屬於神仙者流。見氏著中國之科學與文明第二卷第一分册，中譯本第二册。有關薩滿文化或薩滿教區之研究，如羅美爾（Andreas Lommel）薩滿化：藝術之起源（Shamanish: the begining of art），以爲其分布在初期狩獵經濟區域，亦卽西伯利亞、北美、南美及亞洲、澳洲若干地區。

註一九：「齊宣」原作「齋冥」，據史記封禪書及初學記卷六、事類賦注卷六引博物志校改

註二〇：「五色」二字，據太平御覽卷八引文增補。

註二一：本則文字依太平御覽卷九六二引拾遺記校改數處。

註二二：「巒雉山」，原作「巒雉」，據太平御覽卷九三〇、事類賦注卷六引文校改。

註二三：「一名浮折」四字，據藝文類聚卷八九、太平御覽卷九五七引文增補。

註二四：陳振孫直齋書錄解題卷十一、馬端臨文獻通考經籍考卷，並著錄名山記一卷，王子年撰。

註二五：按晉書卷九五藝術傳云：「王嘉著拾遺錄十卷，其事多詭怪，今行於世。」晁公武郡齋讀書志、陳振孫直齋書錄解題、楊愼丹鉛總錄、四庫全書總目等，亦並以「奇詭」、「詭誕」、「虛空」、「荒誕」目之也。

註二六：「他界」（Other World），或譯作「冥界」、「陰間」，乃指與人間、陽界相對之另一世界。

註二七：說詳小川環樹著張桐生譯中國魏晉以後的仙鄉故事一文，民國六十四年，幼獅月刊四十卷五期。

註二八：「仙館玉漿」一則，見初學記卷五、太平御覽卷廿九引世說，亦見太平廣記卷一九七引小說；未見古注或者任何類書引作搜神後記。此文又見古小說鈎沈本幽明錄，恐亦誤收。

註二九：按：青鳥乃西王母神話中傳言使者，在本處則成爲交通仙界與凡世之奇禽。又神仙之說，以尸解爲得仙，根碩既已蟬蛻，當卽再度進入仙境矣。

註三〇：同註二七。

註三一：本則文字依太平御覽卷五七四、卷八二一引文校改數處。

註三二：桃花源記，見箋註陶淵明集卷五；又載通行本搜神後記卷一。惟翻檢古注、類書所引，但作陶潛桃花源記或桃源記，實未有作搜神後記或續搜神記者。故知通行本後記誤收也。

註三三：「一處，名梅花泉」六字，據北堂書鈔卷一五八引文增補。

註三四：本則文字依據北堂書鈔卷一五八、太平御覽卷五四引文校改數處。

註三五：類書引用各種典籍，爲節省篇幅，每有刪削改竄、斷章取義者。今本搜神後記卷一所載本文，即由太平御覽卷五四輯出，疑非原來面貌。

第八章　宗教靈異與佛道相爭

原始時代之宗教，大抵以祈求福祉、避免災厄爲主旨。其信仰之對象，則有圖騰（Totem）、祖先、神靈、庶物等。舉行宗教儀式之目的，不外乎酬謝神祇，表達崇敬心意；或向神鬼告罪，請求免除懲罰。儀式進行之過程，往往採取集體方式，故其間接功用，則能促進族人之團結也。延至後世，民智大開，諸宗派之教義，往往以勸善戒惡爲主，並提供人類精神之助力，解除心理之衝突，使其心靈能夠獲得慰藉或有所寄託，從而增進社會之和諧氣氛。故當今之教派，不論佛、道、回、基督……等，均有維繫世道人心之作用在焉，理應得到重視。

教派既然林立，如何宣揚教義以爭取信徒，擴張本派之勢力，實乃教內人士亟欲達成之願望。各派教徒爲獲致宣傳效果，或極力渲染其教主無邊之法力，或大量報導信徒所聞見之神異事蹟。甚者，則攻擊不同教派，斥爲邪魔惡道，大事排擠；更嚴重者，乃運用政治力量橫加干涉，造成宗教迫害。諸如此類，顯然已經喪失其設教佈道之原意矣。

第一節 神異靈應

佛教以涅槃爲最終目的（註一），務期衆生得以了脫生死，斷除煩惱業苦，獲得眞樂之境。其陳義甚高，其教理甚深，百姓俗衆頗難領會。魏、晉、南北朝時代之僧徒不得不以小乘教之善惡報應、因果輪迴等道理爲傳布引導方便途徑；或以道人能鎭伏鬼怪、逆知未來諸神異事蹟，爭取凡夫俗子之敬信。

道教以修眞成道爲最高目標。其時也，「乘飛龍、駕紫霧，翱翔天外，逍遙太虛。數不得而限之，命不得而拘之。」（註二）誠爲永生不死之極樂世界。然神仙之境地，虛無縹渺，難得一見，而服食、導引、存思、燒煉諸工夫，亦非短期可以奏功。故教中道士每借齋祀跪拜之儀式、行符敕水之法術，招徠民間信士，建立群衆基礎也。例如：

㈠竺長舒者，其先西域人也。世有資貨，爲富人。居晉元康中，內徙洛陽。長舒奉佛精進，尤好誦光世音經。其後隣比有火。長舒家是草屋，又正在下風。自計火已逼近，政復出物，所全無幾。光世音經云：「若遭火，當一心誦念。」乃勑家人不復輦物，亦無灌救者，唯至心誦經。有頃火燒其隣屋，與長舒隔籬，而風忽自回，火亦際屋而止。于時咸以爲靈應。里中有凶險少年四五，共毀笑之云：「風偶自轉，此復何神？伺時燥夕，當爇其屋，能令不燃者可也。」其後天甚旱燥，風起亦駛，少年輩密共束炬，擲其屋上，三擲三滅，乃大驚懼，各還走家。明晨相率詣長舒家，自說昨事，稽顙辭謝。長舒答曰：「我了無神，政誦念光世音，當是威靈所祐。諸君但當洗心信向耳。」隣里鄉黨咸敬異焉。（光世音應驗記）

按：本事亦見冥祥記。當係王琰採錄應驗記之文字編入書中，用以證明誦念觀世音經之靈應也。陸杲繫觀世音應驗記所載「釋法力道人」、「釋法智道人」、「吳興郡吏」三則（註三），情形大致相似。觀世音菩薩普門品云：「若有持是觀世音菩薩名者，設入大火，火不能燒。」是也。（註四）

(二)晉尼竺道容，不知何許人。居于烏江寺，戒行精峻，屢有徵感。晉明帝時，甚見敬事。以華藉席，驗其所得，果不萎焉。時簡文帝事清水道，所奉之師，即京師所謂王濮陽也。第內爲立道舍。容亟開化，帝未之從。其後帝每入道屋，輒見神人，爲沙門形，盈滿室內。帝疑容所爲，因事爲師，遂奉正法。晉氏顯尚佛道，此尼力也。當時崇異，號爲聖人。……孝武初，忽而絕迹，不知所在。（鈎沈本冥祥記）

按：道容尼事，亦見釋寶唱比丘尼傳卷一，內容稍詳，蓋參考王琰冥祥記而撰成者。以花藉席而不萎，道屋神人爲沙門形，即所謂屢有徵感矣。

(三)晉揚州江畔有亭，湖神嚴峻甚惡。於時有一客僧婆羅門名曰法藏，善能持咒，辟諸邪毒，並皆有驗。別有小僧，就藏學咒經，於數年學業成就，亦能降伏諸邪毒惡。故詣亭湖神廟止宿，誦呪，伏神。其夜見神，遂致殞命。藏師聞弟子誦呪致死，懷忿自來；夜到神廟，瞋意誦呪，神來出見，自亦致死。同寺有僧每恆受持般若，聞師徒並亡，遂來神所，於廟夜誦金剛般若。至夜半中，聞有風聲極大，迅速之間，見有一物，其形偉大，壅聳驚人，奇特可畏，口齒長利，眼光如電，種種神變，不可具述。經師端坐，正念誦經，剎那匪懈，情無怯怕，都不憂懼。神見形泰，攝諸威勢，來至師前，右膝著地，合掌恭敬聽經訖。師問神曰：「檀越是何神靈？初來猛峻，後乃容豫。」神答云：「弟子惡業，報得如是，是此湖神，然甚敬信。」經師又問：「若神敬信，何意前二師並皆打死？」答云：「前二師死者，為不能受持大乘經典，瞋心誦呪。見弟子來，逆前放罵，專誦惡語，欲降弟子；弟子不伏，于時二僧，見弟子形惡，自然怖死，亦非弟子故殺二僧。」左近道俗，見前二僧被殺，謂經師亦死，相率往看。且見平安，容儀歡泰，時人甚怪；競共問由，具答前意。實因般若威力，聖教不虛。諸人因此發心，受持般若者衆。（鈎沈本旌異記）

按：本事亦見唐無名氏持誦金剛經靈驗功德記，內文作「隋時婆羅僧藏法師」云云，與旌異記小有出入，餘則不異（註五）。蓋據侯氏書而改撰者。

(四)梁天監末，富陽縣泉林寺釋道琳者，少出家，有戒節，誦淨名經。寺有鬼怪，自琳居之便歇。弟子為屋壓頭陷入胸，琳為祈請。夜見兩胡僧拔出其頭，旦遂平復。琳又設聖僧齋，鋪新帛於床上，齋畢，見帛上有人迹，皆長三尺。衆咸服其徵感。（大唐內典錄卷十引旌異記）

按：道琳神異事，原載高僧傳卷十二，文字稍詳；其後又收入明成祖敕撰神僧傳卷四。淨名經乃維摩詰所說經之異名，以維摩詰漢譯曰淨名故也。

㈤晉沙門釋僧朗者，戒行明嚴，華戎敬異。嘗與數人，俱受法請。行至中途，忽告同輩曰：「君等留寺衣物，似有竊者。」同旅卽返，果及盜焉。晉太元中，於奉高縣金輿山谷，起立塔寺，造製形像。苻堅之末，降斥道人，惟敬朗一衆，不敢毀焉。于時道俗信奉，每有來者，人數多少，未至一日，輒已逆知。使弟子爲具，必如言果到。其谷舊多虎，常爲暴害。立寺之後，皆如家畜。鮮卑慕容德，以二縣租課，充其朝中。至今號其谷爲朗公谷也。（冥祥記）

按：僧朗神異事迹，亦見高僧傳卷五，文字稍詳；又略見魏書釋老志。蓋皆本自冥祥記。五胡亂華之際，感化暴虐諸君主，朗公與有力焉。

㈥吳舍人名猛，字世雲，有道術。同縣鄒惠政迎猛，夜於家中庭燒香。忽有虎來，抱政兒超籬去。猛語云：「無所苦，須臾當還。」虎去數十步，忽然復送兒歸。政遂精進，乞爲好道士。（通行本搜神後記卷一）

按：吳猛事蹟，詳許眞君八十五化錄、十二眞君傳（註六），亦見晉書藝術傳，蓋爲東晉初年之名道士，故其神異事屢見於載記矣。

㈦益州之西，雲南之東，有神祠。剋山石爲室，下有民奉祠之。自稱黃石公。因言此神，張良所受黃石公之靈也。淸淨不宰殺。諸祈禱者，持一百紙，一雙筆，一丸墨，置石室中。前請乞。先聞石室中有聲，須臾，問來人何欲？旣言，便具語吉凶，不見其形。至今如此。（註七）（通

行本搜神記卷四）

按：本則記民間廟神之靈驗。其事亦見太平御覽卷四四引九州記要，文字稍微簡略。

(八)陳相子，吳興烏程人，始見佛家經，遂學昇霞之術。及在人間齋，輒聞空中殊音妙香，芬芳清越。（鈎沈本幽明錄）

按：昇霞亦作升遐，卽升天成仙也。陳相子旣讀佛經，又學仙術，設齋之際，遂有殊音妙香等靈異出現也。

第二節　療疾救厄

宗教本身之神秘性，與伴隨少數信徒產生之靈異經驗事件，固有吸引大衆之作用。唯因面臨疾疫災厄，經由個人之虔誠祈禱，脫離苦難；或延請僧侶、道士做法事，已而有驗，遂終身奉法信道者，亦大有人在。例如：

(一)滎陽高荀年已五十，爲殺人被收，鎖項地牢，分意必死。同牢人云：「努力共誦觀世音。」荀曰：「我罪至重，甘心受死，何由可冤？」同禁勸之，因始發心，誓當捨惡行善，專念觀音，不簡造次；若得冤脫，願起五層佛圖，捨身作奴，供養衆僧。旬月用心，鉗鎖自解。監司驚怪，語高荀云：「佛神憐汝，斬應不死。」臨刑之日，舉刀未下，刀折刄斷；奏，得原冤。（辯正

論卷七引搜神後記）

按：本則亦見鈎沈本宣驗記、繫觀世音應驗記及三寶感應要略錄卷上。蓋爲南朝佛教信徒所津津樂道之事例。繫應驗記文末，引郭緣生述征記云：「高荀寺在京縣，晉太元中造。荀乃自賣身及妻子以起之。」其事似宜可信也。

㈡晉欒荀，不知何許人也，少奉法。嘗作福富平令，先從征盧循，值小失利，舩舫遭火垂盡，賊亦交逼，正在中江，風浪駭目，荀恐怖分盡，猶誦念觀世音。俄見江中有一人挺然孤立，腰與水齊。荀心知祈念有感，火賊己切，便投水就之。身既浮涌，腳以履地，尋而大軍遣舩迎接敗者，遂得免濟。（冥祥記）

按：本事亦見繫觀世音應驗記，文字大同小異。蓋陸杲取冥祥記，略加點竄而成。

㈢吳主孫晧，性甚暴虐，作事不近人情。與婇女看治園地，土下忽得一軀金像，形相麗嚴。晧令置像廁傍，使持屏籌。到四月八日，晧乃尿像頭上，笑而言曰：「今是八日，爲爾灌頂。」對諸婇女，以爲戲樂。在後經時，陰囊忽腫，疼痛壯熱，不可堪任。自夜達晨，苦痛求死。名醫上藥，治而轉增。太史占曰：「犯大神所爲。」敕令祈禱靈廟；一禱一劇。上下無計。中宮有一宮人，常敬信佛，兼承帝之愛，凡所說事，往往甚中，奏云：「陛下求佛圖未？」晧問：「佛大神邪？」女曰：「天上天下，尊莫過佛。陛下前所得像，猶在廁傍；請收供養，腫必立差。」晧以痛急，卽具香湯，手自洗像，置之殿上，叩頭謝過，一心求哀。當夜痛止，腫卽隨消。卽

於康僧會受五戒，起大市寺，供養衆僧也。（鈎沈本宣驗記）

按：此事亦見高僧傳卷一康僧會傳、旌異記及三寶感通錄卷中，文字或詳或略，皆本自宣驗記。蓋常爲佛教徒引用，做爲褻瀆佛像之懲戒事例也。

㈣晉有干慶者，無疾而終。時有術士吳猛語慶之子曰：「干侯算未窮，方爲請命，未可殯斂。」尸臥靜舍，惟心下稍暖。居七日，時盛暑，慶形體向壞。猛凌晨至，敎令屬候氣，續爲作水，令以洗，幷飮漱，如此便退。日中許，慶蘇焉，旋遂張目開口，尙未發聲。闔門皆悲喜。猛又令以水含灑，遂起，吐腐血數升，稍能言語，三日，平復如常。……（幽明錄）

按：太平廣記卷十四「吳眞君」一則引十二眞君傳，亦載猛救治干慶事，且謂慶弟寶因感其兄及覩亡父殉妾復生，遂撰集搜神記，備行於世云云。晉書卷八二干寶傳記寶兄嘗氣絕，積日不冷，後遂寤之事，惟不言其兄名字。未知慶果爲寶之兄長否？

㈤逢桃杖居江夏，病疾困篤，頻上奏章。夜中有物若豕，赤色，從十餘人，皆操繩，入門周床一匝而去。往問道士張玄冥，冥曰：「見者祟物伏罪，烏衣入宅，里社檢護耳。疾尋當除。」自是平復也。（鈎沈本述異記）

按：道士以祈禳祭告爲人治病及消災度厄，必中夜設醮於星辰之下，依陰陽五行數術，推人年命書之，如章表之儀，幷具贄幣，然後燒香陳讀，奏上天曹，請爲除厄。如此，則諸疾乃可尋瘉。本則即其事例之一也。

第三節　佛道爭勝

佛教西來之後，始則依附黃、老及方術以求生根茁壯，及其勢力深厚，乃獨立門戶，抗言相爭。道士見佛教輸入之後，信奉者日盛，大有淩駕其上之勢，惟恐奪其衣食，亦起而競爭。其始也，道教徒倡言老子西遊化胡成佛，以佛陀爲老子弟子之說爭立教先後；繼則兩派各以教義、儀式、功德之優劣高下相較，博取群衆之接納信奉；其末也，彼此詆毀對方，甚至不惜借用政治力量，壓抑打擊，造成宗教迫害。尤其以北朝魏太武帝、周武帝兩次毀佛事件，最爲激烈（註八）。惟就現存南北朝志怪小說資料而論，則佛之勝道，甚爲明顯也。例如：

㈠蒲城李通，死來，云：見沙門法祖爲閻羅王講首楞嚴經；又見道士王浮，身被鎖械，求祖懺悔。祖不肯赴。孤負聖人，死方思悔。（幽明錄）

按：本事又見出三藏記集卷十五、高僧傳卷一帛遠傳，亦見釋法琳辯正論卷五引裴子野高僧傳。蓋王浮生前常與法祖爭邪正，浮屢屈，乃作老子化胡經，用以誣謗佛法。故佛教徒每好引述此事，證明其爲毀佛之罪魁禍首，殃有所歸，足作借鑑云。

㈡史雋有學識，奉道而慢佛。常語人云：「佛是小神，不足事也。」每見尊像，恆輕誚之。後因病腳攣，種種祈福，都無效驗。其友人趙文謂曰：「經道福中，〔佛福〕第一，可試造觀音像。」

雋以病急，如言鑄像。像成，夢觀音，果得差。（宣驗記）

按：本事亦載冥祥記，蓋卽轉錄宣驗記本條文字。「佛福」二字據辯正論卷八注引文補入。

㈢曾程道惠，字文和，武昌人也。世奉五斗米道，不信有佛，常云：「古來正道，莫踰李老。何乃信惑胡言，以爲勝教？」太元十五年，病死。心下尚暖，家不殯殮，數日得穌。說：初死時，見十許人縛錄將去。逢一比丘，云：「此人宿福，未可縛也。」乃解其縛，驅散而去。道路修平，而兩邊棘刺森然，略不容足。驅諸罪人，馳走其中。肉隨著刺，號呻聒耳。見惠行在平路，皆歎羨曰：「佛弟子行路，復勝人也？」惠曰：「我不奉法。」其人笑曰：「君忘之耳。」惠因自憶先身奉佛，已經五生五死，忘失本志。今生在世，幼遇惡人，未達邪正，乃惑邪道。旣至大城，逕進廳事。見一人，年可四五十，南面而坐。見惠，驚問曰：「君不應來。」有一人，著單衣幘，持簿書，對曰：「此人伐社、殺人，罪應來此。」向所逢比丘，亦隨惠入，申理甚至，云：「伐社非罪也。此人宿福甚多；殺人雖重，報未至也。」南面坐者曰：「可罰所錄人。」命惠就坐，謝曰：「小鬼謬濫，枉相錄來。亦由君忘失宿命，不知奉大正法敎也。」將遣惠還，乃使暫兼覆校將軍，歷觀地獄。惠欣然辭出，導從而行。行至諸城，城城皆是地獄。人衆巨億，悉受罪報。見有獒狗，嚙人百節，肌肉散落，流血蔽地。又有群鳥，其喙如鋒，飛來甚速，鴆然血至，入人口中，表裏貫洞。其人宛轉呼叫，筋骨碎落。……觀歷旣徧，乃遣惠還。復見向所逢比丘，與惠一銅物，形如小鈴，曰：「君還至家，可棄此門外，勿以入室。某年月日，君當有厄。誡愼過此，壽延九十。」時道惠家於京師大街南，自見來還。達皀莢橋，見親表三人，住車共語，悼惠之亡。至門，見婢行哭而市。彼人及婢，咸弗見也。惠將入門，置向銅物門外樹上，光明舒散，流飛屬天。良久還小，奄爾而滅。至尸，聞屍臭，惆悵惡之。時賓親奔弔，突惠者多，不得徘徊。因進入屍，忽然而穌。說所逢車人及市婢，咸皆符同。惠後爲廷尉，預西堂聽訟；未及就列，欻然煩悶，不識人，半日乃愈。計其時日，卽道人所戒之期。頃之，遷爲廣州刺史。元嘉六年卒，六十九矣。（冥祥記）

按：本事亦見辯正論卷八注引宣驗記，文字甚簡略，疑經注者陳子良刪節，非原文如此也。篇中歷述地獄景象，其狗嚙百節、群鳥洞穿人口兩項，爲他處所無，蓋本諸佛書之地獄說云。（註九）

㈣宋孫道德，益州人也，奉道祭酒。年過五十，未有子息。居近精舍。景平中，沙門謂德：「必願有兒，當至心禮誦觀世音經，此可冀也。」德遂罷不事道，單心投誠，歸觀世音。少日之中，而有夢應；婦卽有孕，遂以產男也。（冥祥記）

按：陸杲繫觀世音應驗記第五五條「有人姓臺」附言，謂宣驗記嘗載卞悅之、孫道德求男事。兩事今並見冥祥記中，蓋王琰自宣驗記所轉錄；今鈎沈本宣驗記失收。

㈤宋劉齡者，不知何許人也。居晉陵東路城邨，頗奉法，於宅中立精舍一間，時設齋集。元嘉九年三月二十七日，父暴病亡。巫祝並云：「家當更有三人喪亡。」鄰家有道士祭酒，姓魏名叵，常爲章符，誑化邨里，語齡曰：「君家衰禍未已，由奉胡神故也。若事大道，必蒙福祐；不改意者，將來滅門。」齡遂揭延祭酒，罷不奉法。叵云：「宜焚去經像，災乃當除耳。」遂閉精舍戶，放火焚燒。炎熾移日，而所燒者，唯屋而已，經像旛幢，儼然如故。像於中夜，又放光赫然。時諸祭酒有二十許人，亦有畏懼靈驗，密委去者。叵等師徒，猶盛意不止；被髮偶步，執持刀索，云斥佛還胡國，不得留中夏爲民害也。齡於其夕，如有人毆打之者，頓仆於地，家人扶起，示餘氣息，遂委攣躄，不能行動。道士魏叵，其時體內發疽，日出二升，不過一月，受苦便死。自外，同伴並皆著癩……。（冥祥記）

按：本事未見他書錄載，唯文末云：「其鄰人東安太守丘和傳於東陽無疑，時亦多有見者。」東陽無疑卽齊諧記之作者，疑此事乃出自東陽氏手筆，惜文獻殘闕無徵耳。

第四節　巫釋互搏

巫覡傳統，源遠流長，大抵盛行於知識較低之區域，扮神弄鬼，性質近乎道教而稍異，向來亦與佛家不能相容，故佛教徒每多批評排斥之。今輯得數事，引錄於後。又有記儒、釋相爭之事一則，並附焉。

㈠歷陽縣張應，先是魔家，取佛家女爲婦。咸和八年，移居蕪湖。妻病，因爲魔事，家財略盡，不差。妻曰：「我本佛家女，乞爲我作佛事。」應便往精舍中見竺法鏡。鏡曰：「佛普濟衆生，問君當一心受持身戒耳！」曇鏡期明當向其家。應夢見一人，長丈五六，正向於南面，趨步入門，曰：「此家寂寂，乃爾不淨。」夢中見鏡隨此人後，白曰：「此家始欲發意，未可一一責之。」應先手巧，眠覺，便把火作高座及鬼子母座。鏡明食時往，應高坐之屬，具足已成。聞應說夢遂，夫妻受五戒，病亦尋差。（鈎沈本靈鬼志）

按：本事又見冥祥記，文字較詳，「竺曇鏡」作「竺曇鎧」；太平廣記卷一百引神鬼傳，亦作「竺曇鎧」。魔家，指事奉巫覡俗神，鼓舞淫祀之徒也。

(二)宋陳安居者，襄陽縣人也。伯父少事巫俗，鼓舞祭祀，神影廟宇，充滿其宅；父獨敬信釋法，旦夕齋戒。後伯父亡，無子，父以安居紹焉。安居雖卽伯舍，而理行精求，淫饗之事，廢不復設。於是遂得篤病，而發則爲歌神之曲，迷夢惛僻，如此者彌歲，而執心愈固。常誓曰：「若我不殺之志，遂當虧奪者，必先自臠截四體，乃就其事。」家人並諫之，安居不聽。經積二年，永初元年病發，遂絕，但心下微暖，家人不斂。至七日夜，守視之者覺屍足間如有風來，飃衣動衾，於是而穌，有聲。家人初懼屍蹶，竝走避之；既而稍能轉動，末求飲漿。家人喜之，問從何來？安居乃具說所經見，云：初有人若使者，將刀數十，呼將去。從者欲縛之，使者曰：「此人有福，未可縛也。」行三百許里，至一城府，樓宇甚整。使者將至數處，如局司所居，末有人授紙筆與安居曰：「可疏二十四通死名。」安居卽如言疏名，成數通，有一侍從內出，揚聲大呼曰：「安居可入。」既入，稱有教付刺奸獄。吏兩人，一云：「與大械。」一云：「

此人頗有福，可止三尺械。」疑論不判，乃共視文書，久之，遂與三尺械。有頃，見有貴人，翼從數十，形貌都雅，謂安居曰：「汝那得來？」安居具陳所由。貴人曰：「汝伯有罪，但宜錄治，以先植小福，故暫得游散，乃敢告訴？吾與汝父，幼少有舊，見汝依然。可隨我共遊觀也。」獄吏不肯釋械，曰：「府君無教，不敢專輒。」貴人曰：「但付我，不使走逸也。」乃釋之。貴人將安居徧至諸地獄，備觀衆苦，略與經文相符。游歷未竟，有傳教來云：「府君喚安居。」安居茫懼然，求救於貴人。貴人曰：「汝自無罪，但以實對，必無憂也。」安居至閤，見有鉗梏者數百，一時俱進。安居在第三。既至階下，一人服冠冕，立于囚前，讀諸罪簿。第一者云：昔娶妻之始，夫婦爲誓，有子無子，終不相棄。而其人本是祭酒，妻亦奉道，共化導徒衆，得士女弟子，因而姦之，遂棄本妻，妻常寃訴。府君曰：「汝夫婦違誓大義，不罪二，終罪一也；師資義著在三，而姦之，是父子相淫無以異也。付法局詳刑！」次讀第二女人辭牒，忘其姓名，云家在南陽冠軍縣黃水里。家安爨器於福竈口，而此婦眠重，嬰兒於竈上匍匐走行，糞汙爨器中。此婦寤，已即請謝神祇，盥洗精熟。而其舅乃罵詈此婦，言無有天道鬼神，置此女人，得行汚穢。司命聞知此，錄送之。府君曰：「眠重非過，小兒無知，又已請謝神明，是無罪也。舅罵詈言無道，誣謗幽靈，可錄之來。」須臾而到，赤索捉。至安居，階下人具讀名牒，爲伯所訴云云。府君曰：「此人事佛，大德人也！其伯殺害無辜，訾誣百姓，罪宜窮治。以昔有小福，故未加罪。伯今復誇訴無辜？」敎催錄取。未及至，而府君遣安居還，云：「若可還去，善成勝業，可壽九十三。努力勉之！勿復更來也。」安居出至閣，居司云：「君可拔却死名。」於是安居以次抽名，既畢，而欲向游貴人所，貴人亦至，云：「知汝無他得還，甚善。努力修功德。吾身福微，不辦生天受報，於此輔佐府君，亦優游富樂神道之美。吾家在宛，姓某名某。還，爲吾致意：深盡奉法，勿犯佛禁。可具以所見示語之也。」乃以三人送安居出門。數步，有專使送符與安居，謂曰：「君可持此符，經過戍邏以示之，勿輒偷過，偷過，有徒謫也。若有水礙，可以此符投水中，卽得過也。」安居受符而歸，行久之，阻大江，不得渡。安居依言投符，曚然如眩，乃是其家屋前中方地也。正聞家中號慟哭泣。所送之人，勸還就身。安居云：「身已臭穢，不復能歸。」此人乃强排之，踣於屍腳上。安居既愈，欲驗黃水婦人，故往冠軍縣尋問，果有此婦。相見依然，如有曩舊，云：已死得生，舅卽以某日而亡。說所聞見，與安居悉同。受五戒師字僧昊，襄陽人也，末居長沙。本與安居同里，聞其口說。安居之終，亦親覩，果九十三焉。（冥祥記）

按：本篇詳言死後陰間之審判情景，事佛奉法，厚享福報，信道信巫而多行不軌，必受罪罰。其事與幽明錄所載「巫師舒禮」一則相似（註一〇）。唯此所側重者，府君之斷案；彼所側重者，乃地獄之刑罰耳。

(三)晉南郡議曹掾，姓歐，得病經年，骨消肉盡，巫醫備至，無復方計。其子夜如得睡眠，夢見數沙門來視其父。明旦，便往詣佛圖，見諸沙門，問佛爲何神？沙門爲說事狀。便將諸道人歸，請讀經。再宿，病人自覺病如輕。晝得小眠，如擧頭，見門中有數十小兒，皆五綵衣，手中有持幡仗者、刀矛者，於門走入。有兩小兒在前，徑至簾前，忽便還走，語後衆人：「小住，小住！屋中總是道人。」遂不復來前。自此後，病漸漸得差。（靈鬼志）

按：本則記歐氏因小鬼作祟而得病，延請巫醫治之而無效，最後由沙門讀經，遂得痊癒。巫、佛雖未正面交鋒，而佛之法力勝過巫醫，從此可知。與前兩則相較，方式蓋稍有不同云。

(四)宋王淮之字元曾，瑯琊人也，世以儒專，不信佛法。常謂：身神俱滅，寧有三世？元嘉中，爲丹陽令十年，得病氣絕，少時還復暫甦。時建康令賀道力省疾，下牀會。淮之語力曰：「始知釋教不虛，人死神存，信有徵矣。」道力曰：「明府生平置論不爾，今何見而乃異之耶？」淮之歛眉答云：「神實不盡，佛教不得不信。」語卒而終。（冥祥記）

按：自東晉以後，神形之爭議雜作。或謂形斃神散，或云人神不滅。晉、宋名士，如庾闡、羅含、孫盛、宗炳、何承天、顏延之、范曄、鄭鮮之等人，均參與此論爭；迨乎南齊，范縝撰神滅論，竟陵王蕭子良集僧難之，其事遂達至最高潮（註一一）。本則所記，乃神形爭議之具體化耳。

【附註】

註一：涅槃，又作泥曰、泥洹，梵音 nirvāna。諸師舊譯爲滅、滅度、寂滅、無爲、安樂、解脫等，新譯爲圓寂。僧肇涅槃無名論曰：「泥曰、泥洹、涅槃，此三名前後異出，蓋是楚夏不同耳。云涅槃，音正也。……秦言無爲，亦名滅度。

無爲者，取於虛無寂寞妙滅，絕於有爲。滅度者，言其大患永滅，超度四流。」大乘義章卷十八云：「外國涅槃，此翻爲滅。滅煩惱故，滅生死故，名之爲滅；離衆相故，大寂靜故，名之爲滅。」華嚴大疏鈔卷五十二云：「譯名涅槃，正名爲滅，取其義類，乃有多方。總以義翻，稱爲圓寂。以義充法界，德備塵沙曰圓；體窮眞性，妙絕相累爲寂。」

註　二：見呂祖東園語錄。

註　三：見牧田諦亮氏撰六朝古逸觀世音應驗記の研究。

註　四：見大藏經第九册，妙法蓮華經卷七。

註　五：見大藏經第八十五册古逸部。原卷爲敦煌出土寫本，今藏法國巴黎國家圖書館。

註　六：許眞君八十五化錄，收於正統道藏虞上；十二眞君傳，見太平廣記卷十四引。

註　七：據北堂書鈔卷九十、法苑珠林卷七八、初學記卷廿一引搜神記校改增補數字。

註　八：魏太武帝毀佛事，見魏書卷卅五崔浩傳、卷一一六釋老志；周武帝毀佛、道二教事，見周書卷五武帝本紀、北史卷十周武帝本紀，續高僧傳卷卅五衞元嵩傳。

註　九：按：釋寶唱等集經律異相卷五十引問地獄經說六十四地獄，其第三十五日惡狗地獄；又引觀佛三昧法經說十八小地獄，其十八寒地獄、黑闇地獄，並有鐵嘴烏啄人攫人之描寫。

註一〇：「巫師舒禮」一則，已見本篇第四章第六節引錄。

註一一：形神之辯論，詳湯氏漢魏兩晉南北朝佛教史第十三章：佛教之南統。

下篇　羣書敍錄

凡例

一、志怪小說之範圍，頗難確定。本篇參酌各家意見，力求完整而不浮濫。其純爲神仙、僧侶之傳記，一律摒棄。

一、本篇所收，以專書爲限。後世割裂專集之篇章，另立名目，如吳女紫玉傳，取自搜神記；薛靈芸傳，採自拾遺記之類，一概不著錄。

一、本篇分爲現存之屬、輯存之屬、亡佚之屬，共三章。現存之屬，收錄十一部書；輯存之屬，廿七部書；亡佚之屬，十七部書。

一、書目排列，大致以時代先後爲序。成書年代可考者，依成書先後次之；成書年代無考者，以作者生存之時代爲準；撰人不可考者，則附於每章之末。

一、敍錄之體制，首列書名、卷數；書名有歧出者，附註其下。其次爲作者考、卷本考、內容考三部分。

一、作者考，略敍撰人里籍、生平及著述。史傳已詳者，毋庸縷述；事跡隱晦者，乃稍加鉤稽以表出之；疑係僞託者，用「舊題」二字爲識別記號；其有不可考者，則付闕如。

一、卷本考，詳列唐、宋史志及藏書家書目著錄卷數之異同，比較各種版本之繁簡優劣。

一、內容考，概述全書大要或主旨所在。通行本若有眞僞雜糅，亂人耳目者，必詳加考辨，以免貽誤士林。

一、篇末附有歷代史志與諸家藏書志分類異同對照表，以資參考。

第一章　現存之屬

1. 博物志 十卷

【作者考】晉張華撰。華，字茂先，范陽方城人。學業優博，圖緯方伎之書，無不詳覽。歷仕魏、晉，官至司空。趙王倫之亂，遇害，年六十九。晉書卷三六有傳。

【卷本考】隋志、新舊唐志、崇文總目、通志、郡齋讀書志、直齋書錄解題、通考、宋志、四庫全書總目，並著錄十卷。今傳世之明弘治本、日本翻明嘉靖本，以及稗海、古今逸史、廣漢魏叢書、格致叢書、快閣藏書、秘書廿一種、四庫全書薈要、四庫全書、增訂漢魏叢書、士禮居叢書、百子全書、龍谿精舍叢書、四部備要等所收，皆爲十卷；指海本、叢書集成初編本，多出佚文一卷；紛欣閣本，有補遺二卷。其中，士禮居本、龍谿精舍本、指海本、四部備要本等，不分門類；餘者俱分爲三十八門。其前後次序雖異，內容則無出入。近人范寧以秘書廿一種本爲主，參校各種異本及古注類書上之相關資料，撰成博物志校證，尚稱精詳。唐久寵續撰博物志校釋，亦可備考。

【內容考】本書蒐羅廣雜，舉凡山川地理之知識、歷史人物之傳說、神仙方技之故事，草木鳥獸之特色，皆有記述。所引先秦、兩漢之古籍，可考者有：歸藏、春秋、左氏傳、韓詩外傳、周官、禮記、大戴禮記、洪範五行傳、尙書考靈曜、尙書中侯、詩含神霧、孝經援神契、河圖玉板、河圖括地象、山海經、穆天子傳、逸周書、史記、神農本草經、孫子、晏子春秋、呂氏春秋、新書、淮南子、論衡、新論、典論等二十餘種。蓋茂先亦撮取載籍以成書者。

2.觀世音應驗記一卷（簡稱：應驗記）

【作者考】宋傅亮撰。亮，字季友，北地靈州人，晉傅咸之玄孫也。博涉經史，尤善文辭。歷仕晉、宋，官至左光祿大夫，後爲宋文帝所誅。生平詳見宋書卷四三、南史卷十五本傳。所撰續文章志二卷、文集十卷，見新舊唐志。

【卷本考】隋志、通志，並著錄一卷。原書國內久無傳本，日本京都天臺宗青蓮院藏有鎌倉時期古鈔卷子本，現已由牧田諦亮氏加以整理校注，重新排印出版。

【內容考】全書共七則，載竺長舒、帛法橋、鄴西寺三胡道人、竇傳、呂竦、徐榮、竺法義等，誦念觀世音，獲致靈驗之事蹟。書前有自序云：「謝慶緒往撰觀世音應驗一卷十餘事，送與先君。余昔居會稽，遇兵亂失之。須還此境，尋求其文，遂不復存。其中七條具識事，不能復記其事。故以所憶者，更爲此記，以悅同信之士云。」交代其取材所自及寫作動機，甚爲明白。「竺長舒」、「

寶傳」、「呂竦」、「徐榮」、「竺法義」等五則，並見於古小說鈎沈本冥祥記中。冥祥記「竺法義」篇末云：「自竺長舒至義六事，並宋尚書令傅亮所撰。」然則王琰嘗取資於此書，證據確鑿也。其後，慧皎撰高僧傳，卷四竺法義傳、卷十三帛法橋傳，並採擷傅氏所記爲主要素材焉。

3.續觀世音應驗記 一卷

【作者考】宋張演撰。演，字景玄，吳郡吳人，宋會稽太守張裕之子。有盛名，官至太子中舍人，早卒。生平附見宋書卷五三張茂度傳。曾著有文集八卷，見隋志。

【卷本考】此書未見史志著錄。國內久已失傳。日本天臺宗青蓮院藏有鎌倉時期古鈔卷子本一卷，現已由牧田諦亮加以整理校注，重新排印出版。

【內容考】卷首序云：「演少因門訓，權奉大法。每欽服靈異，用兼緬慨。竊懷記拾，久而未就。曾見傅氏所錄，有契乃心。即撰所聞，繼其篇末，傳諸同好云。」全書共十則，記徐義、張展、惠簡道人、孫恩亂後臨刑二人、道泰道人、釋僧融、江陵一婦人、毛德祖、義熙中士人、韓當等誦念觀世音，獲致靈驗之事。「毛德祖」一則，原載宣驗記；「徐義」一則，又見冥祥記，唯文字稍異耳。

4.繫觀世音應驗記 一卷（簡稱：繫應驗記）

【作者考】齊陸杲撰。杲，字明霞，吳郡吳人。少好學，工書畫。齊末爲司徒從事中郎，入梁，官至金紫光祿大夫。梁書卷二六、南史卷四八有傳。曾著沙門傳三十卷，見本傳。

【卷本考】此書，新舊唐志並著錄一卷。原書國內久佚。日本天臺宗青蓮院藏有鎌倉時期古鈔卷子本，已由牧田諦亮氏加以整理校注，重新排印出版。

【內容考】卷首有陸氏自序云：「杲幸邀釋迦遺法，幼便信受。見經中說觀世音，尤上恭敬。又覩近世書牒及智識永傳，其言威神諸事，蓋不可數，益悟聖靈極近。……今以齊中興元年，敬撰此卷，六十九條，以繫傳、張之作。故連之相從，使覽者幷見。若來哲續聞，亦卽綴我後。神奇世傳，庶廣餐信。」全書依法華經觀世音菩薩普門品及請觀世音菩薩消伏毒害陀羅尼咒經，分爲：「設入大火，火不能燒」、「大水所漂」、「羅刹之難」、「臨當被害」、「檢繫其身」、「滿中怨賊」、「設欲求男」、「示其道徑」、「接還本土」、「遇大惡病」、「惡獸畏怖」等十一項靈驗。書中數引劉義慶宣驗記，而於其不可盡信者，則持存疑之態度。又傅氏與王琰有舊，事見繫應驗記「彭子喬」篇末。今書內之「釋法智」、「伏萬壽」、「竺法純」、「南宮子敖」、「釋惠和」、「釋僧洪」、「王球」、「韓徽」、「彭子喬」、「劉度」、「欒苟」、「釋開達」、「張崇」、「畢覽」、「邢懷明」、「釋道冏」、「潘道秀」等十七則，並見古小說鉤沈本冥祥記，卽捃採教友著述，以廣流傳之例證也。

5. 王子年拾遺記 十卷

【作者考】苻秦王嘉撰，梁蕭綺錄。嘉，字子年，隴西安陽人。清虛服氣，不食五穀，隱居不仕，後爲姚萇所殺。晉書卷九五有傳。綺，生平無考，晁公武郡齋讀書志、王應麟玉海引中興書目，並題梁朝人，今從之。晁載之續談助引唐張柬之跋洞冥記，以爲此書係南齊虞羲所僞撰，因無確實證據，未便採信。

【卷本考】隋志、新舊唐志、崇文總目、通志、郡齋讀書志、直齋書錄解題、通考、宋志、四庫全書總目，並著錄十卷。今傳明世德堂本以及稗海、漢魏叢書、古今逸史、廣漢魏叢書、秘書廿一種、四庫全書薈要、四庫全書、增訂漢魏叢書、百子全書諸本，俱爲十卷；歷代小史、山林經濟籍、無一是齋叢鈔等本，則爲一卷刪節本；重編說郛、五朝小說、古今說部叢書各本，僅刻卷十，題曰拾遺名山記。近人齊治平以世德堂本爲主，參考衆本及類書古注之資料，作成校注，兼輯佚文，最稱完備。

【內容考】蕭綺序云：「拾遺記，……凡十九卷，二百二十篇，皆爲殘缺。……文起羲炎以來，事訖西晉之末，五運因循，十有四代。王子年乃搜撰異同，而殊怪必舉，紀事存樸，愛廣尙奇。憲章稽古之文，綺綜編雜之部，山海經所不載，夏鼎未之或存，乃集而記矣。……多涉禎祥之書，博採神仙之事，妙萬物而爲言，蓋絕世而弘博矣。世德陵夷，文頗缺略。綺更刪其繁紊，紀其實美，搜刊幽秘，捃採殘落，言匪浮詭，事弗空誣。……今搜檢殘遺，合爲一部，凡一十卷，序而錄焉。」蓋子年原書零落，嗣經蕭綺刪削綴補，並繫以論贊，而行世焉。四庫提要謂此書殆倣郭憲漢武洞冥記而作。今考洞冥記既非東漢郭憲所撰，乃出六朝文士手筆。兩書孰先孰後，誠未可知也。今本敍庖犧至東晉時事，共九卷。第十卷專記崑崙、蓬萊、方丈……等九座仙山。該卷，宋時嘗以「名山記」之目別行，當係其時道教盛行，書賈投衆人所好以牟利者。齊氏校注本，嘗自太平御覽、太平廣記、路史、類說、紺珠集等書，輯得佚文多則，或散入相關各節之下，或獨立成卷附於書末。然則今世所傳，恐非完整無闕。又篇中多撰者自注語，通行本每誤連正文，遂至難以分辨，亦一憾事也。

6. 續齊諧記　一卷

【作者考】梁吳均撰。均，字叔庠，吳興故鄣人。好學，有俊才，文章頗爲沈約所稱賞。歷任吳興主簿、建安王記室、國侍郎、奉朝請等職。梁武帝普通元年卒，享年五十有二。生平詳見梁書卷四九、南史卷七二本傳。嘗著有齊春秋三十卷、廟記十卷、十二州記十六卷、錢唐先賢傳五卷、續釋文五卷、文集二十卷，又注范曄後漢書九十卷，見本傳及隋志著錄。

【卷本考】隋志、新舊唐志、通志、直齋書錄解題、通考、宋志、四庫全書總目，並著錄一卷；日本國見在書目錄、崇文總目，則云三卷。今傳顧氏文房小說、古今逸史、廣漢魏叢書、重編說郛、五朝小說、秘書廿一種、四庫全書、增訂漢魏叢書諸本，俱爲一卷。

【內容考】此書乃東陽无疑齊諧記之續編。所記有古來傳說、節令故事，因果報應、幽明姻緣等項。通行本均收錄十七則，恐非完足。四庫提要云：「劉、阮天台一事，徐子光註李瀚蒙求，引續齊諧記之文，述其始末甚備，而今本無此條。」今按太平御覽卷八六二、重修政和證類本草卷廿四引，亦云出續齊諧記，則爲佚文無疑。又如太平御覽卷五七九、卷七五七、卷七六一，事類賦注卷一、琱玉集卷十二、樂府詩集卷六十，並引續齊諧記「楚明光曲」一則，亦爲今本所遺也。

7.神異經 一卷

【作者考】舊題漢東方朔撰，晉張華注。唯漢書藝文志與東方朔傳，既不載此書；晉書張華傳，亦無注神異經之說，故頗啟後人疑竇。然三國志·魏志齊王芳紀裴松之注已加以引用，則其成書，固在劉宋之前矣。

【卷本考】隋志，日本國見在書目錄、直齋書錄解題、通考、四庫全書總目，並著錄一卷；新舊唐志、崇文總目、通志、宋志，則題二卷。今傳世者，皆爲一卷本。漢魏叢書、格致叢書、四庫全書所收，四十八則，乃明代人重爲輯校者；廣漢魏叢書、重編說郛、五朝小說、增訂漢魏叢書、龍威秘書、百子全書、古今說部叢書、說庫諸本，俱六十則，係翻刻舊本，尚稱完整。清陶憲曾以增訂漢魏叢書本爲主，參校類書古注引文，撰成神異經輯校一書，並附佚文九則，頗稱佳構；近人周次吉，復撰有神異經研究，考證作者、板本，校勘異文，搜輯遺逸，亦有可取之處。

【內容考】高似孫史略卷六引舊序云：「東方朔作神異經，張華箋之。華曰：（東）方朔周巡天下，所見神異，山海所不載者，列之；有而不具其說者，列之。」則此書乃續山海經而作也。今通行廣漢魏叢書諸本，計分：東荒、東南荒、南荒、西南荒、西荒、西北荒、北荒、東北荒、中荒等九篇，方位排列與山海經大荒經相似。所載多荒外異物、神仙家言，固難免怪誕不經之譏；然其記古代創世神話，與乎嘲諷式之寓言，則為精華所在，足堪玩味也。

8. 漢武帝內傳 二卷

【作者考】撰人不詳。按：歷代史志著錄，皆不題撰者。日本國見在書目錄，題葛洪撰；晁載之洞冥記跋，引唐張柬之語云：「葛洪造漢武內傳。」（續談助卷一）是唐代有葛洪撰內傳之說法。孫詒讓札迻、余嘉錫四庫提要辨證，並加採信。通行本或題班固撰，四庫館臣以為殆後人沿漢武故事僞題班固，遂併此書歸之也。現代學者，若法國施博爾氏撰道教傳說中之漢武帝，李豐楙撰漢武內傳的著成及其流傳，並根據內傳所採用之資料，推斷此書乃東晉末期或劉宋初年上清派道教徒編造，則較具說服力。

【卷本考】隋志、通志，並著錄三卷；新舊唐志、日本國見在書目錄、郡齋讀書志、通考、宋志，乃云二卷。今傳道藏、道藏輯要、守山閣叢書、叢書集成初編諸本，均為一卷，另附外傳一卷。廣漢魏叢書、說海彙編、重編說郛、五朝小說、四庫全書、增訂漢魏叢書、龍威秘書、墨海金壺、無一是齋叢鈔、漢魏小說採珍等所收，則皆錄自太平廣記卷三，無外傳，內傳文字亦稍有刪節。

【內容考】本書採紀傳編年體，內容則以西王母與上元夫人訓誡漢武帝養生修鍊訣要，並圖籙傳授科儀等為主。漢武見西王母事，本於張華博物志；張君房雲笈七籤所載茅君內傳及道藏內字號所載洞眞太上說智慧消魔眞經，則為鋪敘西王母等訓戒漢武帝，告知養生訣語與仙藥服食說之主要來源；五嶽眞形圖傳授說，與五嶽眞形序論、洞玄靈寶五嶽古本眞形圖等有關；十二事傳授說，則與上清大洞眞經及紫陽眞人內傳有關。凡此，皆可證明內傳乃雜輯多種資料而成。道藏本、守山閣叢書本，附有外傳一卷，共十四則。第一則，全引十洲記序文；其餘，「鈎弋夫人」、「淮南王」、「李少翁」、「公孫卿」四則，出自漢武故事；「稷丘君」一則，見列仙傳；「魯女生」、「封君達」、「李少君」、「東郭延」、「尹軌」、「薊遼」、「王眞」、「劉京」等八則，並見於四庫全書本神仙傳中。推究其編撰之用意，卽在闡述補充內傳與十洲記。惟唐、宋學者所見之二卷本，似包括內傳、外傳兩部分，而統稱曰內傳，故唐、宋之類書及後漢書李賢注所引今本外傳文字，均題作漢武內傳也。

9.十洲記一卷（又名：海內十洲記、十洲三島記）

【作者考】舊題漢東方朔撰。惟漢書藝文志及東方朔傳，並未著錄。且書中述武帝幸華林園射虎事，華林園乃魏齊王芳改魏明帝所起芳林園而成，武帝時安有此名稱乎？又用衞叔卿見武帝之典故，衞叔卿見葛洪神仙傳；引五嶽眞形圖事，殆出漢武內傳後。故四庫館臣疑其爲六朝詞人所依託，可謂論斷恰當。

【卷本考】隋志、新舊唐志、日本國見在書目錄、崇文總目、通志、郡齋讀書志、直齋書錄解題、通考、宋志、四庫全書總目，並著錄一卷。今傳世者，有顧氏文房小說、古今逸史、寶顏堂秘笈、廣漢魏叢書、重編說郛、五朝小說、四庫全書、增訂漢魏叢書、龍威秘書、藝苑捃華、百子全書、鮑紅葉叢書、古今說部叢書、道藏精華錄、說庫、漢魏小說採珍等本。又雲笈七籤卷二六收錄，題「十洲三島」，三島次序與通行本略異。傅增湘嘗校其異同。藏園群書題記卷四云：「卷首標『十洲三島』一行。自祖洲起，至聚窟洲爲十洲，以下分崑崙、方丈、蓬丘爲三島。每條各有標題。……合諸本觀之，當推此本爲最勝矣。余意此書自宋以來，次第久經淆亂。惟張氏編雲笈七籤，時在天禧間，尚及見北宋以前卷本子，故其卷第文字，異於傳世者正多。……」傅氏之說，未必盡是，然雲笈七籤本足供校勘之用，則無疑義。

【內容考】十洲者，祖洲、瀛洲、玄洲、炎洲、長洲、元洲、流洲、生洲、鳳麟洲、聚窟洲等，乃人跡稀絕之處；三島者，則滄海、方丈、蓬丘是也。全書借東方朔之口，講述各洲島之地理位置、仙眞形狀，及仙界之珍禽怪獸、奇花異草，以構成一神仙勝地。所敍方位順序，與鄒衍大九洲及五行方位觀念相似，蓋沿襲漢代讖緯之說；珍品異物等，則雜採博物志、抱朴子等書，再添加道教傳說而成。其目的似爲漢武帝內傳中之西王母述三島十洲事作見證也。

10 漢武洞冥記 四卷（或題：漢武帝別國洞冥記、漢別國洞冥記、洞冥記）

【作者考】舊題漢郭憲撰。憲，字子橫，汝南宋人。光武時，官至光祿勳。生平見後漢書方術列傳（上）。按：晁載之洞冥記跋云：「張東之言隨其父在江南，拜父友孫義強、李知續，二公言似非子橫所錄。其父乃言：『後梁尚書蔡大（原作「天」，今正）寶與岳陽王啟，稱湘東昔造洞冥記一卷。』則洞冥記梁元帝時所作。」（續談助卷二）余嘉錫四庫提要辨證以爲大寶敍其耳目所聞見，其言最可徵信，故採納之。然則，作者當題梁蕭繹矣。

【卷本考】隋志、崇文總目、通志，並著錄一卷；舊唐志、日本國見在書目錄、新唐志、宋志、四庫全書總目，皆題四卷；郡齋讀書志、直齋書錄解題、通考，則云五卷。今傳顧氏文房小說、古今逸史、漢魏叢書、廣漢魏叢書、四庫全書、增訂漢魏叢書、龍威秘書、百子全書、道藏精華錄、說庫諸叢書所收，俱爲四卷本；寶顏堂秘笈本不分卷，內容與四卷本相同。另外，重編說郛、五朝小說、漢魏小說採珍等本，僅一卷，乃刪節本也。

【內容考】原序云：「……漢武帝明俊特異之主，東方朔因滑稽浮誕以匡諫。洞心於道教，使冥迹之奧，昭然顯著。今籍舊史之所不載者，聊以聞見，撰洞冥記四卷，成一家之書。庶明博君子，該而異焉。」全書約六十則，長短不一。首言武帝出生前後之怪異情景，次記東方朔之身世及其奇特遭遇，然後敍建元至天漢間，絕域遐方所貢珍品異物，京城皇宮之池苑臺閣，並及當時道術之士。其描述方式，略仿山海經而內容有別；而書中特重青色，或與當時民間信仰有關。又檢北堂書鈔、藝文類聚、初學記、太平御覽等書引文，通行本所無者，約十數則。意者，今本已非唐、宋以前舊有面貌乎！

11述異記 二卷（又名：新述異記）

【作者考】舊題梁任昉撰。昉，字彥升，樂安博昌人。幼而好學，早知名；雅善屬文，尤長載筆。歷仕齊、梁，武帝天監七年（西元五〇八年），卒於新安太守任上，年四十有九。生平詳見梁書卷十四、南史卷五九本傳。嘗著地記二百五十二卷、雜傳二百四十七卷、文集三十三卷，並見本傳及隋志著錄，惟其撰述異記事，則史無明文。晚唐，蘇鶚演義始稱引之。疑此書乃隋、唐好事者，掇拾舊籍，依託任氏之名以行世也。

【卷本考】崇文總目、郡齋讀書志、通考、宋志、四庫全書總目，並著錄二卷。今傳世者，有稗海、漢魏叢書、格致叢書、廣漢魏叢書、四庫全書、龍威秘書、百子全書、隨盦徐氏叢書、叢書集成初編諸本，皆爲二卷；重編說郛、五朝小說、古今說部叢書、漢魏小說採珍等所收，乃節鈔本，不全。

【內容考】書前載無名氏序云：「……梁天監二年，昉遷中書舍人。書三萬卷，故多異聞。採於秘書，撰新述異記，上下兩卷，皆得所未聞。將以資後來刀筆之士，好奇之流，文詞怪麗之端，抑亦博物之意者也。」觀其所記，率皆山川、土地、建築、動植物等之珍聞軼事，鬼神怪異之屬則甚罕見。引用舊籍，可考者有：山海經、華陽國志、論衡、博物志、搜神記、異苑、神異經、幽明錄、玄中記、祖氏述異記、地理記等多種。四庫提要謂其書大抵剽剟諸小說而成，洵非誣也。

第二章　輯存之屬

1.列異傳　三卷

【作者考】舊題魏文帝曹丕撰。丕，字子桓，沛國譙人，曹操次子。漢靈帝中平四年（西元一八七年）生，魏黃初七年（西元二二六年）卒，年四十。生平詳見三國志・魏志卷二文帝紀。新、舊唐志題張華撰，未知所據，難予採信。

【卷本考】隋志、舊唐志、通志，並著錄三卷，新唐志則云一卷。原書不存。今有周豫才古小說鈎沈輯本。

【內容考】鈎沈本凡收遺文五十則。所記多古來迷信、鬼神妖怪及因果報應之事。「黃帝葬橋山」一則，宋本太平御覽卷六九七引列仙傳，亦見今本列仙傳卷上，周氏所據殆為清鮑氏本，「仙」字誤作「異」也。「鄱陽彭姓獵人」一則，初學記卷二九、太平御覽卷九〇六、太平廣記卷四四三，並引異苑，且所記為晉成帝咸康中事，則太平御覽卷八八八所題書名，恐不足信。以上兩則，宜予刪除。又藝文類聚卷九二，引「韓憑夫婦」一則；太平御覽卷八八六，引「桂陽太守張叔高」一則，並出列異傳。鈎沈本未收，當補入。至如「王臣」一則，記明帝時事；「蔣濟」、「弦超」、「王周南」三則，記齊王芳時事，均非曹丕所能見到者，疑係後人所續也。

2.異林 □卷

【作者考】晉陸氏撰。據魏志鍾繇傳裴松之注，知作者乃晉清河太守陸雲之從子。按：晉書陸機傳云，機二子，一名蔚，一名夏。惠帝太安二年（西元三〇三年），陸氏父子同爲成都王司馬穎所害。則此書當係陸蔚、陸夏兩兄弟中之一人所屬筆也。

【卷本考】原卷數不詳。歷代史志未見著錄，僅魏志裴氏注及太平御覽卷首經史圖書綱目載有此書。清代諸家補晉書藝文志，即據以標目，亦不著卷數。周氏古小說鈎沈收錄遺文一則，出自魏志卷十二鍾繇傳注及太平御覽卷八一九、卷八八七也。清馬國翰玉函山房輯佚書，嘗錄入陸雲陸子之內，似嫌草率。

【內容考】原書不存，詳細內容無考。僅存之一則佚文，記潁川鍾繇惑於美婦，人謂其必是鬼物，使繇殺之。已而婦傷髀離去，明日尋血跡至冢中，果見婦人臥棺內，形體如生人也。本文後又收入劉義慶幽明錄，蓋當日流傳頗廣云。

3.神異記□卷

【作者考】晉王浮撰。晉惠帝時，浮爲道士，與帛遠（法祖）法師抗論邪正，屢屈，遂改換西域傳，造老子明威化胡經以誣謗佛法。事詳僧祐出三藏記集卷十六、慧皎高僧傳卷一及法琳辯正論卷五。

【卷本考】此書未見歷代史志著錄，文廷式撰補晉書藝文志，據太平御覽經史圖書綱目所載，列入小說類，亦未注明卷數。原書不傳。今有周氏古小說鉤沈輯本。

【內容考】鉤沈本共八則。「陳敏」事亦見太平廣記卷二九三引，云出神鬼傳。「建春山」一則，見今本神異經，藝文類聚卷八六、初學記卷二八、太平御覽卷九六六、事類賦卷二七並引神異經，則爲神異經原文無疑，應刪。

4.搜神記 三十卷

【作者考】晉干寶撰。寶，字令升，新蔡人。少勤學，博覽書記，而性好陰陽術數。歷任佐著作郎、著作郎、山陰令、始安太守、司徒右長史、散騎常侍等職。生平詳見晉書卷八二本傳。撰有周易注十卷、周官禮注十二卷、春秋左氏函傳義十五卷、晉紀二十三卷、干子十八卷、文集四卷，並見隋志著錄。

【卷本考】隋志、新舊唐志、日本國見在書目錄、通志，並著錄三十卷，晉書本傳則云二十卷。今傳秘冊彙函、津逮秘書、四庫全書、學津討源、百子全書、叢書集成初編諸本，以及日本元祿本，皆爲二十卷；鹽邑志林本，二卷，內容與二十卷本相同。重編說郛、五朝小說、鮑紅葉叢書、無一是齋叢鈔、古今說部叢書、漢魏小說採珍諸本，刪存一卷，錄數則至十數則不等。今人汪紹楹據學津討源本，詳加校注，兼輯佚文，最便閱讀，坊間有翻印本。許建新撰搜神記校注，登載於師範大學國文研究所集刊第十九期，亦可參考。

【內容考】晉書干寶傳稱寶因感父婢再生及兄長復活之事，遂撰集古今神祇靈異、人物變化成搜神記一書。所錄者，或爲前人舊籍見載之事，或爲當世傳聞之屬，其用意則在證明神道之非誣也。原書不存。然水經汝水注引「王喬」一則，酈道元云：「是以干氏書之於神化」；廬江水注引「張璞」一則，酈氏云：「故干寶書之於感應焉」；荆楚歲時記注引「五氣變化」一則，乃云出干寶變化論。凡此，皆干氏原書依類分篇之明證也。今通行二十卷本，係明末好事者採集古注與唐、宋類書所引遺文，重新編排而成，已非原來面貌。再者，今本共四百六十四則，經汪紹楹考定爲它書所有而羼入者，約一百五十則；佚文失收者，亦不下三四十則。通行本之不可盡信，且非完足，由此可知矣。至若稗海、廣漢魏叢書、增訂漢魏叢書、龍威秘書、藝苑捃華、說庫等，亦皆收錄題爲干寶撰之搜神記，共八卷，四十則。除保存少數干氏書原文之外，所引用者有左傳、史記、孝子傳、洛陽伽藍記，甚至唐人所撰集異記、纂異記、報應錄等，亦被改頭換面以充數，其非干氏原本無疑。再取之以與敦煌石室出土之句道興搜神記相校，兩書文字全同或略有出入者，共計十五則，可謂關係密切。

意者，八卷本爲晚唐五代人所編撰乎！

5.志怪二卷

【作者考】晉祖台之撰。台之，字元辰，范陽遒人。官至侍中、光祿大夫。生平附見晉書卷七五王湛傳。著有文集十六卷，見隋志。

【卷本考】隋志、通志著錄二卷，新舊唐志則作四卷，當是分卷之異。原本已佚，今有周氏古小說鉤沈輯本；又重編說郛、古今說部叢書，並收祖氏志怪錄一卷。

【內容考】鉤沈本共輯遺文十五則，所記多爲漢、晉間仙道、神鬼、怪異之事。「藻居」進見漢武帝事，幽明錄轉錄之；「劉照夫人」一則，見錄異傳引用；「荀晞」殺駿牛事，晉書卷六一荀晞傳所敍，亦大同小異也。重編說郛本及古今說部叢書本，並錄九則。前七則文字，俱見鉤沈本。「孫弘見鬼」一則，太平御覽卷八九七引志怪集；「會稽郡大鬼」一則，太平御覽卷八八四引志怪。周氏輯古小說鉤沈，以其未知確係何家所有，遂錄入「雜鬼神志怪」中，似較爲審愼。

6.志怪□卷

【作者考】晉曹毗撰。毗，字輔佐，譙國人，魏大司馬曹休之後。官至光祿勳。晉書卷九二有傳。所撰論語釋一卷、曹氏家傳一卷、文集十五卷，見隋志、新舊唐志。

【卷本考】歷代史志未見著錄，丁國鈞撰補晉書藝文志，始據初學記、太平御覽所引列入小說類。原書不存。今有古小說鈎沈輯本。

【內容考】鈎沈本據初學記與草堂詩箋輯得遺文一則。所記乃漢武帝鑿昆明池，悉是灰墨，以問東方朔。朔自謂不足以知之，可試問西域胡人。至後漢明帝時，外國道人至洛陽，以灰墨問之，則刼燒之餘也。此文亦見幽明錄。

7.搜神後記 十卷（又名：續搜神記）

【作者考】舊題晉陶潛撰。潛，字淵明，或云字元亮，潯陽柴桑人。歷仕州祭酒、建威參軍、彭澤令。宋文帝元嘉四年（西元四二七年）卒，年六十有三。生平詳晉書卷九四、南史卷七五本傳。按：梁慧皎高僧傳序、唐道宣三寶感通錄、法琳破邪論，並云淵明撰有搜神錄。是陶氏嘗撰志怪書，理當可信。惟今本所見，疑點頗多，未敢遽認係陶氏原著也。

【卷本考】隋志、日本國見在書目錄、通志、四庫全書總目，並著錄十卷。今傳秘册彙函、津逮秘書、四庫全書、學津討源、百子全書、叢書集成初編等本，以及日本元祿本，皆爲十卷；五朝小說本與增訂漢魏叢書本，二卷；唐宋叢書、重編說郛、龍威秘書、飽紅葉叢書、無一是齋叢鈔、古今說部叢書、晉唐小說暢觀等本，則爲一卷。一卷、二卷本，乃自十卷本删節而成。余嘗據學津討源本，重加校訂，增輯遺文，撰搜神後記研究，可爲讀此編之一助。

【內容考】此書乃干寶搜神記之續編。所記多神祇靈異、人物變化之事。古來迷信及佛道思想之影響，隨處可見。宋以後，原本失傳，明季始有好事者收集古注類書所引遺文，重加編排刊行。惟因採集者之態度不夠審愼，而有誤收漏收之弊，若篇卷份量不勻，文字多所割裂，猶其餘事也。清四庫館臣，以其書與唐人陸羽茶經、封演聞見記所引相合，遂謂今所傳刻乃古本，實不可從。至於敍及宋元嘉十四年、二十三年事，當是後人附入，必非淵明手筆可知矣。

8. 甄異傳 三卷

【作者考】晉戴祚撰。祚，字延之，江東人。晉末從劉裕西征姚泓，裕克長安，以劉義眞爲安西將軍領西戎校尉，祚則任校尉府主簿。所著有西征記二卷、洛陽記一卷，見隋志及新舊唐志。

【卷本考】隋志、新舊唐志、通志並著錄三卷。原書不存。今傳有重編說郛、龍威秘書、古小說鉤沈三種輯本。其中以鉤沈本所收較富，內容亦較可信。

【內容考】鉤沈本共輯十七則遺文。所敍多東晉時鬼神怪異之事。其「楊醜奴」一則，亦見幽明錄。此外，藝文類聚卷四四引「陳都尉」一則、談愷刻本太平廣記卷二七六引「桓豁」一則，並云出自甄異傳（記），可補鉤沈本之不足。重編說郛本及龍威秘書本，並收錄五則。「夏侯文規」一則，與鉤沈本合。其餘，「盧耽」一則，見太平御覽卷二九，出鄧德明南康記；「陳濟」一則，初學記卷二二云出續搜神記，太平御覽卷十四又引搜神記；「賈弼」一則，見幽明錄；「查道」一則，記宋眞宗待制查氏奉使高麗事，今見類說卷廿四、說郛卷六引聶田祖異記，殆劉宋、趙宋不分。凡此，皆後人誤輯以充數者也。

9.異苑 十卷

【作者考】宋劉敬叔撰。敬叔，彭城人。晉末，起家中兵參軍、司徒掌記，後嘗爲劉毅南國郎中令、長沙景王道憐驃騎參軍。入宋，歷征西長史、黃門給事郎等職，約卒於明帝泰始中。生平詳秘册彙函本異苑卷首，胡震亨撰劉敬叔傳。

【卷本考】隋志、通志，並著錄十卷。原書不存。今傳有秘册彙函、津逮秘書、四庫全書、學津討源、說庫諸叢書本，皆爲十卷；重編說郛、唐宋叢書、五朝小說、古今說部叢書等本，僅一卷耳。

【內容考】所記大抵爲鬼神精怪之事。四庫提要云：「其書，……卷數與隋書經籍志所載相合。劉知幾史通謂晉書載武庫火，漢高祖斬蛇劍穿屋飛去，乃據此書載入，亦復相合。惟中間太平御覽所引『傅承亡鵝』一條，此本失載；又稱宋高祖爲宋武帝裕，直舉其國號名諱，亦不似當時臣子之詞，疑不免有所佚脫竄亂。然核其大致，尙爲完整，與博物志、述異記全出後人補綴者不同。」其說似乎可信，實則不然。今本乃明末好事者，自古注、類書中輯錄出遺文，重加編排刋刻而成，既非相傳舊本，內容則係眞者十之七八，贋者十之二三也。如：卷二「吳龕」、卷三「剪鴝鵒舌」、「司馬休」、卷四「孫鍾」、卷五「吳猛」、卷六「徐琦」、「王凝之妻」、卷七「顏從」、「郄方回」、

「徐精」、卷八「張春」、「常醜奴」、「馮孝將」等十三則，並見幽明錄；卷六「秦樹」、卷七「桓豁」、卷八「章沉」三則，並見甄異傳；卷六「嵇中散」、「鄒湛」兩則，並見靈鬼志。凡此，諸古注與類書，絕不言出自異苑，其爲後人隨意牽引以湊篇幅，實無疑義。又所輯尚有遺漏者，如：北堂書鈔卷九六「積石作圖」、太平御覽卷六四三「建康陵欣」、卷八八八「東海錯魚」、太平寰宇記卷八九「交州阮郎」等，皆爲異苑佚文，宜補入。

10 齊諧記 七卷

【作者考】宋東陽无疑撰。无疑，東陽郡人，嘗官散騎侍郎，餘未詳。

【卷本考】隋志、舊唐志、新唐志、通志，並著錄七卷。原書不傳。後世輯存者，有玉函山房輯佚書、續金華叢書、古小說鉤沈等本。

【內容考】莊子逍遙遊云：「齊諧者，志怪者也。」无疑取之以名其書，則內容可知矣。鉤沈本共收十五則。第九、第十兩則，記餘杭沈蹤（路）入山事，亦見幽明錄，本是一則；第十一則「蠶神」，見今本續齊諧記，類書引用，亦多云出續齊諧，似當存疑；第十二則「朱子之」，太平廣記卷四七四引異苑，文字較詳；第十四則「烏龍」，今見搜神後記卷九，太平廣記卷四七三引，云出續搜神記，周氏謂此文出自白氏六帖卷九八，今檢六帖原文作「屍以訴寃，齊諧志云。」下接「烏龍」一事，然則周氏以「烏龍」屬齊諧志，乃匆促之間誤連上文所致也。

11 幽明錄 三十卷

【作者考】宋劉義慶撰。義慶，彭城人，長沙景王道憐第二子，出嗣臨川王道規，遂襲爵爲臨川王。生性簡素，寡嗜欲，崇奉佛教，愛好文義。宋書卷五一、南史卷十三有傳。所撰徐州先賢傳十卷、江左名士傳一卷、世說八卷、宣驗記十三卷、集林二百卷等，並見隋志及新舊唐志。

【卷本考】隋志、通志著錄二十卷，新舊唐志則作三十卷，殆分卷之異。原書南宋以後不傳。今世所見說郛、重編說郛、五朝小說等本，篇幅甚少；胡珽輯琳瑯秘室叢書，據錢曾述古堂鈔本校刻，共一百五十八則；周氏古小說鉤沈本，凡收二百六十五則，份量最多。另有王仁俊輯玉函山房輯佚書補編本一卷，未見。

【內容考】本書所載大抵爲鬼神怪異之事及民間傳說，佛道色彩不甚濃厚。其搜採早期說部資料，計有：異聞記、列異傳、博物志、陸氏異林、搜神記、祖氏志怪、孔氏志怪、曹氏志怪、續搜神記、甄異記、靈鬼志等十餘種，可謂集志怪書之大成矣。劉知幾史通採撰篇，嘗謂唐修晉書，多採有關晉代之雜書，如：語林、世說新語、幽明錄之類。今試以殘存之幽明錄，與晉書對照，晉書卷卅四羊祜傳、卷四九阮瞻傳、謝鯤傳、卷六五王導傳、卷七二郭璞傳、卷七六謝安傳、卷八十王徽之傳、卷八一毛寶傳、卷八五諸葛長民傳、卷九二顧愷之傳、卷九八桓溫傳、卷九九桓玄傳、卷一百王矩傳……等，約二十事，均捃摭幽明錄文字而稍加改易，甚或毫不更動，可證子玄所言非虛也。鉤沈本所輯，雖較完足，然亦有値得商榷之處。如：「玄豹白鳳膏」一則，錄自金王壽朋類林雜說卷十三，按其原文，見於漢武洞冥記卷一，初學記卷廿五、太平御覽卷八七〇、卷九五一引，並云出洞冥記，疑是王氏誤題書名；「盧鉤」一則，太平廣記卷四七三引續異記，太平御覽卷九四八引，不注出處。以上兩則，宜刪除。「玉漿龍穴石髓」、「徐長還籙」二則，初學記、太平御覽、太平廣記引，並云出世說。按：唐、宋類書引世說本文及劉孝標注文，率皆題爲世說。孝標固嘗引幽明錄作注，未必注文皆爲幽明錄。然則牽引類書所見世說之文字，以入幽明錄中，豈可行乎？凡此類者，理當存疑也。

12宣驗記 十三卷

【作者考】宋劉義慶撰。義慶生平已見幽明錄敍錄。涵芬樓祕笈本唐臨冥報記序云：「齊竟陵王蕭子良作宣驗記。」今按楊守敬日本訪書志卷八引古鈔本冥報記，乃作「冥驗記」。又陸杲於齊和帝時，撰繫觀世音應驗記，屢引宣驗記，皆言宋臨川王義慶撰，然則作者必非蕭子良可知矣。

【卷本考】隋志、通志並著錄十三卷。原書不傳。後人所輯，有重編說郛本、五朝小說本、古小說鉤沈本三種。

【內容考】鉤沈本共輯遺文三十五則。其「王導兄弟」一則，太平御覽卷七四〇引，出靈驗記；談愷本太平廣記卷一三一引，「導」字作「遵」，云出宣驗志，野竹齋鈔本太平廣記，乃云出宣室志。

其是否爲宣驗記文字，似應存疑。「吳興郡火」、「高荀」、「李儒」、「郭宣與文茂處」四則，陸杲繫觀世音應驗記已錄之。又陸氏書第八條謂宣驗記載竺慧慶、釋道聽、康茲、顧邁、俞文、徐廣等人遭風獲救，第九條云宣驗記載孫崇、陽元、祖乾、歸國人、長安人富陽落水事，第十七條謂宣驗記載上明二劫事，第四四條謂宣驗記載曾普賢入屍下得活事，第五五條謂宣驗記載卞說之、孫道德求男事，僅「俞文」一則見於鈎沈本，餘者皆漏收。其文字雖極簡略，錄之亦足供鈎稽考索之助也。至若重編說郛及五朝小說，僅載「丁零」、「王遵」、「逐賊」三則，實無足觀。

13 古異傳 三卷

【作者考】宋袁王壽撰。王壽嘗官永嘉太守，餘未詳。按：舊唐志作袁仁壽，册府元龜卷五五五國史部采撰篇則作袁生壽，今據隋志及新唐志也。

【卷本考】隋志、新舊唐志、通志，並著錄三卷。原書不傳。今有周氏古小說鈎沈輯本。

【內容考】周氏自玉燭寶典、事物紀原輯得遺文一則，所記乃斲木爲雷公採藥使化爲鳥之事。姚振宗隋書經籍志考證，引別本舊唐志作「石異傳」，遂疑原書係載魏、晉石異之事，亦可備一說。

14 集異記 □卷

【作者考】宋郭季產撰。季產嘗官新興太守，餘未詳。所撰續晉紀五卷，見隋志、新舊唐志。

【卷本考】此書不見史志著錄，太平御覽經史圖書綱目始載之。原書不傳。今有古小說鉤沈輯本。所記大抵爲鬼魅異物及解夢占筮之事也。

【內容考】周氏自北堂書鈔、藝文類聚、太平御覽、太平廣記等書，輯得遺文十一則。所記大抵爲鬼魅異物及解夢占筮之事也。

15述異記 十卷

【作者考】齊祖冲之撰。冲之，字文遠，范陽遒（一作「薊」）人，祖台之之曾孫也。解鐘律，善算，有機思。宋文帝時，嘗任婁縣令、謁者僕射，入齊爲長水校尉。東昏侯永元二年（西元五〇〇年）卒，年七十二。南齊書卷五二、南史卷七二有傳。著有易老莊義、論語釋、孝經釋、九章注、綴術等書，見本傳。

【卷本考】隋志、舊唐志、新唐志、通志，並著錄十卷。原書不傳。今有古小說鉤沈輯本。

【內容考】所記以鬼神精怪之事爲主。鉤沈本共九十則，其部分文字之來歷，似値得商榷。如「歷陽淪爲湖」、「園客」、「封邵化虎」三則，均輯自南宋類書及筆記，原出任昉（？）述異記，周氏一時失察而誤收。至若「山都」、「桓冲」、「朱休之」、「荀瓌」四則，雖亦收入通行本述異記，然唐、宋類書並已引用，當爲後人剌取祖氏書以充篇幅，遂至兩處互見也。「劉幡」、「李道豫」、「黃父鬼」三則，並見今本異苑，其爲祖氏引錄前人載籍，或係類書轉引致誤，疑未能定。又太平廣記卷一一〇「竺法義」、卷一三一「阮倪」、卷三二六「劉朗之」三則，鉤沈本漏收，當補入。

16冥祥記　十卷

【作者考】齊王琰撰。琰，太原人。仕齊，爲太子舍人（據寶章集）、義安太守（繫應驗記）；入梁，任吳興令（隋志）。著有宋春秋二十卷，見隋志。

【卷本考】隋志、新舊唐志、通志，並著錄十卷。原書不存。後世輯本，重編說郛及古今說部叢書所收，共七則，悉自太平廣記錄出；周氏古小說鈎沈，自三寶感通錄、法苑珠林、辯正論、太平廣記等書，輯得一百三十一則，爲目前較完足者。

【內容考】據原書自序，琰幼年曾赴交趾，從賢法師受五戒，並得觀世音金像一軀，虔心供養。宋孝武帝大明七年、齊高帝建元元年，兩次感金像之異，遂撰集東漢以下至齊之奉佛故事以成此書。其引用前人著述，今可考者，有：靈鬼志、幽明錄、宣驗記、觀世音應驗記、續觀世音應驗記五種。同時或後人引用王氏書者，則有繫應驗記、高僧傳等。

17神錄　五卷（又名：神異錄）

【作者考】梁劉之遴撰。之遴，字思貞，南陽涅陽人，齊國子博士劉虬之子。篤學明審，博覽群籍。歷仕齊、梁，官至大常卿。武帝太清二年（西元五四八年），侯景作亂，之遴避難還鄉，卒於夏口，年七十二。前、後文集五十卷，行於世。生平詳見梁書卷四十、南史卷五十本傳。

【卷本考】隋志、新舊唐志、通志，俱著錄五卷。原書不傳。今有古小說鉤沈輯本。

【內容考】鉤沈本自水經注、太平寰宇記、輿地紀勝等書輯得遺文三則。「由拳縣」一則，周氏云：水經注卷二九、太平寰宇記卷二二，並作神異傳。殆以爲即神異錄。惟太平廣記卷四六八引，注出鬼神傳；初學記卷七、太平御覽卷六六，並引搜神記。此則是否爲劉氏書所有，尚須存疑。又太平寰宇記卷一〇一，引神異錄「仙人葬山」一則；六朝事跡類編卷下、全隋文卷十一江總攝山棲霞寺碑，並引神錄「菩提王廟」一則。此皆周氏漏收，宜補入。

18 冤魂志三卷（又名：北齊還冤志、還冤志、還冤記）

【作者考】隋顏之推撰。之推，字介，琅琊臨沂人。博覽群書，詞情典麗。歷仕梁、北齊、北周、隋四代。文帝開皇中卒。生平詳見北齊書卷四五、北史卷八三本傳。著有訓俗文字略一卷、證俗文字音五卷、急就章注一卷、集靈記二十卷、家訓七卷、文集三十卷，見隋志。

【卷本考】隋志、顏眞卿家廟碑、新舊唐志、崇文總目、通志、宋志、四庫全書總目，並著錄三卷；直齋書錄解題、通考，云二卷；明刊本法苑珠林雜集部題一卷，惟高麗藏本仍作二卷。原書明代以後不傳。後世輯刻者，寶顏堂秘笈、續百川學海、唐宋叢書、重編說郛、五朝小說、四庫全書、增訂漢魏叢書、詒經堂叢書、古今說部叢書諸本，均爲一卷。晚近敦煌石室出土秘笈中，有題曰「冥報記」者，經王重民、重松俊章等人考定，確係寃魂志之殘本，共保存原文十五則。

【內容考】本書乃顏氏以佛教徒之立場，集錄歷代經傳子史所載鬼魂報寃故事，闡釋因果報應之理，以爲勸戒者也。法苑珠林與太平廣記所引佚文，合計約有六十則，通行本所收，自二十一至三十六則不等，疏漏太甚，宜重新輯補。今自其遺文觀之，所記時代，上起先秦，迄於北周。參考引用之舊籍，有：左傳、吳越春秋、三輔決錄、後漢書、宋書、南齊書、高僧傳、洛陽伽藍記、搜神記、異苑、祖氏述異記等。至如顏氏耳聞目見者，亦不在少數也。

19 集靈記二十卷

【作者考】隋顏之推撰。之推生平已見寃魂志敍錄。

【卷本考】隋志、册府元龜卷五五六國史部采撰篇，並著錄二十卷，新舊唐志則題十卷。原書不傳。後世所輯，有重編說郛本、古今說部叢書本、古小說鈎沈本三種。

【內容考】鈎沈本自太平御覽輯得遺文一則。所記乃琅琊王諱亡後，寄金指環給妻孥之事。重編說郛本、古今說部叢書本，並錄六則。第一則同鈎沈本；次則記金陵瓦官閣於五代改名事，未知所出；第三則「張仲舒」，見太平御覽卷六〇五、卷八一六、卷八八五、太平廣記卷三五〇引異苑；第四則「宮亭湖神」，見北堂書鈔卷一三七引異苑；第五則「雷鳴茶」，見事類賦注卷十七引茶譜；第六則「蚩尤冢」，見史記卷一五帝本紀裴駰集解、太平御覽卷五六〇引皇覽冢墓記。凡此，皆後人任意剌取它書以充數者也。

20 旌異記十五卷

【作者考】隋侯白撰。白，字君素，魏郡人。好學，有捷才，性滑稽，尤辯俊。隋文帝開皇中，舉秀才，爲儒林郎，遷著作佐郎，卒官。生平附見隋書卷五八陸爽傳、北史卷八三文苑傳。另著有啟顏錄，見新舊唐志。

【卷本考】隋志、新舊唐志、通志，並著錄十五卷；大唐內典錄、法苑珠林傳記部、續高僧傳，則云二十卷；歷代三寶記、日本國見在書目錄，俱作十卷。疑爲分卷之異。原書不傳。後世所輯，有重編說郛本、龍威秘書本、叢書集成初編本（俱題宋侯白撰）、古小說鉤沈本四種。

【內容考】據歷代三寶記卷十二所載，本書乃侯白官儒林郎時奉敕撰。鉤沈本共收十則，記三國至梁末之禮佛誦經神異事。周氏所據以輯錄者，爲三寶感通錄、法苑珠林、續高僧傳、太平廣記等四種。大唐內典錄卷十「歷代衆經應感興敬錄」，摘引旌異記八事，其中七事見鉤沈本，「釋道琳」一則，鉤沈本失收。又段成式酉陽雜俎前集卷十三，引旌異記「盜發白茅冢」一則，亦宜補入。至於重編說郛、龍威秘書及叢書集成初編諸本，輯錄「青州都監」、「晏氏媪」、「鬼巴」、「崔伯陽」「西津渡船」、「會稽學生」、「竇氏妾父」、「潮部鬼」、「易村婦人」、「童貫咎證」等十則，皆記南、北宋時代鬼神怪異之事，今並見洪邁夷堅志。其爲後人僞題侯白之作以欺人無疑也。

21 靈鬼志三卷

【作者考】荀氏撰。荀氏之名字及生平無考，當係晉、宋間人。

【卷本考】隋志、新舊唐志、通志，並著錄三卷。原書不傳。後人所輯有重編說郛本、古小說鈎沈本兩種。

【內容考】原書雖已不存，然據世說新語方正、容止、傷逝等篇注所引觀之，蓋爲分類記述，各冠以篇名，「謠徵」即其一也。周氏輯本之「蔡謨聞啼哭」一則，太平廣記卷三二〇引，出靈異志、幽明錄；「李通」一則，北堂書鈔卷一二九云出盧異志，均不作靈鬼志，當存疑。「南平國蠻兵」一則，藝文類聚卷四四、太平御覽卷五八二並云出異苑，又原文有「予爲國郎中」一句，乃劉敬叔自述爲劉毅南平國郎中令之語，疑太平廣記卷三二二所題有誤。「胡道人驅驢作估」、「曇游念呪」、「濡須口覆船」三則，並見搜神後記，未知兩書孰先孰後？「外國道人」一則，記道人入小籠子，並能口吐女子，殆受佛書雜譬喻經「梵志吐壺」之影響而撰成者也。至於重編說郛本，題晉荀氏撰，僅錄「獨孤穆」一則，記唐貞元中事。考太平廣記卷三四二所引，實出自陳翰異聞集。其爲後人率意牽合者確矣。

22 志怪四卷

【作者考】孔氏撰。孔氏之名字不詳。太平廣記卷二七六「晉明帝」一則，注「出孔約志怪」，未知係傳鈔之誤，抑孔氏單名曰約，疑不能明也。近人或據顧況戴氏廣異記序（文苑英華卷七三七、全唐文卷五二八），疑即撰神怪志之孔慎言。按：慎言乃唐冀州衡水人，孔穎達之曾孫，官至黃州刺史，見新唐書宰相世系表十五下及孔氏祖庭廣記。其非撰志怪一書之孔氏可知矣。

【卷本考】隋志、新舊唐志、通志，並著錄四卷。原書不傳。今有周氏古小說鉤沈輯本。

【內容考】鉤沈本其收遺文十則。「楚文王」一則，亦見幽明錄；「盧充」、「干寶」兩則，並見搜神後記。又「南方落民」一則，酉陽雜俎卷四引作于氏志怪，周氏疑「于氏」乃「孔氏」之譌，遂輯入孔氏書中。今按：法苑珠林卷四三、藝文類聚卷十七、太平御覽卷三六四、卷八八八引之，並云出自搜神記，則于氏志怪即干寶搜神記，「志怪」乃泛稱也。趙景深銀字集小說瑣話，有「孔氏志怪輯佚」一節。趙氏自事類賦注補輯「袁無忌」、「長孫紹祖」、「晉武帝」、「董氏女」、「吏人女病邪」五則。今檢明嘉靖華氏活字本事類賦，並無其文，未知趙氏所據為何家所刻耶？

23 志怪記 三卷

【作者考】殖氏撰。殖氏之名號及生平俱無考。

【卷本考】此書僅見隋志著錄。原本不傳。今有古小說鉤沈輯本。

【內容考】周氏所錄「謝譔椀飲」、「客星逼座」兩則，俱出北堂書鈔。「客星逼座」事，過於簡略。幽明錄載漢武帝嘗微行，招人家婢共臥，婢婿持刀欲殺之。有書生善天文，宿鄰室。忽見客星移掩帝座甚逼，大驚躍，連呼咄咄。婢婿退走，遂被擒誅。疑卽其事也。

24 鬼神列傳 一卷

【作者考】謝氏撰。謝氏之名號及生平俱無考。

【卷本考】隋志著錄一卷；新舊唐志、通志，並云二卷。原書不傳。今有古小說鈎沈輯本。

【內容考】周氏自太平御覽輯得遺文一則，記下邳陳超爲鬼所逐，改名何規以避禍之事。此文亦見通行本還寃記及法苑珠林卷一一〇引寃魂志，所敍本末尤詳，可參看。

25 玄中記 一卷

【作者考】舊題郭氏撰，其名號、年代俱不詳；羅泌路史定爲郭璞所作，不確。

【卷本考】崇文總目、通志並著錄一卷。原書不傳。後世輯存者，有說郛、重編說郛、玉函山房輯佚書、黃氏逸書考、十種古逸書、郋園先生全書、古小說鈎沈諸本。其中，古小說鈎沈本所收，共七十一則，較爲精詳。

【內容考】本書所載，包括天地開闢神話、民間傳說、遠方異物、精怪變化、厭勝、服食等事，內容頗似博物志。其「狗封氏」、「丈夫民」、「奇肱氏」三則，文字與山海經郭璞注相同，故後人遂謂此書乃郭氏所著也。

26 漢武故事 二卷

【作者考】撰人不詳。按：隋志、新舊唐志，均不題撰人。續談助引唐張柬之書洞冥記後，以爲王儉所造，四庫提要及余嘉錫四庫提要辨證，贊同此說。崇文總目題班固撰，司馬光資治通鑑考異，已辨其非，惟宋志所載，仍題班固撰。清孫詒讓札迻卷一，則疑其出自葛洪之手。蓋本書作者，歷來有班固、葛洪、王儉諸異說，莫衷一是，迄今仍無定論也。

【卷本考】隋志、舊唐志、日本國見在書目錄、新唐志、通志、郡齋讀書志、通考，並著錄二卷；崇文總目、宋志則題五卷。原書不傳。今行世之說郛、古今說海、歷代小史、古今逸史、重編集類說部、四庫全書、說庫等所收，俱一卷，不全；稗乘本改名「漢武事略」，刪削更甚。後人重輯者，有經典集林本、古小說鉤沈本兩種。以鉤沈本較佳。惟周氏未能採錄一卷本殘文，亦是憾事。

【內容考】全書所記，起自漢景帝元年，武帝生於猗蘭殿，至宣帝卽位，尊武帝廟曰世宗而止。其言多與史記、漢書武帝本紀相出入；遺聞軼事，則爲一般載籍所無。司馬光編資治通鑑，嘗採錄「祭黃帝冢」、「柏谷之厄」、「汲黯進諫」、「田千秋奏罷方士」四事，蓋謂其有一節可取也。鉤沈本共收五十三則，堪稱完備，然引用南宋人所編紺珠集，恐有可議之處。如：「東方朔游鴻濛之澤」、「五雲之澤」兩則，並見漢武洞冥記，疑非漢武故事原書所有。殆因編者不愼，遂至訛誤乎！

27 錄異傳□卷

【作者考】撰人未詳。虞世南北堂書鈔已引用，當爲南北朝人。

【卷本考】歷代史志未見著錄，原卷數不詳。今有古小說鉤沈輯本。

【內容考】周氏自北堂書鈔、藝文類聚、初學記、史記正義、太平御覽、太平廣記、太平寰宇記、事類賦注等書，輯得遺文二十七則。今考所錄「髦頭騎」、「江巖」、「邴浪」三則，見列異傳；「吳王少女」、「倪彥思」、「費季」三則，見搜神記；「魏安釐王」一則，見異苑；「張君林」一則，見甄異傳；「劉照」一則，見祖氏志怪；「袁安」、「文翁」兩則，見幽明錄。然則，此書乃採集諸種說部所載怪異事而成者也。又據嚴一萍太平廣記校勘記，廣記卷三二三「章授」一則，係錄異傳之遺文，當補入。

第三章　亡佚之屬

1 拾遺錄 二卷

【作者考】苻秦王嘉撰。王嘉生平已見王子年拾遺記敍錄。

【卷本考】隋志、通志，著錄二卷；新舊唐志，則云三卷。今無傳本。

【內容考】該書原貌如何，無從知悉。楊守敬日本訪書志卷八，以為係王子年原書，無蕭綺論贊之文，又殘缺僅存者。今以太平御覽、太平廣記所引拾遺錄驗之，楊氏所說殆不誣也。

2 集異傳 十卷

【作者考】晉葛洪撰。洪，字稚川，丹陽句容人。究覽典籍，尤好神仙導養之法。康帝建元元年（西元三四三年）卒，享年六十有一。生平詳見晉書卷七二本傳。所撰尚有神仙傳、良吏傳、隱逸傳、周易雜占、金匱藥方等多種，見本傳及隋志著錄。

【卷本考】晉書葛洪傳嘗載此書十卷，歷代史志則未見著錄，蓋亡佚甚久矣。丁國鈞補晉書藝文志史錄雜傳類收之，卽據晉書本傳也。

【內容考】原書不傳，亦未見古注或類書引用，內容已不可考。

3 徵應傳□卷

【作者考】晉朱君台撰。君台，生平不詳，釋法琳破邪論卷下，云係吳興人，當有所本。

【卷本考】歷代史志未見著錄，僅高僧傳、破邪論等書提及耳。

【內容考】原書不傳，亦未見古注或類書引用，故隻字片語無存；惟旣以「徵應」爲名，則所記殆皆有關神靈證驗之事也。梁慧皎高僧傳序云：「……太原王延秀感應傳、朱君台徵應傳、陶淵明搜神錄，並傍出諸僧，敍其風素，而皆是附見，亟多疏闕。……嘗以暇日遇覽群作，輒搜檢雜錄數十餘家，及晉、宋、齊、梁春秋書史，秦、趙、燕、涼荒朝僞歷，地理雜篇，孤文片記；並博諮故老，廣訪先達，校其有無，取其同異。」又云：「凡十科所敍，皆散在衆記，今止刪聚一處，故述而無作，俾夫披覽一本之內，可兼諸要。」則君台所記僧人事跡，慧皎嘗刪取以入高僧傳可知，惜無從分辨矣。

4 感應傳八卷

【作者考】宋王延秀撰。延秀，太原人，嘗師事何尚之（宋書卷六六何尚之傳）；明帝泰始中爲祠部郎（宋書卷十六禮志），餘未詳。另著有史要廿八卷，見舊唐志及新唐志。

【卷本考】隋志、新舊唐志、通志，並著錄八卷。原書不傳，後世亦無輯本。

【內容考】所記蓋爲神佛靈應之事，梁慧皎撰高僧傳嘗加以徵引，惜未注明，今已無從查考。太平廣記卷一一一「齊建安王」、卷一一四「張逸」兩則，並云出自感應傳。唯所記皆南齊事，恐延秀不及見之，是否爲王氏書遺文，尚須存疑也。

5陰德傳 二卷

【作者考】宋范晏撰。晏，順陽山陰人，范泰之子；官至侍中、光祿大夫。生平附見宋書卷六十范泰傳。所著另有文集十四卷，見隋志。

【卷本考】隋志、新舊唐志、通志，並著錄二卷。原帙不傳，後世亦無輯本。

【內容考】太平御覽卷五五六引陰德傳一則，記漢陳翼義葬長安魏公卿之事，與藝文類聚卷八三、太平御覽卷八一一引廬江七賢傳略同，而語尤詳。范氏累世信佛，疑晏乃採集雜史傳記中有關施行陰德之事跡以成書。至如太平廣記卷一一七「劉弘敬」、卷一二三「韋判官」兩則，並引陰德傳，而所敘乃唐代之陰德報應事，當爲唐、五代人所撰，非范氏書也。

6 近異錄 二卷

【作者考】宋劉質撰。質，彭城呂人，東昌縣開國侯延孫之子，嗣爵位。宋明帝泰始中，有罪，國除。生平附見宋書卷七八劉延孫傳。

【卷本考】隋志、新舊唐志、通志，並著錄二卷。原書不存。傳世之重編說郛、龍威秘書、叢書集成初編諸叢書所收，皆僞書也。

【內容考】原文未見古注或類書徵引，內容不詳。重編說郛、龍威秘書、叢書集成所收，輯錄「二十夜月圓」、「晦日月光」、「雷斧」、「鄱陽六臂兒」四則，率記趙宋時怪異事，今並見於洪邁夷堅志。其爲後人僞託明矣。

7 宣明驗 三卷

【作者考】齊蕭子良撰。子良，字雲英，武帝第二子也。少有淸尚，禮才好士，傾意賓客，天下才學皆游集焉。招致名僧，講論佛法，敬信釋氏甚篤。勸人爲善，未嘗厭倦。鬱林王隆昌元年（西元四九四年）卒，年三十有五。所著內、外文筆數十卷，較無文采，多是勸戒。南齊書卷四十、南史卷四四有傳。

【卷本考】此書，歷代史志均未著錄。法苑珠林雜要篇雜集部載之，云三卷。原帙不傳。亦無輯本。

【內容考】原文未見古注、類書引用，隻字不存，內容未詳。楊守敬日本訪書志卷八引古鈔本冥報記序云：「……齊竟陵王作冥驗記，王琰作冥祥記，皆所以徵明善惡，勸戒將來，實使聞者深心感悟。」冥驗記、宣明驗，是否爲一書之異稱，文獻不足，無從斷定矣。

8補續冥祥記 一卷

【作者考】梁王曼穎撰。曼穎，太原人，學兼孔釋，解貫玄儒，慧皎撰高僧傳，嘗相與商榷義例（廣弘明集卷廿四慧皎答王曼穎書）。家貧，既卒，無以斂葬，賴南平王蕭偉爲之營埋焉。事見梁書卷廿二、南史卷五二南平王偉傳。

【卷本考】隋志、通志，並著錄一卷；新、舊唐志，則作十一卷，疑係與冥祥記合編之本。原書不傳。

【內容考】原文未見古注或類書引用，至今隻字無存。其書以「補續」爲名，蓋補王琰冥祥記之所遺，兼賡錄其所未見也。

9研神記 十卷（或作：妍神記）

【作者考】梁元帝蕭繹撰。繹，字世誠，武帝第七子，博學多聞，勤於述作。據金樓子著書篇，本書乃由元帝撰序，後付劉瑴纂次而成。瑴，字仲寶，沛國相人。嘗爲湘東王記事參軍、中記事，佐王登帝位，官至吏部尙書。承聖三年（西元五五四年），江陵沒，入於周。梁書卷四一、南史卷五十有傳。

【卷本考】隋志、舊唐志、新唐志、通志俱著錄十卷；金樓子著書篇、日本國見在書目錄、呂溫上官昭容書樓歌自注，則並云一卷。又劉知幾史通雜說篇，亦譏元帝撰同姓名錄、研神記，才至一篇，史家亦編諸傳末，是爲煩甚。疑原書僅有一卷，史志所記，似不可信。

【內容考】原書不傳，亦未見古注或類書徵引，片紙隻字不存，內容欠詳。

10 續洞冥記 一卷

【作者考】陳顧野王撰。野王，字希馮，吳郡吳人。博觀經史，善屬文，精通天文地理、筮龜占侯、蟲篆奇字。歷仕梁、陳二朝，官至光祿卿。宣帝太建十三年（西元五八一年）卒，享年六十有三。生平詳見陳書卷三十、南史卷六九本傳。所撰尙有玉篇三十卷、輿地志三十卷、符瑞圖十卷、文集十九卷等，見本傳及隋志著錄。

【卷本考】陳書、南史顧氏本傳並載一卷，歷代史志未見著錄，蓋亡佚甚早也。

【內容考】原帙不傳，亦未有古注或類書加以引用，僅知爲無名氏漢武洞冥記之續書耳。

11 驗善知識傳 一卷

【作者考】北周釋亡名撰。亡名，俗姓宗（一作「宋」），本名闕殆，南郡人。事梁元帝，深見禮待。梁亡，潛志玄門，聲聞臺省。北周大冢宰宇文護屢招不至，後不知所終。生平詳續高僧傳卷七本傳。另撰天正舊事三卷、文集十卷，見隋志。

【卷本考】歷代三寶記、大唐內典錄、法苑珠林雜要篇並著錄一卷。原帙不傳。後世亦無輯本。

【內容考】歷代三寶記卷十一云：「擬陸杲觀音應驗記。」自書名占之，所記當以佛教善男信女靈驗事跡爲主，遺文無存，其詳不可知矣。

12感應傳 十卷

【作者考】隋釋淨辯撰。淨辯，俗姓韋，齊州人。少涉儒門，後屏迹出家。隋文帝開皇中，入京師依慧遠住靜影寺習禪，又從曇遷受攝大乘論。大業末年卒。生平見續高僧傳卷二六本傳。

【卷本考】續高僧傳題十卷，歷代史志及佛教目錄均未著錄。原書不傳，後世亦無輯本。

【內容考】續高僧傳淨辯傳云：「（隋文帝）勅召送舍利於衡州岳寺。……行達江陵，風浪重阻。三月停浦，波猶未靜，又迫嚴程，憂惶無計，乃一心念佛，衝波直去。即蒙風止，安流沿下，既入湘水，泝流極難，又依前念，舉帆利涉，不盈半月，便達衡州。及至岳寺，附水不堪，巡行山亭，平正可構。正當寺南而有伏石。辯乃執爐發願，必堪起塔，願降祥感。便見岳頂白雲從上而下，廣可一匹，長四十里。至所塔基，三轉旋迴，久久自歇。又感異香，形如削沈，收獲數斤，氣煙倍世。

道俗稱慶，因卽搆成。初，此山僧顗禪師者，通鑒僧也。曾有一粒舍利，欲建大塔。在寺十年，都無異相。及今送至，乃揚瑞迹，黃白大小，聚散不定。當下之日，衡山縣治顯明寺塔，放大光明，遍照城邑，道俗同見。……辯欣斯瑞迹，合集前後見聞之事爲感應傳一部，十卷。」

13 皇隋靈感誌 三十卷

【作者考】隋王劭撰。劭，字君懋，太原晉陽人。少沈默，好讀書，博物多識。歷仕北齊、北周。隋文帝卽位，授著作佐郎、著作郎、秘書少監等職；煬帝大業初，卒於官。隋書卷六九、北史卷三五有傳。所撰有齊志二十卷、齊書一百卷、隋書八十卷、讀書記三十卷、隋開皇二十一年書目四卷、平賊記三卷、舍利感應記三卷，見隋志及隋志補。

【卷本考】隋書、北史本傳，並著錄三十卷；新、舊唐志則云十卷。原帙不傳，後世亦無輯本。

【內容考】隋書本傳云：「劭採民間歌謠，引圖書讖緯，依約符命，捃摭佛經，撰爲皇隋靈感誌，……奏之。文帝令宣示天下。」北史本傳同。釋道宣大唐內典錄卷十，載隋著作郎王劭撰靈異志一部二十卷，注云：「隋運者。」疑卽皇隋靈感誌之別稱，惟卷數少異耳。

14 靈異記 十卷

【作者考】隋許善心、崔賾奉敕撰。善心，字務本，高陽北新城人。多聞默識，爲當世所稱。歷仕陳、隋兩朝。江都之變，爲宇文化及所害，享年六十有一。所撰有方物志二十卷、皇隋符瑞十四卷等。生平詳見隋書卷五八、北史卷八三本傳。賾，字祖濬，博陵安平人。隋文帝開皇初，射策高第，歷任校書郎、晉王記室參軍、太子齋帥、起居舍人、越王長史等職。大業末卒，年六十九。所著詞賦碑誌，十餘萬言；撰洽聞志七卷、八代四科志三十卷，毀於江都之亂中。隋書卷七七、北史卷八八有傳。

【卷本考】隋志、日本國見在書目錄，並載十卷。原書不傳，後世亦無輯本。

【內容考】善心本傳云：「（煬帝）嘗言及高祖受命之符，因問鬼神之事，敕善心與崔祖濬撰靈異記十卷。」又隋志雜傳類著錄許善心符瑞記十卷，疑即靈異記之異名而重出也。

15 因果記十卷

【作者考】劉泳撰。泳，始末不詳。

【卷本考】隋志、新舊唐志，並著錄十卷。原書不存，後世亦無輯本。

【內容考】原文未見古注或類書徵引，內容無考。

16 續異苑十卷

【作者考】撰人不詳。

【卷本考】隋志著錄十卷，後世史志未載，今亦無傳本。
【內容考】原書未見古注或類書徵引。自書名觀之，乃因劉敬叔異苑而續撰，則其內容亦不外乎搜神志怪之屬。

17 眞應記十卷

【作者考】撰人不詳。
【卷本考】隋志著錄十卷，後世史志未見。
【內容考】原書隻字片紙不存，內容無考。

附錄：諸家書志分類異同對照表

書名＼著錄書志	隋書經籍志	舊唐書經籍志	新唐書藝文志	崇文總目	通志藝文略	郡齋讀書志	直齋書錄解題	宋史藝文志	文獻通考經籍考	四庫全書總目	其他
博物志	雜家類	小說類	小說類	小說類	雜家類	小說類	小說類[1]	雜家類	小說類	小說家類	
觀世音應驗記	雜傳類				傳記類						
續觀世音應驗記											冥報記序著錄
繫觀世音應驗記		雜傳類	小說類								
王子年拾遺記	雜史類	雜史類	雜史類	傳記類	傳記類	傳記類	小說類	小說類	小說類	小說家類	
續齊諧記	雜傳類	雜傳類	小說類	小說類	傳記類		小說類	小說類	小說類	小說家類	
神異經	地理類	地理類	道家類	地理類[2]	地理類[3]		小說類	小說類	小說類	小說家類	
漢武帝內傳	雜傳類	雜傳類	道家類		道家類	傳記類		傳記類	傳記類	小說家類	
十洲記	地理類	地理類	道家類	地理類	地理類	傳記類	小說類	地理類[4]	小說類	小說家類	
漢武洞冥記	雜傳類	雜傳類	道家類	傳記類	傳記類	傳記類	小說類	傳記類[5]	小說類	小說家類	

（新）述異記				小說類		小說類		小說類	小說類	小說家類	
列異傳	雜傳類	雜傳類	小說類		傳記類						
異林											補晉書藝文志小說類
神異記											補晉書藝文志小說類
搜神記	雜傳類	雜傳類	小說類		傳記類					小說家類	
（祖氏）志怪	雜傳類	雜傳類	小說類		傳記類						
（曹氏）志怪											補晉書藝文志小說類
搜神後記	雜傳類				傳記類					小說家類	
甄異傳	雜傳類	雜傳類	小說類		傳記類						
異苑	雜傳類				傳記類					小說家類	
齊諧記	雜傳類	雜傳類	小說類		傳記類						
幽明錄	雜傳類	雜傳類	小說類		傳記類						
宣驗記	雜傳類				傳記類						

古異傳	雜傳類	雜傳類	小說類		傳記類						
集異記											太平御覽經史圖書綱目著錄
述異記	雜傳類	雜傳類	小說類		傳記類						
冥祥記	雜傳類	雜傳類	小說類		傳記類						
神錄	雜傳類	雜傳類	小說類		傳記類						
寃魂志（還寃志）	雜傳類	雜傳類	小說類	小說類	傳記類		小說類	小說類	小說類	小說家類	
集靈記	雜傳類	雜傳類	小說類		傳記類						
旌異記	雜傳類	雜傳類	小說類		傳記類						
靈鬼志	雜傳類	雜傳類	小說類		傳記類						
（孔氏）志怪	雜傳類	雜傳類	小說類		傳記類						
志怪記	雜傳類										
鬼神列傳	雜傳類	雜傳類	小說類		傳記類						
玄中記				地理類	地理類						

漢武故事	舊事類	故事類	故事類	雜史類	故事類	傳記類		故事類	傳記類	小說家類	
錄異傳											隋書經籍志考證著錄
拾遺錄	雜史類	雜史類	雜史類		傳記類						
集異傳											補晉書藝文志雜傳類
徵應傳											高僧傳序著錄
（王氏）感應傳	雜傳類6	雜傳類	小說類		傳記類						
陰德傳	雜傳類	雜傳類	雜傳類		傳記類						
近異錄	雜傳類	雜傳類	小說類		傳記類						
宣明驗											法苑珠林雜要篇雜集部著錄
補續冥祥記	雜傳類	雜傳類	小說類		傳記類						
研神記	雜傳類	雜傳類	小說類		傳記類						
續洞冥記											陳書南史顧野王傳著錄
驗善知識傳											法苑珠林雜要篇雜集部著錄

（釋淨辯）感應傳											續高僧傳卷廿六著錄
皇隋靈感誌		雜家類	雜家類		傳記類						
靈異記	雜傳類										
因果記	雜傳類	雜傳類	小說類		傳記類						
續異苑	雜傳類										
眞應記	雜傳類										

註一：直齋書錄解題著錄博物志，一見小說類，又見雜家類。

註二：神異經，又見崇文總目小說類。

註三：神異經，又見崇文總目傳記類。

註四：[illegible]洲記，又見宋史藝文志神仙家類。

註五：漢武洞冥記，又見宋史藝文志小說類。

註六：感應傳，又見隋書經籍志雜家類。

參考引用書目

壹、專　書

周易　晉・王弼、韓康伯注　商務印書館四部叢刊初編本
尙書　漢・孔安國傳　仝　右
毛詩　漢・毛公傳　漢・鄭玄箋　仝　右
周禮　漢・鄭玄注　仝　右
禮記　漢・鄭玄注　仝　右
大戴禮記　北周・盧辯注　仝　右
春秋經傳集解　晉・杜預集解　仝　右
論語集解　晉・何晏等集解　仝　右
爾雅　晉・郭璞注　仝　右
說文解字注　清・段玉裁撰　藝文印書館影印本

說文通訓定聲　清・朱駿聲撰　藝文印書館影印本
廣雅疏證　清・王念孫撰、王引之述　廣文書局影印本
廣韻　宋・陳彭年等重修　商務印書館四部叢刋初編本
經學歷史　清・皮錫瑞撰　周予同注　河洛圖書出版社影印本

史記　漢・司馬遷撰　唐・裴駰等注　鼎文書局影印本
漢書　漢・班固撰　唐・顏師古注　仝右
後漢書　(劉)宋・范曄撰　唐・李賢注　仝右
三國志　晉・陳壽撰　(劉)宋・裴松之注　仝右
晉書　唐太宗敕撰　仝右
宋書　梁・沈約撰　仝右
南齊書　梁・蕭子顯撰　仝右
梁書　唐・姚思廉撰　仝右
陳書　唐・姚思廉撰　仝右
魏書　北齊・魏收撰　仝右
北齊書　唐・李百藥撰　仝右

周書　唐・令狐德棻等撰　鼎文書局影印本
南史　唐・李延壽撰　仝　右
北史　唐・李延壽撰　仝　右
隋書　唐・魏徵等撰　仝　右
宋史　元・脫脫等撰　仝　右
秦漢史　呂思勉著　開明書店排印本
漢代學術史略　顧頡剛著　啟業書局影印本
兩晉南北朝史　呂思勉著　開明書店排印本
魏晉南北朝史　黎傑著　九思出版社排印本
魏晉南北朝史　張儐生著　幼獅文化事業公司排印本
魏晉南北朝史論集　周一良著　北平中華書局排印本
南方的奮起　姚大中著　三民書局排印本
逸周書　晉・孔晁注　商務印書館四部叢刊初編本
東觀漢記　漢・劉珍等撰　中華書局四部備要本
路史　宋・羅泌撰　宋・羅苹注　仝　右
竹書紀年義證　清・雷學淇撰　藝文印書館影印本

資治通鑑　宋・司馬光撰　商務印書館四部叢刊初編本
資治通鑑考異　宋・司馬光撰　仝　右
資治通鑑外紀　宋・劉恕撰　仝　右
繹史　清・馬驌撰　四庫全書本
國語　吳韋昭注　商務印書館四部叢刊初編本
吳越春秋　漢・趙曄撰　仝　右
華陽國志　晉・常璩撰　仝　右
水經注　後魏・酈道元撰　仝　右
洛陽伽藍記校箋　楊勇著　正文書局影印本
太平寰宇記　宋・樂史撰　文海出版社影印本
輿地廣記　宋・歐陽忞撰　仝　右
六朝事跡類編　宋・張敦頤撰　世界書局影印本
中西交通史料彙編　張星烺編　仝　右
荊楚歲時記　梁・宗懍撰　中華書局四部備要本
歲時廣記　宋・陳元靚撰　新興書局影印本
獨斷　漢・蔡邕撰　商務印書館四部叢刊廣編本

列女傳　漢・劉向撰　商務印書館四部叢刊初編本
孔氏祖庭廣記　金・孔元措撰　商務印書館叢書集成初編本
名僧傳抄　梁・釋寶唱撰　新文豐出版公司影印本
比丘尼傳　梁・釋寶唱撰　新文豐出版公司影印大藏經本
高僧傳　梁・釋慧皎撰　仝右
續高僧傳　唐・釋道宣撰　仝右
三寶感通錄　唐・釋道宣撰　仝右
三寶感應要略錄　宋・釋非濁撰　仝右
持誦金剛經靈驗功德記　不著撰人　仝右
神僧傳　明成祖撰　仝右
出三藏記集　梁・釋僧祐撰　仝右
歷代三寶記　隋・費長房撰　仝右
魏晉南北朝佛教史　湯用彤撰　鼎文書局影印本
南傳佛教史　釋淨海著　正聞出版社排印本
列仙傳　漢・劉向撰　藝文印書館影印正統道藏本
神仙傳　晉・葛洪撰　增訂漢魏叢書本

許眞君八十五化錄　晉・施岑撰　藝文印書館影印正統道藏本
廣黃帝本行記　唐・王瓘撰　仝右
仙苑編珠　唐・王松年撰　仝右
三洞群仙錄　宋・陳葆光撰　仝右
歷世眞仙體道通鑑　元・趙道一撰　仝右
中國道教史　傅勤家著　商務印書館排印本
道藏源流考　陳國符著　古亭書屋影印本
六朝史研究宗教篇　日本・宮川尚志著　平樂寺書店排印本
漢書藝文志　漢・班固撰　唐・顏師古注　世界書局影印本
隋書經籍志　唐・長孫無忌等撰　仝右
隋書經籍志考證　清・姚振宗撰　開明書店二十五史補編本
大唐內典錄　唐・釋道宣撰　新文豐出版公司影印大藏經本
日本國見在書目錄　日本・藤原佐世撰　廣文書局影印本
舊唐書經籍志　後晉・劉昫等撰　世界書局影印本
新唐書藝文志　宋・歐陽修撰　仝右
崇文總目　宋・王堯臣等撰　廣文書局影印本

通志藝文略　宋・鄭樵撰　商務印書館影印本
郡齋讀書志　宋・晁公武撰　廣文書局影印本
遂初堂書目　宋・尤袤撰　仝右
直齋書錄解題　宋・陳振孫撰　仝右
宋史藝文志　元・脫脫等撰　世界書局影印本
文獻通考經籍考　元・馬端臨撰　新興書局影印本
古今僞書考　清・姚際恒撰　華聯出版社影印本
讀書敏求記　清・錢曾撰　廣文書局影印本
四庫全書總目　清・紀昀等奉敕撰　藝文印書館影印本
四庫提要辨正　余嘉錫著　仝右
四庫提要補正　胡玉縉著　木鐸出版社影印本
鄭堂讀書記　清・周中孚撰　世界書局影印本
日本訪書志　清・楊守敬撰　廣文書局影印本
藏園群書題記　傅增湘撰　仝右
錄鬼簿　元・鍾嗣成撰　世界書局影印本
續錄鬼簿　明・賈仲明撰　仝右

古小說書目　程毅中著　龍田出版社影印本
中國通俗小說書目（新訂本）　孫楷第著　木鐸出版社影印本
敦煌古籍敍錄　王重民撰　中文出版社影印本
敦煌學概要　蘇瑩輝著　中華叢書編審委員會排印本
史通通釋　唐・劉知幾撰　清・浦起龍釋　里仁書局影印本
史略　宋・高似孫撰　廣文書局影印本
廿二史劄記　清・趙翼撰　華世出版社排印本
中國史學史　金毓黻著　鼎文書局排印本
中國古代書史　錢存訓著　香港中文大學出版社排印本
荀子集解　清・王先謙撰　藝文印書館影印本
老子　晉・王弼注　中華書局四部備要本
列子集釋　楊伯峻撰　明倫出版社影印本
莊子集釋　清・郭慶藩撰　世界書局影印本
墨子閒詁　清・孫詒讓撰　驚聲文物供應社影印本
韓非子集釋　陳奇猷撰　河洛圖書出版社影印本

尸子　周・尸佼撰　中華書局四部備要本
鄒衍遺說考　王師夢鷗著　商務印書館排印本
呂氏春秋　漢・高誘注　藝文印書館影印本
淮南子　漢・許愼、高誘注　仝右
說苑　漢・劉向撰　商務印書館四部叢刋初編本
潛夫論　漢・王符撰　仝右
論衡校釋　黃暉撰　商務印書館排印本
風俗通義校注　漢・應劭撰　王利器校注　明文書局影印本
齊民要術　後魏・賈思勰撰　商務印書館四部叢刋初編本
金樓子　梁元帝撰　世界書局影印本
顏氏家訓集解　北齊・顏之推撰　王利器集解　明文書局影印本
內經素問　唐・王冰注　商務印書館四部叢刋初編本
重修政和證類本草　宋・唐愼微撰　仝右
本草綱目　明・李時珍撰　天一圖書社影印本
古今註　晉・崔豹撰　商務印書館四部叢刋廣編本
文房四譜　宋・蘇易簡撰　商務印書館叢書集成簡編本

容齋隨筆　宋・洪邁撰　大立出版社影印本
丹鉛雜錄　明・楊愼撰　商務印書館叢書集成簡編本
少室山房筆叢　明・胡應麟撰　世界書局影印本
日知錄　清・顧炎武著　明倫出版社排印本
陔餘叢考　清・趙翼撰　華世出版社影印本
癸巳類稿　清・俞正燮撰　世界書局影印本
札迻　清・孫詒讓撰　仝右
俞樓雜纂　清・俞樾撰　中國文獻出版社影印本
余嘉錫論學雜著　余嘉錫著　河洛圖書出版社影印本
陳寅恪先生論文集　陳寅恪著　九思出版社排印本
北堂書鈔　唐・虞世南撰　宏業書局影印本
藝文類聚　唐・歐陽詢等撰　文光出版社影印本
初學記　唐・徐堅等撰　鼎文書局影印本
白氏六帖事類集　唐・白居易撰　新興書局影印本
琱玉集　唐・佚名撰　商務印書館叢書集成簡編本
太平御覽　宋・李昉等撰　商務印書館影印本

太平廣記　宋・李昉等撰　文史哲出版社影印本
太平廣記校勘記　嚴一萍校錄　藝文印書館排印本
太平廣記引書考　盧錦堂撰　撰者自印本
事類賦注　宋・吳淑撰　新興書局影印本
册府元龜　宋・王欽若等撰　中華書局影印本
事物紀原　宋・高承撰　商務印書館排印本
續談助　宋・晁載之撰　十萬卷樓叢書本
玉海　宋・王應麟撰　華文書局影印本
說郛　元・陶宗儀編　商務印書館排印本
重編說郛　明・陶珽編　清順治宛委山堂刋本
說郛考　昌彼得著　文史哲出版社排印本
敦煌秘笈留眞新編　日本・神田喜一郎編　臺灣大學影印本
比較宗教學　釋聖嚴編著　中華書局排印本
大寶積經　唐・菩提流支編譯　新文豐出版公司影印大藏經本
觀佛三昧海經　晉・佛陀跋陀羅譯　仝右
妙法蓮華經　姚秦・鳩摩羅什譯　仝右

僧伽羅刹經　苻秦・僧伽跋澄譯　新文豐出版公司影印大藏經本
大莊嚴論經　馬鳴撰　姚秦・鳩摩羅什譯　仝右
雜寶藏經　元魏・吉迦夜、釋曇曜譯　仝右
賢愚經　元魏・釋慧覺等譯　仝右
舊雜譬喻經　吳・康僧會譯　仝右
雜譬喻經　姚秦・鳩摩羅什譯　仝右
大智度論　龍樹撰　姚秦・鳩摩羅什譯　仝右
華嚴經疏演義鈔　唐・釋澄觀撰　仝右
大乘義章　隋・釋慧遠撰　仝右
弘明集　梁・釋僧祐撰　商務印書館四部叢刋初編本
廣弘明集　唐・釋道宣撰　仝右
經律異相　梁・釋寶唱等撰　新文豐出版公司影印大藏經本
諸經要集　唐・釋道世撰　仝右
法苑珠林　唐・釋道世撰　商務印書館四部叢刋初編本
辯正論　唐・釋法琳撰、陳子良注　新文豐出版公司影印大藏經本
佛教概論　釋聖印著　慈明雜誌社排印本

洞玄靈寶眞靈位業圖　梁・陶弘景撰　藝文印書館影印正統道藏本
養生延命錄　梁・陶弘景撰　仝右
眞誥　梁・陶弘景撰　仝右
雲笈七籤　宋・張君房編　商務印書館四部叢刊初編本
抱朴子內篇校釋　晉・葛洪撰　王明校釋　里仁書局影印本
逍遙墟經　不著撰人　藝文印書館影印續道藏本
道家與神仙　周紹賢著　中華書局排印本
魏晉南北朝道教與文士關係之研究　李豐楙撰　撰者自印本
中國之科學與文明第二冊　英國・李約瑟著　陳維綸等譯　商務印書館排印本
先秦兩漢之陰陽五行學說　李漢三撰　鐘鼎文化公司排印本
中國古代旅行之研究　江紹原著　商務印書館排印本
文化人類學　林惠祥著　仝右
端午禮俗史　黃石撰　鼎文書局影印本
巫術、科學與宗教　波蘭・馬凌諾斯基著　朱岑樓譯　協志工業叢書出版公司排印本
圖騰與禁忌　奧國・佛洛伊德著　楊庸一譯　志文出版社排印本
臺灣民間禁忌　林明峪著　聯亞出版社排印本

山海經校注　袁珂校注　里仁書局影印本
穆天子傳　晉・郭璞注　商務印書館四部叢刋初編本
中國神話研究　玄珠著　廣文書局影印本
中國神話故事　袁珂著　河洛圖書出版社排印本
中國神話　日本・白川靜著　王孝廉譯　長安出版社排印本
崑崙文化與不死觀念　杜而未著　學生書局影印本
西京雜記　舊題漢・劉歆撰　商務印書館四部叢刋初編本
世說新語校箋　楊勇著　明倫出版社影印本
博物志校證　晉・張華撰　范寧校證　明文書局影印本
博物志校釋　唐久寵著　學生書局排印本
搜神記校注　許建新撰　撰者自印本
搜神記（校注）　晉・干寶撰　汪紹楹校注　洪氏出版社影印本
搜神後記研究　王國良著　文史哲出版社排印本
拾遺記（校注）　晉・王嘉撰　齊治平校注　木鐸出版社影印本
神異經研究　周次吉著　日月出版社排印本
古小說鉤沈　周豫才編　盤庚出版社影印本

魏晉南北朝小說　劉葉秋著　北平中華書局排印本
六朝志怪小說研究　周次吉撰　撰者自印本
六朝古逸觀世音應驗記の研究　日本・牧田諦亮著　平樂寺書店排印本
談小說鬼　葉慶炳著　皇冠出版社排印本
談小說妖　葉慶炳著　洪範書店排印本
唐人小說　汪辟疆校錄　文史哲出版社影印本
酉陽雜俎　唐・段成式撰　源流出版社影印本
夷堅志　宋・洪邁撰　明文書局影印本
中國小說史略　周豫才著　明倫出版社影印本
中國小說史　孟瑤著　傳記文學出版社影印本
中國古典小說論（銀字集）　趙景深著　萬年青書廊影印本
楚辭補注　漢・王逸章句　宋・洪興祖補注　藝文印書館影印本
昭明文選　唐・李善注　仝右
文苑英華　宋・李昉等撰　新文豐出版公司影印本
樂府詩集　宋・郭茂倩撰　里仁書局影印本

全上古三代秦漢三國六朝文　清・嚴可均校輯　宏業書局影印本
敦煌變文集　王重民等編　中文出版社影印本
箋注陶淵明集　宋・李公煥箋注　商務印書館四部叢刊初編本
草堂詩箋　宋・蔡夢弼會箋　廣文書局影印本
集註分類東坡詩　宋・王十朋集註　商務印書館四部叢刊初編本
東坡樂府箋　龍沐勛校箋　華正書局影印本
朱希祖先生文集　朱希祖著　九思出版社影印本
文心雕龍注　梁・劉勰撰　范文瀾注　開明書店排印本
元明清劇曲史　陳萬鼐著　鼎文書局排印本
平劇劇目初探　陶君起著　明文書局排印本
中國文學研究　鄭振鐸著　源流出版社影印本
中古文學史論　王瑤著　長安出版社影印本
中印文學研究　裴普賢著　商務印書館排印本

貳、期刊論文

一、中文部分

陰陽五行說之來歷　梁啟超著　東方雜誌二十卷十期
讖緯命名及其相關諸問題　陳槃著　幼獅學報一期
張騫西使考　桑原騭藏著　何鐵山譯　亞洲文化論叢三期
漢唐間西域南海諸國古地理書敍錄　向達著　北平圖書館館刊四卷六期
山海經及其神話　鄭德坤著　史學年報一卷四期
山海經新證　史景成著　書目季刊三卷一、二期
山海經研究　傅錫壬著　淡江學報（文學部）十四期
中國的天鵝處女故事　鍾敬文著　民衆教育季刊三卷一期
西陲木簡中所記的田章　容肇祖著　嶺南學報二卷三期
田章故事補考　容肇祖著　民俗週刊一一三期
七夕風俗考略　鍾敬文著　中山大學語言歷史研究所周刊十一、十二期
牽牛織女的傳說　王孝廉著　幼獅月刊四六卷一期
敦煌本韓朋賦考　容肇祖著　中央研究院歷史語言研究所集刊外編第一種
魏晉南北朝志怪小說書錄　嚴懋垣著　文學年報六期
六朝志怪小說之存佚　傅惜華著　漢學一輯
六朝鬼神怪異小說與時代背景的關係　吳宏一著　現代文學四四期

古小說鉤沈的輯錄年代及其所收各書作者　林辰著　文學遺產選集三輯
評「古小說鉤沈」——兼論有關六朝小說的資料　前野直彬著　前田一惠譯　中外文學八卷九期
道家仙境之演變及其所受地理之影響　張星烺著　中國學報一卷三、四期
中國魏晉以後的仙鄉故事　小川環樹著　張桐生譯　幼獅月刊四十卷五期
六朝仙境傳說與道教之關係　李豐楙著　中外文學八卷八期
六朝鏡劍傳說與道教法術思想　李豐楙著　中國古典小說研究專集二輯
六朝精怪傳說與道教法術思想　李豐楙著　中國古典小說研究專集三輯
漢武內傳的著成時代及其流傳　李豐楙著　幼獅學誌十七卷二期
十洲傳說的形成及其衍變　李豐楙著　中國古典小說研究專集六輯
干寶搜神記考　胡幼峯著　幼獅月刊四十卷一期
幽明錄研究　王國良著　中國古典小說研究專集二輯
顏之推還寃記考證　周法高著　大陸雜誌廿二卷九、十、十一期
寃魂志考　丁愛博著　周昭明譯　中華文化復興月刊十三卷十期
敦煌本還寃記考校　林聰明著　書目季刊十五卷一期
泰山信仰研究　酒井忠夫著　金華譯　中和月刊三卷十期
地獄觀念在中國小說中的運用和改變　量齋著　純文學九卷五期

佛教故實與中國小說　臺師靜農著　東方文化十三卷一期
冥界遊行　前野直彬著　前田一惠譯　中國古典小說研究專集四輯

二、日文部分

五行志と二十卷本搜神記　西谷登七郎著　廣島大學文學部紀要一號
敦煌本搜神記について　西野貞治著　神田博士還曆記念書誌學論集
搜神記の篇目　森野繁夫著　廣島大學文學部紀要廿四卷三號
搜神記の世界　內田道夫著　文化十五卷三號
感應傳について　吉田隆英著　集刊東洋學卅五號
祖沖之述異記について　森野繁夫著　支那學研究廿四・廿五號
古小說鉤沈本「述異記」について　鳥羽田重直著　漢文學會會報廿輯
任昉述異記について　森野繁夫著　中國文學報十三號
冥祥記について　莊司格一著　集刊東洋學廿二號
敦煌本還冤記殘卷に就いて　重松俊章著　史淵十七期
高僧傳の成立（上）　牧田諦亮著　東方學報四四號